Pascale Arsenault

Le 20 octobre 1987

Mi-session : évaluation

- dépassement
- méfier du plafonnement

#1. Reine et sa cour
- Amour passioné.
- grande tendresse, ~~attention et douceur~~

#2. (suite plus intense encore)

LE SONGE D'UNE NUIT D'ÉTÉ
LES JOYEUSES COMMÈRES DE WINDSOR
LE SOIR DES ROIS

Du même auteur
dans la même collection

RICHARD III — ROMÉO ET JULIETTE — HAMLET
OTHELLO — LE ROI LEAR — MACBETH
LE MARCHAND DE VENISE — BEAUCOUP DE BRUIT POUR RIEN — COMME IL VOUS PLAIRA
LES DEUX GENTILSHOMMES DE VÉRONE — LA MÉGÈRE APPRIVOISÉE — PEINES D'AMOUR PERDUES
TITUS ANDRONICUS — JULES CÉSAR — ANTOINE ET CLÉOPÂTRE — CORIOLAN

WILLIAM SHAKESPEARE

LE SONGE D'UNE NUIT D'ÉTÉ

LES JOYEUSES COMMÈRES DE WINDSOR

LE SOIR DES ROIS

Traduction de François-Victor Hugo

Préface et notices
par
Richard Marienstras
assistant à la Sorbonne

GF
FLAMMARION

PRÉFACE

SHAKESPEARE

Le registre des baptêmes de l'église paroissiale de la Sainte-Trinité à Stratford-sur-Avon porte, à la date du 26 avril 1564, la mention suivante :

Guilielmus filius Johannes Shakspere.

c'est-à-dire Guillaume (en anglais William), fils de John Shakspere. Une tradition veut qu'il soit né trois jours avant son baptême, soit le 23 avril 1564, jour de saint Georges, patron de l'Angleterre, et jour anniversaire de sa mort.

Sa famille n'était pas originaire de Stratford. Son père, John Shakespeare, avait d'abord vécu dans le village voisin de Snitterfield, avant de s'installer à Stratford même, pour y établir un commerce de ganterie, tannerie et mégisserie dans la Henley Street. Il commença à y prospérer, puisqu'il put acheter, à divers moments, quatre maisons dans la ville. Il jouissait de l'estime de ses concitoyens, qui lui permirent d'occuper diverses fonctions au conseil municipal, avant de l'élire bailli en 1568. Malgré quelques revers de fortune, il obtint tout de même, en 1596, le droit de porter des armoiries. Lorsqu'il mourut en 1601, son fils était déjà un auteur connu à Londres.

Il avait épousé Mary Arden, fille d'un propriétaire de Wilmcote (près de Stratford). Il en eut, entre 1558 et 1580, huit enfants, dont les deux premiers ne vécurent pas. William fut le troisième, donc l'aîné de la famille.

On suppose que William, comme les fils de la plupart des bourgeois de la ville, fréquenta la *Grammar School* de Stratford et qu'il y apprit à connaître des auteurs latins tels que Térence, Cicéron, Virgile,

Ovide, Horace, Juvénal, Martial, Sénèque — auteurs qu'il utilise parfois dans ses œuvres. Il est possible, mais non prouvé, qu'il ait dû interrompre ses études pour travailler chez son père au moment où ce dernier connut des revers financiers.

Il est en revanche certain que vers la fin de 1582 il épousa Anne Hathaway, jeune femme de Stratford de huit ans plus âgée que lui, grâce à une dispense de bans accordée par l'évêque de Worcester. Mariage célébré en hâte : six mois plus tard naissait Suzanna, sa première fille. En 1585 naquirent encore deux jumeaux, Judith et Hamnet. Ce dernier devait mourir onze ans plus tard.

On ignore ce que fit Shakespeare entre son mariage et sa venue à Londres, où sa présence est signalée pour la première fois en 1592 dans le pamphlet d'un auteur jaloux qui conseille à ses confrères de se méfier de ce « parvenu », de ce « geai paré de nos plumes ». Ce qui prouve que Shakespeare est déjà un acteur et un auteur dont on parle.

A la fin de 1594, il fait partie de la troupe protégée par le Lord-Chambellan, troupe dont il restera membre et actionnaire pendant toute sa carrière et pour laquelle il écrira toute son œuvre dramatique. Il a d'autre part pour mécène le comte de Southampton, auquel il dédie *Vénus et Adonis* et *le Viol de Lucrèce*, deux poèmes publiés, le premier en 1593, et le second en 1594. Ses célèbres *Sonnets*, publiés en 1609 seulement, mais qui circulèrent sans doute bien avant sous forme manuscrite, indiquent que le monde de la cour et de l'aristocratie ne lui est pas étranger.

Très tôt, le succès lui sourit : en 1597, il peut acheter à Stratford une des plus belles maisons de la ville, pour la somme importante de 60 livres; grosse dépense, à une époque où le salaire annuel d'une servante de campagne dépassait rarement 2 livres.

Sa production devient régulière et abondante (deux pièces par an!). Depuis 1599, elle est présentée dans un nouveau théâtre, *le Globe*. Shakespeare est acclamé comme un auteur dramatique des plus éminents.

Ce succès ne fait que se confirmer sous Jacques Ier,

qui accède au trône en 1603. La troupe de Shakespeare devient troupe royale. Jacques Ier appelle souvent ses comédiens à jouer à la Cour et se montre beaucoup plus généreux envers eux que la reine Elisabeth. En fait, le succès de la troupe royale est tel qu'en 1608 elle achète le bail de l'ancien couvent des *Blackfriars* pour y donner des représentations en alternance avec celles du *Globe*. Elle s'y transportera entièrement après l'incendie de ce dernier, en 1613.

Shakespeare est riche : en 1605, il acquiert, pour la somme de 440 livres, le droit de percevoir les dîmes de trois communes situées aux alentours de Stratford, où il est déjà propriétaire, en plus de sa maison, de terres et de pâturages. Il achètera encore une maison à Londres en 1613. Tout cela dénote un souci réaliste d'asseoir, d'assurer et de faire fructifier sa fortune — souci que confirment les poursuites qu'il engage à plusieurs reprises contre des débiteurs défaillants.

Entre-temps, Suzanna, sa fille aînée, a épousé en 1607 le Dr Hall. Sa cadette, Judith, ne devait se marier que le 10 février 1616 — soit quelques semaines seulement avant la mort de son père — avec Thomas Quiney, marchand de vin. Aucune élévation sociale, donc : la famille reste bourgeoise.

Les deux dernières pièces de Shakespeare sont *la Tempête*, jouée en 1611, et *Henry VIII*, jouée au Globe le 29 juin 1613, date à laquelle le théâtre fut détruit par un incendie. On suppose que Shakespeare, pendant les dernières années de sa vie, se retira à Stratford dans la belle maison qu'il y avait acquise.

Dans son testament signé de sa main et qui porte la date du 25 mars 1616, il lègue la plupart de ses biens à ses deux filles, en prenant les précautions juridiques nécessaires pour que le patrimoine soit en tout cas transmis à ses descendants les plus proches. Divers menus legs à sa sœur Joan Hart, à sa petite-fille Elisabeth Hall, à des camarades de la troupe, à des voisins de Stratford complètent ces dispositions.

D'après l'inscription portée sur son buste — qui fut placé dans l'église de Stratford avant 1623, car l'édition in-folio de ses œuvres publiée à cette date y fait allusion —, William Shakespeare mourut le 23 avril 1616. Le registre de l'église porte la mention suivante :

Aprill 25 Will. Shakspere gent

la date indiquée étant celle de son enterrement.

Voilà donc, pour l'essentiel, ce que nous savons de son existence. Rien qui ressemble à une biographie ne fut écrit avant 1709 : l'époque ne tenait pas en très haute estime les auteurs dramatiques ni les acteurs. Les biographies étaient réservées aux saints, aux évêques, aux grands personnages de l'État. Il existe bien, sur Shakespeare, quelques maigres témoignages contemporains : certains vantent la douceur et l'égalité de son caractère; d'autres, l'excellence de ses œuvres. Mais aucun document personnel, aucune lettre, aucun écrit intime ne permet de deviner ce que fut l'homme — ce que fut l'*être* Shakespeare. A tel point que depuis près d'un siècle un certain nombre de curieux, de fantaisistes et même d'érudits contestent que l'œuvre de Shakespeare ait pu être écrite par l'homme dont on vient de lire l'esquisse biographique. Ces chercheurs, que l'on appelle par commodité les anti-stratfordiens, se fondant sur des documents peu solides ou des hypothèses d'une extrême fragilité, affirment, selon le cas, que l'œuvre de Shakespeare fut écrite (le candidat varie souvent) par la reine Elisabeth, Sir Walter Raleigh, le comte de Rutland, le comte de Derby, Francis Bacon, la comtesse de Pembroke, Christopher Marlowe ou d'autres — quand ce n'est pas par un « atelier » Shakespeare, sorte d'auteur collectif qui aurait produit l'œuvre « en collaboration »... Ce n'est pas le lieu ici de trop insister sur ces hypothèses*. Disons seulement que bon nombre d'entre elles ont été formulées dans la tradition d'un XIXᵉ siècle qui

* On se reportera à la savante introduction de J. B. Fort au théâtre complet de Shakespeare dans la collection des classiques Garnier, où sont discutés en détail les problèmes relatifs à la vie, à l'œuvre et à la dramaturgie de l'auteur.

avait, sur la création poétique, des idées qui ne sont plus les nôtres, et auquel il répugnait qu'un simple fils d'artisan — soucieux par surcroît de bien gérer sa fortune au point de poursuivre ses créanciers — ait pu écrire une œuvre de génie, rendre présents les passions et les soucis des monarques ou des aristocrates, se mouvoir par l'imagination dans le temps et surtout dans l'espace européen et incarner la conscience tragique de son siècle. Nous savons mieux, aujourd'hui, quels rapports étranges et complexes unissent le créateur et son œuvre, et que pour susciter des paysages, des époques ou des êtres, il n'est pas nécessaire de les avoir connus. La relative obscurité des origines de Shakespeare n'a rien pour nous choquer. Et il nous plaît au contraire qu'à l'aube des temps modernes surgissent ces créations d'un homme dont nous savons l'existence, mais dont nous ignorons les humeurs — créations où résonnent à l'unisson la voix collective d'une nation et les accents uniques d'une âme qui ne se livre jamais en s'explorant, mais qui laisse deviner sa présence en rêvant pour nous à ce qui n'est pas elle.

Car ce qui frappe avant tout chez Shakespeare l'écrivain, c'est l'infinie variété de son génie, c'est l'étendue de son registre. Il utilise tous les styles, l'éloquence et la préciosité, la poésie et la prose, l'élégie et le mode héroïque, l'analyse abstraite et la description imagée, la rhétorique et la langue vulgaire, les jargons du droit, de la médecine, de l'astrologie, de la magie, du commerce, de la guerre, de la théologie et d'autres encore — comme s'il avait cherché, par cette démesure du vocabulaire et des procédés d'expression, à se forger une langue capable d'envelopper tous les contours du réel et de l'imaginaire, tous les mondes visibles et tous les espaces intérieurs, tous les reliefs de la géographie, toutes les gradations sociales, toutes les hiérarchies spirituelles. Et cette prodigieuse richesse langagière est mise au service d'une dramaturgie qui l'ordonne et la complique de mille nuances — d'une dramaturgie qui sans cesse renouvelle ses procédés, ses normes et ses conventions — qui sans cesse s'invente un genre sans jamais se laisser réduire à aucun. Les acteurs de *Hamlet* n'étaient-ils pas capables de jouer « la tragédie, la comédie, le drame historique, la pastorale, la comédie pastorale, la pastorale historique, la tragédie historique, la pastorale tragico-comico-historique, les pièces respectant les unités, les pièces n'observant aucune règle * » ? L'œuvre de Shakespeare se compose de tout cela, chaque pièce est écrite, pourrait-on dire, à la frontière d'au moins trois genres.

Et si les formes shakespeariennes se laissent mal appréhender, comment embrasser l'œuvre d'un seul regard? Par son évolution? Il est vrai qu'entre les premières œuvres et *Antoine et Cléopâtre* on décèle une admirable maturation. Mais il est vrai aussi que, d'entrée de jeu, la plupart des thèmes qui s'affirmeront plus tard sont présents : dans *Henry VI* ou *Richard III*, la méditation sur le passé national et sur la nature du pouvoir; dans *Titus Andronicus*, le déni de justice, la cruauté sadique, la souffrance indicible; dans *la Comédie des Erreurs*, le problème de l'identité personnelle et l'aliénation des êtres que la tempête a séparés; dans *les Deux Gentilshommes de Vérone*, les désordres de l'amour et l'échange des partenaires. Oui, Shakespeare est déjà présent dans ses œuvres de jeunesse. Et certaines pièces longtemps méprisées, comme les trois parties d'*Henry VI*, ont révélé, au cours de productions récentes, tout ce qu'elles avaient encore de vigoureux et d'actuel.

Avec *Richard II*, cependant, se produit un tournant dans la production de Shakespeare. Ce n'est pas seulement que les thèmes se clarifient et se précisent — c'est aussi qu'ils s'incarnent dans des personnages dont la présence à la scène et dans les mémoires reste ineffaçable. Dans les premières œuvres, nous avions des fresques dramatiques, des machineries théâtrales. Désormais, toute la force de la création

* *Hamlet*, acte II, scène II.

shakespearienne se concentre sur ses créatures, comme s'il s'agissait, pour mieux opposer l'individu au monde, de constituer d'abord l'individu dans sa plénitude et sa profondeur. Entre 1595 et 1600, Shakespeare fait sortir du néant des créatures dramatiques telles que Richard II, Henry V, Falstaff, le Bâtard Faulconbridge, Jacques, Brutus. Il suscite le premier de ses mondes entièrement imaginaires — ce bois proche d'Athènes qui, dans *le Songe d'une nuit d'été*, vient se peupler de fées et de lutins dont l'influence est si déroutante sur les amours des mortels. D'autre part, il amène sa comédie amoureuse — avec *la Nuit des Rois* et *Comme il vous plaira* — à une sorte de perfection poétique et formelle, non sans y incorporer d'étranges dissonances, des grincements que toute la suavité de ses vers ne parvient pas à dissimuler. Par surcroît, dans la même période, il achève le cycle de ses drames historiques. Leur ensemble forme une suite complexe et diverse, unifiée par le thème général de la vengeance divine — catastrophe qui s'abat sur les familles régnantes et sur l'Angleterre en expiation d'une faute politique ancienne, d'une usurpation sacrilège commise contre Richard II. Et derrière ce thème évident se dessine le grand conflit de la Renaissance et du Moyen Age, l'irréductible opposition entre un système de valeurs absolues capables de donner un sens au monde et à l'existence individuelle, et ces conduites politiques et sociales qui ont prise sur la réalité et sur l'histoire, mais qui s'imposent en détruisant l'ancien héritage des vertus, des coutumes et des hiérarchies.

L'individu étant désormais constitué avec ses normes intérieures, ses dimensions spirituelles et son ambition de dominer l'histoire, la tragédie commence. C'est après 1600 qu'apparaissent les grands chefs-d'œuvre — ces pièces où de prodigieux personnages affrontent un univers fait à l'image de leur démesure, ces pièces où s'ouvre enfin le débat moderne entre le moi et le monde, entre l'être et le faire. Alors se concentre sur l'âme d'une créature imaginaire le poids écrasant des événements qu'elle doit subir ou susciter. La question de Hamlet n'est pas essentiellement métaphysique, elle n'est pas essentiellement psychologique. Elle exprime et rend manifeste le fait qu'il n'y a plus de système de valeurs cohérent pour guider la conduite des hommes, et que toute action ne peut être qu'ambiguë dans son dessein et dans son résultat. Quitter le monde est une faute, agir dans un monde corrompu est une souillure qui prive la vie de son sens et l'action de sa finalité, alors pourquoi ne pas se priver de la vie? Inlassablement, à travers d'innombrables situations dramatiques, dans les lieux scéniques les plus divers, Shakespeare dessine le visage des derniers héros de la Renaissance — des premiers héros de notre temps. Macbeth veut la couronne; il adopte, pour s'en emparer, les moyens de la politique et de l'histoire. Et ce qui le tue, ce n'est pas seulement la coalition des hommes qu'il a soulevés contre lui dans sa quête affolée d'une sanglante cohérence — c'est l'éclatement, au centre de son être dont Shakespeare affirme l'individualité avec une véhémence prodigieuse, de tout ce qui peut donner un sens à la vie et au monde. La seule vérité que Macbeth découvre au terme de son combat halluciné, c'est le meurtre : il faut donc qu'il meure pour avoir touché à cette vérité-là, il faut qu'il meure pour avoir imposé cette vérité au monde.

Les grandes tragédies de Shakespeare, *le Roi Lear*, *Antoine et Cléopâtre*, *Coriolan*, posent des questions et proposent des destins dont la pertinence pour notre époque reste entière. Que devient l'être quand l'événement l'écrase? Comment, contre la raison du plus fort, trouver des raisons de ne pas se rendre abject? Qu'y a-t-il, dans la chair meurtrie et souillée, qui permettrait, quand les dieux se taisent, de ne pas abdiquer toute qualité humaine? Est-il légitime de renoncer à ses vertus, à ses plaisirs, à soi-même — est-il souhaitable que l'homme se prive de ce qui le fait homme — simplement pour survivre? Antoine ne veut pas renoncer au monde du pouvoir et de la politique, il ne veut pas renoncer au monde de l'amour et du caprice, il refuse de se mutiler, il faut qu'il meure. Le roi Lear ne veut pas cesser de croire à la justice, il faut donc qu'il devienne fou — il ne veut pas cesser de croire à la tendresse, il faut qu'il meure. Dans l'enceinte fermée des dernières tragédies, la plénitude de l'homme paraît à portée de la main : mais justement elle échappe à la prise, elle ne fait que rendre la chute plus affreuse et la mort plus révoltante. Et si, après des siècles, l'écrasement des héros tragiques de Shakespeare continue à soulever en nous tant d'émotion, c'est parce que dans leur combat entre le moi et le monde, ils n'ont voulu renoncer ni au moi, ni au monde — parce qu'ils tombent du haut d'une plénitude presque atteinte — parce qu'au moment d'entrer dans la mort ils conservent leurs exigences démesurées en face d'un monde de violence acharné à les anéantir.

Au bout d'un tel chemin, quel paysage peut encore apparaître ? Le paysage baroque, irréel, phantasmatique des dernières pièces — étranges et douces-amères féeries. Shakespeare a exploré l'univers temporel et géographique de la Renaissance. Il a situé ses pièces en Angleterre et en Égypte, en Italie et en Bohême, en Illyrie et en Écosse, en France et en Grèce, à Chypre et au Danemark. Il a permis à l'Europe avec ses pourtours et son passé — il a permis à l'Angleterre avec son histoire — de se découvrir elles-mêmes, de prendre conscience d'elles-mêmes sur la scène ronde de son théâtre au nom symbolique — sur ce cercle de bois du *Globe* où nul décor ne venait faire obstacle à l'imagination. Il lui fallait encore écrire ces « romances » — ces dernières pièces dont nul ne sait à quel genre elles appartiennent ni dans quel lieu de l'âme ou du monde elles se situent — pour dire comment, avec une telle conscience — avec une telle douleur — on peut continuer, ou recommencer, à vivre.

Ces « romances », on les appelle souvent les pièces de la réconciliation. C'est qu'une sorte de miracle s'y produit à point nommé pour guérir les blessures et faire oublier les souffrances. Périclès, après mille aventures, retrouve à Éphèse sa femme, qu'il croyait morte et, à Mytilène, sa fille, qu'il croyait perdue. Dans *le Conte d'hiver*, Léontès retrouve au bout de seize ans sa fille Perdita. Et Hermione, sa femme, qu'il pensait avoir fait mourir de douleur, lui est présentée sous la forme d'une statue. Cette statue soudain s'anime, révélant à tous qu'il s'agissait d'une pieuse et émouvante supercherie. Dans *la Tempête*, le bon Gonzalo s'exclame : « Oh! réjouissez-vous d'une joie extraordinaire et inscrivez ceci en lettres d'or sur des piliers durables : en un seul voyage, Claribel a trouvé un mari à Tunis; son frère Ferdinand, une femme, là où il s'était perdu lui-même; Prospero, son duché dans une île misérable; et nous, nous nous sommes retrouvés tous quand nous ne nous possédions plus. »

Mais si les vieilles haines s'apaisent, il semble bien, dans *la Tempête*, que ce ne soit qu'en surface. Il est bien vrai que les nouvelles générations peuvent recommencer à vivre. Mais Shakespeare prend soin de nous faire comprendre que le monde ne leur semble beau que par suite de leur ignorance, de leur innocence, de leur simplicité. Prospero, le vieux magicien, rien ne le guérira de sa fatigue — rien ne le guérira de sa conscience. La réconciliation que sa magie a accomplie dans cette région hors du monde où le monde recommence, il en connaît toute la fragilité. Il revient maintenant, pour y mourir, dans son duché de Milan, avec le sourire triste, avec l'indulgence amère des espérances déçues et des passions retombées...

Richard MARIENSTRAS

ORIENTATION BIBLIOGRAPHIQUE

Éditions des œuvres en français :

Théâtre complet, traduction de F.-V. Hugo, introduction, notices et notes par J.-B. Fort, Édition Garnier Frères, Paris 1961, 3 vol.

Œuvres complètes, traduites par divers traducteurs, avant-propos d'André Gide, introduction générale, chronologie, présentation des œuvres par Henri Fluchère, notes par Henri Fluchère et Jean Fuzier, Bibliothèque de la Pléiade, Paris 1961, 2 vol.

Œuvres complètes [édition bilingue], texte anglais *The New (Cambridge) Shakespeare* édité par Sir Arthur Quiller-Couch et John Dover Wilson, textes français publiés sous la direction de P. Leyris et H. Evans, traductions nouvelles par divers traducteurs, Edition Formes et Reflets. Paris, 1954-1961, 12 vol.

On trouvera, dans chacune de ces éditions, des discussions substantielles de la plupart des problèmes qui se posent à propos de la vie, de l'œuvre, du texte, des sources, de la création et de l'art de Shakespeare, ainsi que des bibliographies assez étendues. Nous nous contentons d'indiquer ici quelques ouvrages récents ou qui pourront servir de point de départ pour une étude plus approfondie.

Pour la biographie :

Martin MAURICE : *Master William Shakespeare*, Gallimard, 1953.

Jean PARIS : *Shakespeare par lui-même*, Éditions du Seuil, 1954.

E. K. CHAMBERS : *William Shakespeare. A Study of Facts and Problems*, 2 vol. Oxford, 1930.

G. E. BENTLEY : *Shakespeare, A Biographical Handbook*, New Haven, Yale University Press, 1961.

Pour une vue d'ensemble sur l'œuvre :

Henri FLUCHÈRE : *Shakespeare dramaturge élisabéthain*, Cahiers du Sud, 1948.

Jan KOTT : *Shakespeare notre contemporain*, Julliard, 1962.

José AXELRAD et Michèle WILLEMS : *Shakespeare et le théâtre élisabéthain*, collection « Que sais-je ? », 1964.

E. K. CHAMBERS : *Shakespeare : A Survey*, 1925, réédité en Pelican Books, 1964.

D. A. TRAVERSI : *An Approach to Shakespeare*, deuxième édition, A Double day Anchor Book, New York, 1956.

Pour une interprétation des tragédies :

A. C. BRADLEY : *Shakespearian Tragedy*. Macmillan, 1904. [C'est là un grand classique, récemment réédité en livre de poche « Papermac »]

G. Wilson KNIGHT : *The Wheel of Fire*, nouvelle édition Methuen, 1949.

Irving RIBNER : *Patterns in Shakespearian Tragedy*, Methuen, 1960.

Pour une interprétation des comédies :

H. B. CHARLTON : *Shakespearian Comedy*, Methuen, 1937.

J. Russel BROWN : *Shakespeare and his Comedies*, Methuen, 1957.

D. TRAVERSI : *Shakespeare : The last Phase*, 1954.

Pour une interprétation des pièces historiques :

G. M. W. TILLYARD : *Shakespeare's History Plays*, 1944.

Irving RIBNER : *The English History Play in the Age of Shakespeare*, Princeton 1957.

Pour une étude de la mise en scène de Shakespeare en France :

Jean JACQUOT : *Shakespeare en France, Mises en scène d'hier et d'aujourd'hui* Paris 1964.

LE SONGE D'UNE NUIT D'ÉTÉ

NOTICE
SUR
LE SONGE D'UNE NUIT D'ÉTÉ

Il existe deux éditions in-quarto de la pièce, datées toutes deux de 1600, mais l'une est une réimpression frauduleuse de l'autre, publiée en 1619 et antidatée. Le texte qui figure dans le folio de 1623 est celui de l'édition-pirate, avec quelques additions, peut-être empruntées à un manuscrit de souffleur.

Inscrite au registre des libraires en 1600, mentionnée par Francis Meres en 1598 dans son ouvrage intitulé *Palladis Tamia*, la pièce passe pour avoir été écrite entre 1594 et 1596. Les spécialistes s'accordent généralement pour dire qu'elle fut composée à l'occasion d'un mariage princier. Les épousailles les plus souvent citées sont celles du comte de Derby (1595), de Thomas Berkeley (1596), du duc de Southampton (1598). J. D. Wilson et E. K. Chambers pensent qu'elle put servir à plus d'un mariage et que Shakespeare la révisa deux fois.

L'inspiration de la pièce étant fort composite, les sources sont multiples. Pour l'intrigue « grecque », on cite la *Vie de Thésée* de Plutarque (traduction anglaise en 1579) et un conte de Chaucer, *The Knight's Tale*. Les personnages féeriques ont pu être empruntés au roman *Huon de Bordeaux* (Obéron); aux *Métamorphoses* d'Ovide (Titania); à l'ouvrage de Reginald Scot consacré à la sorcellerie, *Discovery of Witchcraft* (Puck); à la *Diana Enamorada* de Montemayor. Quant à l'épisode de Pyrame et Thisbé, qui vient d'Ovide, il avait déjà été utilisé plusieurs fois en Angleterre.

La pièce est célèbre et c'est justice. Elle plaît par ses contrastes, sa variété et son équivoque poésie. Les délicats admirent la vraisemblance du monde des fées et des génies, le grand public ne manque jamais de s'esclaffer quand il voit l'épisode célèbre de Titania amoureuse d'un âne, ou la représentation grotesque de la pièce dans la pièce jouée par les acteurs improvisés. Le quadrille des amants grecs, souvent, plaît moins. C'est peut-être que le rapport entre le monde des artisans-acteurs, celui des nobles et celui de la féerie n'est pas toujours bien compris. Et que la pièce, au théâtre, est trop souvent affadie par des mises en scène conventionnelles.

Pendant la nuit de la Saint-Jean — car c'est de celle-là qu'il s'agit dans le titre — les fleurs cueillies acquéraient une vertu magique et les hommes se trouvaient inexplicablement pris de folie. Pour Shakespeare, cette folie sera une folie amoureuse. Ce sera même la folie du désir.

Lysandre et Hermia fuient dans les bois pour pouvoir librement s'aimer. Démétrius, également amoureux d'Hermia, les poursuit — lui-même suivi par Héléna, qui l'aime et qu'il a délaissée. Grâce au pouvoir de Puck et d'Obéron, la situation soudain se renverse : c'est Héléna que les deux hommes poursuivent, c'est Hermia qui est abandonnée. L'amour est aveugle, l'amour n'est pas constant : le désir secret des amants n'est pas d'être fidèles, mais de changer de partenaire. On pense à la *Règle du jeu* de Renoir, ou au *Sourire d'une nuit d'été*, de Bergman. Car les amoureux, dans leur dépit, ou quand leurs désirs changent, sont impitoyables : celle qui n'est plus aimée doit doublement désirer, et souffrir, et s'humilier en souffrant. C'est une des figures de l'attachement sensuel.

Obéron, roi des fées, veut se venger de Titania qui le boude. Il commande à Puck, lutin gracieux, agile et quelque peu démoniaque, de faire gicler dans les yeux de Titania le suc d'une plante magique : ainsi elle tombera amoureuse du premier être qu'elle regardera. Et Obéron veut que ce soit un monstre. Les amoureux dépités se vengent cruellement. Ils tirent également plaisir de leur vengeance. Titania tombe amoureuse de Bottom transformé en âne. Elle caresse son crin d'âne et ses oreilles d'âne. Le public rit très fort. C'est une scène de comédie. Il rit *trop* fort. Il ne veut pas voir que la belle est folle de désir pour une bête. Shakespeare n'insiste pas, il lui suffit de suggérer. La scène est courte. Obéron s'est vengé, il a vu, son plaisir est double.

Tout cela n'a duré qu'une nuit. Le matin, tout rentre dans l'ordre, et il y aura une fin heureuse. Mais pas tout à fait heureuse. Car les comédiens qui ont répété toute la nuit vont enfin présenter leur tragédie. C'est la lamentable histoire de Pyrame et de Thisbé. Elle sera jouée comme une grosse farce. Du moins, les spectateurs de la Cour et les spectateurs du *Songe* y verront une farce. Les artisans, eux, croient jouer un vrai drame d'amour. Voici comment le critique polonais Jan Kott raconte ce drame : « Les amants sont séparés par un mur, ils ne peuvent se toucher, ils ne se voient que par une fente. Jamais ils ne s'uniront. Un lion affamé viendra au lieu du rendez-vous. Thisbé se sauvera, prise de frayeur. Pyrame trouvera sa mante tachée de sang et se percera le cœur d'un stylet. Thisbé reviendra sur ses pas, découvrira Pyrame et se tuera avec le même stylet. Le monde est cruel pour les véritables amants. »

A la Cour et dans la salle, tout le monde rit. Présenté ainsi, l'amour est grotesque. Mais qui encore croit à l'amour — à un amour pour lequel on se tue ? Les amoureux de la Cour rêvent peut-être, déjà, de changer de partenaire... Quand on en parle, quand on le sollicite, l'amour est pareil à l'étoile polaire. C'est un astre fixe. Mais quand on le vit, il est aussi changeant que la lune, à la lumière de laquelle la pièce se déroule. Il faut être naïf pour croire à l'éternité de l'amour. Il faut être un naïf artisan, un acteur sans expérience, pour croire qu'une lanterne peut figurer la lune, et qu'un homme barbouillé de chaux peut figurer un mur. Les gens instruits de la Cour et ces messieurs et dames du public ont le goût délicat, la parole facile et le cœur blasé. Ils ne croient pas aux grands sentiments. Ils savent admirablement parler de tout et rire de tout. Car, au fond, ils ne croient qu'à la frénésie du désir.

Shakespeare a pris ses distances par rapport aux trois mondes qu'il a créés. Ce qui les unit, c'est une commune déraison. Mais il montre aussi ce qui les sépare, et comment ils se jugent les uns les autres. Un monde de puissances irrationnelles commande les passions des hommes distingués, qui se moquent des passions des humbles. Shakespeare *donne à voir*. Il contraint le monde réel à rire de lui-même. Mais le rire est grinçant. La pièce a une fin heureuse parce que c'est une pièce qui doit s'achever par un cérémonial de réconciliation. Dans la vie aussi le cérémonial est un artifice qui s'oppose à la vérité de ce qui le précède et de ce qui le suivra.

R. M.

Sur *le Songe d'une nuit d'été*, on consultera :

— la préface de M. Castelain à son édition de la pièce, dans la « Collection bilingue des classiques étrangers » Aubier, Édition Montaigne, Paris;

— l'article de Jan Kott, « Titania et la Tête d'Ane », *Europe*, janvier-février 1964;

— la préface de E. Schanzer dans les *Œuvres complètes de Shakespeare*, vol. III, édition Formes et Reflets, Paris 1956;

— E. K. Chambers, *Shakespeare : A Survey*, Pelican Books, 1964.

PERSONNAGES

THÉSÉE, duc d'Athènes.
ÉGÉE, père d'Hermia.
LYSANDRE, } amoureux d'Hermia.
DÉMÉTRIUS, }
PHILOSTRATE, intendant des menus plaisirs de Thésée.
BOTTOM, tisserand.
LECOING (QUINCE), charpentier.
FLUTE (SNOUT), raccommodeur de soufflets.
GROIN, chaudronnier.
ÉTRIQUÉ (SNUG), menuisier.
MEURT DE FAIM (STARVELING), tailleur.
HIPPOLYTE, reine des Amazones.
HERMIA, fille d'Égée, amoureuse de Lysandre.
HÉLÉNA, amoureuse de Démétrius.
OBÉRON, roi des fées.
TITANIA, reine des fées.
PUCK ou ROBIN BONENFANT (ROBIN GOODFELLOW), lutin.
FLEUR DES POIS (PEASE BLOSSOM), }
TOILE D'ARAIGNÉE (COBWEB), } sylphes.
PHALÈNE (MOTH), }
GRAIN DE MOUTARDE (MUSTARDSEED), }
UNE FÉE.
FÉES ET ESPRITS DE LA SUITE DU ROI ET DE LA REINE.
SERVITEURS DE LA SUITE DE THÉSÉE ET D'HIPPOLYTE.

La scène est à Athènes et dans un bois voisin.

ACTE PREMIER

SCÈNE PREMIÈRE

Athènes. — Le palais de Thésée.

Entrent THÉSÉE, HIPPOLYTE, PHILOSTRATE *et leur suite.*

THÉSÉE. — Maintenant, belle Hippolyte, notre heure nuptiale s'avance à grands pas; quatre heureux jours vont amener une autre lune : oh! mais que l'ancienne me semble lente à décroître! Elle retarde mes désirs, comme une marâtre ou une douairière qui laisse sécher le revenu d'un jeune héritier.

HIPPOLYTE. — Quatre jours se seront bien vite plongés dans les nuits; quatre nuits auront bien vite épuisé le temps en rêve; et alors la lune, telle qu'un arc d'argent qui vient d'être tendu dans les cieux, éclairera la nuit de nos noces solennelles.

THÉSÉE. — Va, Philostrate, anime la jeunesse athénienne aux divertissements; réveille l'esprit vif et leste de la joie; renvoie aux funérailles la mélancolie : la pâle compagne n'est pas de notre fête. *(Sort Philostrate.)*

THÉSÉE, *continuant, à Hippolyte.* — Hippolyte, je t'ai courtisée avec mon épée, et j'ai gagné ton amour en te faisant violence; mais je veux t'épouser sous d'autres auspices, au milieu de la pompe, des spectacles et des réjouissances.

Entrent Egée, Hermia, Lysandre et Démétrius.

ÉGÉE. — Heureux soit Thésée, notre duc renommé!

THÉSÉE. — Merci, mon bon Égée; quelle nouvelle apportes-tu?

ÉGÉE. — Je viens, tout tourmenté, me plaindre de mon enfant, de ma fille Hermia. *(A Démétrius.)* Avancez, Démétrius. *(A Thésée.)* Mon noble seigneur, ce jeune homme a mon consentement pour l'épouser. *(A Lysandre.)* Avancez, Lysandre. *(A Thésée.)* Et celui-ci, mon gracieux duc, a ensorcelé le cœur de mon enfant. *(A Lysandre.)* Oui, c'est toi, toi, Lysandre, toi qui lui as donné ces vers et qui as échangé avec ma fille des gages d'amour. Tu as, au clair de lune, chanté sous sa fenêtre des vers d'un amour trompeur, avec une voix trompeuse : tu lui as arraché l'expression de sa sympathie avec des bracelets faits de tes cheveux, des bagues, des babioles, des devises, des brimborions, des fanfreluches, des bouquets, des bonbons : messagers d'un grand ascendant sur la tendre jeunesse. A force de ruse tu as volé le cœur de ma fille, et changé l'obéissance qu'elle me doit en indocilité revêche. Maintenant, mon gracieux duc, si par hasard elle osait devant Votre Grâce refuser d'épouser Démétrius, je réclame l'ancien privilège d'Athènes. Comme elle est à moi, je puis disposer d'elle : or je la donne soit à ce gentilhomme, soit à la mort, en vertu de notre loi qui a prévu formellement ce cas.

THÉSÉE. — Que dites-vous, Hermia? Réfléchissez, jolie fille : pour vous votre père doit être comme un dieu; c'est lui qui a créé votre beauté : oui, pour lui vous n'êtes qu'une image de cire pétrie par lui et dont il peut à son gré maintenir ou détruire la forme. Démétrius est un parfait gentilhomme.

HERMIA. — Et Lysandre aussi.

THÉSÉE. — Oui, parfait en lui-même. Mais, sous ce rapport, comme il n'a pas l'agrément de votre père, l'autre doit être regardé comme le plus parfait.

HERMIA. — Je voudrais seulement que mon père vît par mes yeux.

THÉSÉE. — C'est plutôt à vos yeux de voir par le jugement de votre père.

HERMIA. — Je supplie Votre Grâce de me pardonner. J'ignore quelle puissance m'enhardit, ou combien ma modestie se compromet à déclarer mes sentiments devant un tel auditoire. Mais je conjure Votre Grâce de me faire connaître ce qui peut m'arriver de pire dans le cas où je refuserais d'épouser Démétrius.

THÉSÉE. — C'est, ou de subir la mort, ou d'abjurer pour toujours la société des hommes. Ainsi, belle Hermia, interrogez vos goûts, consultez votre jeunesse, examinez bien vos sens. Pourrez-vous, si vous ne souscrivez pas au choix de votre père, endurer la livrée d'une religieuse, à jamais enfermée dans l'ombre d'un cloître, et vivre toute votre vie en sœur stérile, chantant des hymnes défaillants à la froide lune infructueuse? Trois fois saintes celles qui maîtrisent assez leurs sens pour accomplir ce pèlerinage virginal! Mais le bonheur terrestre est à la rose qui se distille, et non à celle qui, se flétrissant sur son épine vierge, croît, vit et meurt dans une solitaire béatitude.

HERMIA. — Ainsi je veux croître, vivre et mourir, Monseigneur, plutôt que d'accorder mes virginales faveurs à ce seigneur dont le joug m'est répulsif et à qui mon âme ne veut pas conférer de souveraineté.

THÉSÉE. — Prenez du temps pour réfléchir, et, le jour de la lune nouvelle qui doit sceller entre ma bien-aimée et moi l'engagement d'une union impérissable, ce jour-là soyez prête à mourir pour avoir désobéi à la volonté de votre père, ou à épouser Démétrius, comme il le désire, ou bien à prononcer sur l'autel de Diane un vœu éternel d'austérité et de célibat.

DÉMÉTRIUS. — Fléchissez, douce Hermia. Et toi, Lysandre, fais céder ton titre caduc à mon droit évident.

LYSANDRE. — Vous avez l'amour de son père, Démétrius. Épousez-le, et laissez-moi l'amour d'Hermia.

ÉGÉE. — Moqueur Lysandre! Oui, vraiment, j'aime Démétrius; et, ce qui est à moi, mon amour veut le lui céder; et ma fille est à moi; et tous mes droits sur elle, je les transmets à Démétrius.

LYSANDRE, *à Thésée*. — Monseigneur, je suis aussi bien né que lui, et aussi bien partagé; mon amour est plus grand que le sien; ma fortune est sous tous les rapports aussi belle, sinon plus belle, que celle de Démétrius; et, ce qui est au-dessus de toutes ces vanités, je suis aimé de la belle Hermia. Pourquoi donc ne poursuivrais-je pas mes droits? Démétrius, je le lui soutiendrai en face, a fait l'amour à Héléna, la fille de Nédar, et a gagné son cœur : et elle, la charmante, elle raffole, raffole jusqu'à la dévotion, raffole jusqu'à l'idolâtrie, de cet homme taré et inconstant.

THÉSÉE. — Je dois avouer que je l'ai entendu dire, et je voulais en parler à Démétrius; mais, absorbé par mes propres affaires, mon esprit a perdu de vue ce projet. Venez, Démétrius; venez aussi, Égée; nous sortirons ensemble, j'ai des instructions particulières à vous donner à tous deux. Quant à vous, belle Hermia, résignez-vous à conformer vos caprices à la volonté de votre père : sinon, la loi d'Athènes, que je ne puis nullement adoucir, vous condamne à la mort ou à un vœu de célibat. Venez, mon Hippolyte; qu'avez-vous, mon amour? Démétrius! Égée! suivez-moi; j'ai besoin de vous pour une affaire qui regarde nos noces; et je veux causer avec vous de quelque chose qui vous touche vous-mêmes de près.

ÉGÉE. — Nous vous suivons et par devoir et par plaisir. *(Thésée, Hippolyte, Egée, Démétrius et la suite sortent.)*

LYSANDRE. — Qu'y a-t-il, mon amour? Pourquoi votre joue est-elle si pâle? Par quel hasard les roses se fanent-elles là si vite?

HERMIA. — Peut-être faute de pluie; et je pourrais bien en faire tomber par un orage de mes yeux.

LYSANDRE. — Hélas! d'après tout ce que j'ai pu lire dans l'histoire ou appris par ouï-dire, l'amour vrai n'a jamais suivi un cours facile. Tantôt ç'a été la différence de naissance...

HERMIA. — O contrariété! être enchaîné à plus bas que soi!

LYSANDRE. — Tantôt, on a été mal greffé sous le rapport des années...

HERMIA. — O malheur! être engagé à plus jeune que soi!

LYSANDRE. — Tantôt tout a dépendu du choix des parents...

HERMIA. — O enfer! choisir ses amours par les yeux d'autrui!

LYSANDRE. — Ou, si par hasard la sympathie répondait au choix, la guerre, la mort, la maladie venaient assiéger cette union, et la rendre éphémère comme un son, fugitive comme une ombre, courte comme un rêve, rapide comme un éclair qui, dans une nuit profonde, découvre par accès le ciel et la terre, et que la gueule des ténèbres dévore, avant qu'on ait pu dire : Regardez! Si prompt est tout ce qui brille à s'évanouir!

HERMIA. — Si les vrais amants ont toujours été traversés ainsi, c'est en vertu d'un édit de la destinée; supportons donc patiemment ces épreuves, puisqu'elles sont une croix nécessaire, aussi inhérente à l'amour que la rêverie, les songes, les soupirs, les désirs et les pleurs, ce triste cortège de la passion.

LYSANDRE. — Sage conseil! Écoutez-moi donc, Hermia : j'ai une tante qui est veuve, une douairière, qui a de gros revenus et n'a pas d'enfants. Elle demeure à sept lieues d'Athènes, et elle me traite comme son fils unique. Là, gentille Hermia, je pourrai t'épouser; dans ce lieu, la cruelle loi d'Athènes ne peut nous poursuivre. Ainsi, si tu m'aimes, évade-toi de la maison de ton père demain soir; et je t'attendrai dans le bois, à une lieue de la ville, là où je t'ai rencontrée une fois avec Héléna, pour célébrer la première aurore de mai.

HERMIA. — Mon bon Lysandre! Je te le jure, par l'arc le plus puissant de Cupidon, par sa plus belle flèche à tête dorée, par la candeur des colombes de Vénus, par la déesse qui tresse les âmes et favorise les amours, par le feu qui brûla la reine de Carthage, alors qu'elle vit sous voiles le parjure Troyen, par tous les serments que les hommes ont brisés, plus nombreux que tous ceux que les femmes ont faits, à cette même place que tu m'as désignée, demain sans faute j'irai te rejoindre.

LYSANDRE. — Tiens ta promesse, amour. Regarde, voici venir Héléna.

Entre Héléna.

HERMIA. — Que Dieu assiste la belle Héléna! Où allez-vous?

HÉLÉNA. — Vous m'appelez belle? Rétractez ce mot-là. Démétrius aime votre beauté. O heureuse beauté! Vos yeux sont des étoiles polaires; et le doux son de votre voix est plus harmonieux que ne l'est pour le berger le chant de l'alouette, alors que le blé est vert et qu'apparaissent les bourgeons d'aubépine. La maladie est contagieuse; oh! que la grâce ne l'est-elle! j'attraperais la vôtre, charmante Hermia, avant de m'en aller. Mon oreille attraperait votre voix; mon œil, votre regard; ma langue, la suave mélodie de votre langue. Si le monde était à moi, Démétrius excepté, je donnerais tout le reste pour être changée en vous. Oh! apprenez-moi vos façons d'être et par quel art vous réglez les battements du cœur de Démétrius.

HERMIA. — Je lui fais la moue, pourtant il m'aime toujours.

HÉLÉNA. — Oh! puisse votre moue enseigner sa magie à mes sourires!

HERMIA. — Je lui donne mes malédictions, pourtant il me donne son amour.

HÉLÉNA. — Oh! puissent mes prières éveiller la même affection!

HERMIA. — Plus je le hais, plus il me poursuit.

HÉLÉNA. — Plus je l'aime, plus il me hait.

HERMIA. — S'il est fou, Héléna, la faute n'en est pas à moi.

HÉLÉNA. — Non, mais à votre beauté! Que n'est-ce la faute de la mienne!

HERMIA. — Consolez-vous; il ne verra plus mon visage; Lysandre et moi, nous allons fuir de ces lieux. Avant que j'eusse vu Lysandre, Athènes était comme un paradis pour moi. Oh! quel charme possède donc mon amour pour avoir ainsi changé ce ciel en enfer?

LYSANDRE. — Héléna, nous allons vous dévoiler nos projets. Demain soir, quand Phébé contemplera son visage d'argent dans le miroir des eaux, et ornera de perles liquides les lames du gazon, à cette heure qui cache toujours la fuite des amants, nous avons résolu de franchir à la dérobée les portes d'Athènes.

HERMIA. — Vous rappelez-vous le bois où souvent,

vous et moi, nous aimions à nous coucher sur un lit de molles primevères, en vidant le doux secret de nos cœurs? C'est là que nous nous retrouverons, mon Lysandre et moi, pour aller ensuite, détournant nos regards d'Athènes, chercher de nouveaux amis et un monde étranger. Adieu, douce compagne de mes jeux : prie pour nous, et puisse une bonne chance t'accorder ton Démétrius! Tiens parole, Lysandre. Il faut que nous sevrions nos regards de la nourriture des amants, jusqu'à demain, à la nuit profonde. *(Sort Hermia.)*

LYSANDRE. — Je tiendrai parole, mon Hermia. Adieu, Héléna. Puisse Démétrius vous rendre adoration pour adoration! *(Sort Lysandre.)*

HÉLÉNA. — Comme il y a des êtres plus heureux que d'autres! Je passe dans Athènes pour être aussi belle qu'elle. Mais à quoi bon? Démétrius n'est pas de cet avis. Il ne veut pas voir ce que voient tous, excepté lui. Nous nous égarons; lui, en s'affolant des yeux d'Hermia; moi, en m'éprenant de lui. A des êtres vulgaires et vils, qui ne comptent même pas, l'amour peut prêter la noblesse et la grâce. L'amour ne voit pas avec les yeux, mais avec l'imagination; aussi représente-t-on aveugle le Cupidon ailé. L'amour en son imagination n'a pas le goût du jugement. Des ailes et pas d'yeux : voilà l'emblème de sa vivacité étourdie. Et l'on dit que l'amour est un enfant, parce qu'il est si souvent trompé dans son choix. Comme les petits espiègles qui en riant manquent à leur parole, l'enfant Amour se parjure en tous lieux. Car, avant que Démétrius remarquât les yeux d'Hermia, il jurait qu'il était à moi : c'était une grêle de serments, mais, aux premières ardeurs qu'Hermia lui a fait sentir, cette grêle s'est dissoute et tous les serments se sont fondus... Je vais lui révéler la fuite de la belle Hermia. Alors il ira, demain soir, dans le bois la poursuivre; et, si pour cet avertissement j'obtiens de lui un remerciement, je serai richement récompensée. Aussi bien j'espère, pour payer ma peine, aller là-bas, et en revenir dans sa compagnie. *(Elle sort.)*

SCÈNE II

Même ville. Une échoppe.

Entrent ÉTRIQUÉ, BOTTOM, FLUTE, GROIN, LECOING *et* MEURT DE FAIM.

LECOING. — Toute notre troupe est-elle ici ?

BOTTOM. — Vous feriez mieux de les appeler tous l'un après l'autre, en suivant la liste.

LECOING. — Voici sur ce registre les noms de tous ceux qui, dans Athènes, ont été jugés capables de jouer notre intermède devant le duc et la duchesse, pendant la soirée de leurs noces.

BOTTOM. — Dites-nous d'abord, mon bon Pierre Lecoing, quel est le sujet de la pièce; puis vous lirez les noms des acteurs; et ainsi vous arriverez à un résultat.

LECOING. — Morguienne, notre pièce, c'est *La très lamentable comédie et la très cruelle mort de Pyrame et Thisbé.*

BOTTOM. — Un vrai chef-d'œuvre, je vous assure, et bien amusant... Maintenant, mon bon Pierre Lecoing, appelez vos acteurs en suivant la liste... Messieurs, alignez-vous.

LECOING. — Répondez quand je vous appellerai... Nick Bottom, tisserand.

BOTTOM. — Présent. Nommez le rôle qui m'est destiné, et continuez.

LECOING. — Vous, Nick Bottom, vous êtes inscrit pour le rôle de Pyrame.

BOTTOM. — Qu'est-ce que Pyrame ? Un amoureux ou un tyran ?

LECOING. — Un amoureux qui se tue très galamment par amour.

BOTTOM. — Pour bien jouer ce rôle, il faudra quelques pleurs. Si j'en suis chargé, gare aux yeux de l'auditoire ! je provoquerai des orages, j'aurai une douleur congrue. *(A Lecoing.)* Passez aux autres... Pourtant, c'est comme tyran que j'ai le plus de verve. Je pourrais jouer Herculès d'une façon rare : un rôle à crever un chat, à faire tout éclater.

Les furieux rocs,
De leurs frissonnants chocs,
Briseront les verrous
Des portes des prisons,
Et de Phébus le char
De loin brillera,
Et fera et défera
Les stupides destins.

Voilà du sublime !... Maintenant nommez le reste des acteurs... Ceci est le ton d'Herculès, le ton d'un tyran; un amant est plus plaintif.

LECOING. — François Flûte, raccommodeur de soufflets.

FLUTE. — Voici, Pierre Lecoing.

LECOING. — Il faut que vous preniez Thisbé sur vous.

FLUTE. — Qu'est-ce que Thisbé ? Un chevalier errant ?

LECOING. — C'est la dame que Pyrame doit aimer.

FLUTE. — Non, vraiment, ne me faites pas jouer une femme; j'ai la barbe qui me vient.

LECOING. — C'est égal; vous jouerez avec un masque, et vous ferez la petite voix autant que vous voudrez.

BOTTOM. — Si je peux cacher ma figure, je demande à jouer aussi Thisbé. Je parlerai avec une voix monstrueusement petite. Comme ceci : *Thisne ! Thisne ! Ah ! Pyrame, mon amant chéri ! ta Thisbé chérie ! ta dame chérie !*

LECOING. — Non, non; il faut que vous jouiez Pyrame, et vous, Flûte, Thisbé.

BOTTOM. — Soit, continuez.

LECOING. — Robin Meurt de Faim, le tailleur.

MEURT DE FAIM. — Voici, Pierre Lecoing.

LECOING. — Robin Meurt de Faim, vous ferez la mère de Thisbé... Thomas Groin, le chaudronnier.

GROIN. — Voici, Pierre Lecoing.

LECOING. — Vous, le père de Pyrame; moi, le père de Thisbé... Vous, Étriqué, le menuisier, vous aurez le rôle du lion... Et voilà, j'espère, une pièce bien distribuée.

ÉTRIQUÉ. — Avez-vous le rôle du lion par écrit? Si vous l'avez, donnez-le-moi, je vous prie, car je suis lent à apprendre.

LECOING. — Vous pouvez improviser, car il ne s'agit que de rugir.

BOTTOM. — Laissez-moi jouer le lion aussi; je rugirai si bien que ça mettra tout le monde en belle humeur de m'entendre; je rugirai de façon à faire dire au duc : Qu'il rugisse encore! qu'il rugisse encore!

LECOING. — Si vous le faisiez d'une manière trop terrible, vous effrayeriez la duchesse et ces dames, au point de les faire crier; et c'en serait assez pour nous faire tous pendre.

TOUS. — Cela suffirait pour que nos mères eussent chacune un fils pendu.

BOTTOM. — Je conviens, mes amis, que, si vous rendiez ces dames folles de terreur, il leur resterait juste assez de raison pour nous faire pendre. Mais je contiendrai ma voix, de façon à vous rugir aussi doucement qu'une colombe à la becquée. Je vous rugirai à croire que c'est un rossignol.

LECOING. — Vous ne pouvez jouer que Pyrame. Pyrame, voyez-vous, est un homme au doux visage; un homme accompli, comme on doit en voir un jour d'été; un homme très aimable et très comme il faut; donc, il faut absolument que vous jouiez Pyrame.

BOTTOM. — Allons, je m'en chargerai. Quelle est la barbe qui m'irait le mieux pour ce rôle-là?

LECOING. — Ma foi, celle que vous voudrez.

BOTTOM. — Je puis vous jouer ça avec une barbe couleur paille, ou avec une barbe couleur orange, ou avec une barbe couleur pourpre, ou avec une barbe couleur de couronne de Vénus, parfaitement jaune.

LECOING. — Ces couronnes-là n'admettent guère le poil; vous joueriez donc votre rôle sans barbe... Mais, messieurs, voici vos rôles; et je dois vous supplier, vous demander et vous recommander de les apprendre pour demain soir. Nous nous réunirons dans le bois voisin du palais, à un mille de la ville, au clair de lune; c'est là que nous répéterons. Car, si nous nous réunissons dans la ville, nous serons traqués par les curieux, et tous nos effets seront connus. En attendant, je vais faire la note de tous les objets nécessaires pour la mise en scène. Je vous en prie, ne me manquez pas.

BOTTOM. — Nous nous y trouverons; et nous pourrons répéter là avec plus de laisser-aller et de hardiesse. Appliquez-vous; soyez parfaits; adieu.

LECOING. — Au chêne du duc, le rendez-vous.

BOTTOM. — Suffit. Nous y serons, eussions-nous, ou non, une corde cassée à notre arc. *(Ils sortent.)*

437-2460
mon numero
de telephone
a l'ecole

ACTE II

SCÈNE PREMIÈRE

Un bois près d'Athènes. Il fait nuit. La lune brille.

Une FÉE *entre par une porte et* PUCK *par une autre.*

PUCK. — Eh bien! esprit, où errez-vous ainsi?

LA FÉE. — Par la colline, par la vallée, à travers les buissons, à travers les ronces, par les parcs, par les haies, à travers l'eau, à travers le feu, j'erre en tous lieux, plus rapide que la sphère de la lune. Je sers la reine des fées, et j'humecte les cercles qu'elle trace sur le gazon. Les primevères les plus hautes sont ses pensionnaires. Vous voyez des taches sur leurs robes d'or : ce sont les rubis, les bijoux de la fée, taches de rousseur d'où s'exhale leur senteur. Il faut maintenant que j'aille chercher des gouttes de rosée, pour suspendre une perle à chaque oreille d'ours. Adieu, toi, bouffon des esprits, je vais partir. Notre reine et tous ses elfes viendront ici tout à l'heure.

PUCK. — Le roi donne ici ses fêtes cette nuit. Veille à ce que la reine ne s'offre pas à sa vue; car Obéron est dans une rage épouvantable, parce qu'elle a pour page un aimable enfant volé à un roi de l'Inde. Elle n'a jamais eu un plus charmant captif; et Obéron jaloux voudrait faire de l'enfant un chevalier de sa suite pour parcourir les forêts sauvages. Mais elle retient de force l'enfant bien-aimé, le couronne de fleurs, et en fait toute sa joie. Chaque fois maintenant qu'ils se rencontrent, au bois, sur le gazon, près d'une limpide fontaine, à la clarté du ciel étoilé, le roi et la reine se querellent : si bien que tous leurs sylphes effrayés se fourrent dans la coupe des glands et s'y cachent.

LA FÉE. — Ou je me trompe bien sur votre forme et vos façons, ou vous êtes cet esprit malicieux et coquin qu'on nomme Robin Bonenfant. N'êtes-vous pas celui qui effraye les filles du village, écrème le lait, tantôt dérange le moulin, et fait que la ménagère s'essouffle vainement à la baratte, tantôt empêche la boisson de fermenter, et égare la nuit les voyageurs, en riant de leur peine? Ceux qui vous appellent Hobgoblin, charmant Puck, vous faites leur ouvrage, et vous leur portez bonheur. N'êtes-vous pas celui-là?

PUCK. — Tu dis vrai; je suis ce joyeux rôdeur de nuit. J'amuse Obéron, et je le fais sourire quand je trompe un cheval gras et nourri de fèves, en hennissant comme une pouliche coquette. Parfois je me tapis dans la tasse d'une commère sous la forme exacte d'une pomme cuite; et, lorsqu'elle boit, je me heurte contre ses lèvres, et je répands l'ale sur son fanon flétri. La matrone la plus sage, contant le conte le plus grave, me prend parfois pour un escabeau à trois pieds; alors je glisse sous son derrière; elle tombe, assise comme un tailleur, et est prise d'une quinte de toux; et alors toute l'assemblée de se tenir les côtes et de rire, et de pouffer de joie, et d'éternuer, et de jurer que jamais on n'a passé de plus gais moments. Mais, place, fée! voici Obéron qui vient.

LA FÉE. — Et voici ma maîtresse. Que n'est-il parti!

Obéron entre avec son cortège d'un côté; Titania avec le sien, de l'autre.

OBÉRON. — Fâcheuse rencontre au clair de lune, fière Titania!

TITANIA. — Quoi, jaloux Obéron? Fées, envolons-nous d'ici : j'ai abjuré son lit et sa société.

OBÉRON. — Arrête, impudente coquette. Ne suis-je pas ton seigneur?

TITANIA. — Alors, que je sois ta dame! Mais je sais qu'il t'est arrivé de t'enfuir du pays des fées pour aller tout le jour t'asseoir sous la forme de Corin, jouant du chalumeau, et adressant de tendres vers à l'amoureuse Phillida. Pourquoi es-tu ici, de retour des côtes les plus reculées de l'Inde? C'est, ma foi, parce que la fanfaronne Amazone, votre maîtresse en bottines, vos amours guerrières, doit être mariée à Thésée; et vous venez pour apporter à leur lit la joie et la prospérité!

OBÉRON. — Comment n'as-tu pas honte, Titania, d'attaquer mon caractère à propos d'Hippolyte, sachant que je sais ton amour pour Thésée? Ne l'as-tu pas, à la lueur de la nuit, emmené des bras de Périgénie, qu'il avait ravie? Ne lui as-tu pas fait violer sa foi envers la belle Églé, envers Ariane et Antiope?

TITANIA. — Ce sont les impostures de la jalousie. Jamais, depuis le commencement de la mi-été, nous ne nous sommes réunies sur la colline, au vallon, au bois, au pré, près d'une source cailloutée, ou d'un ruisseau bordé de joncs, ou sur une plage baignée de vagues, pour danser nos rondes au sifflement des vents, sans que tu aies troublé nos jeux de tes querelles. Aussi les vents, nous ayant en vain accompagnées de leur zéphyr, ont-ils, comme pour se venger, aspiré de la mer des brouillards contagieux qui, tombant sur la campagne, ont à ce point gonflé d'orgueil les plus chétives rivières, qu'elles ont franchi leurs digues. Ainsi, le bœuf a traîné son joug en vain, le laboureur a perdu ses sueurs, et le blé vert a pourri avant que la barbe fût venue à son jeune épi. Le parc est resté vide dans le champ noyé, et les corbeaux se sont engraissés du troupeau mort. Le mail où l'on jouait à la marelle est rempli de boue; et les délicats méandres dans le gazon touffu n'ont plus de tracé qui les distingue. Les mortels humains ne reconnaissent plus leur hiver : ils ne sanctifient plus les soirées par des hymnes ou des noëls. Aussi la lune, cette souveraine des flots, pâle de colère, remplit l'air d'humidité, si bien que les rhumes abondent. Grâce à cette intempérie, nous voyons les saisons changer : le givre à crête hérissée s'étale dans le frais giron de la rose cramoisie; et au menton du vieil Hiver, sur son crâne glacé, une guirlande embaumée de boutons printaniers est mise comme par dérision. Le printemps, l'été, l'automne fécond, l'hiver chagrin échangent leur livrée habituelle : et le monde effaré ne sait plus les reconnaître à leurs produits. Ce qui engendre ces maux, ce sont nos débats et nos dissensions : nous en sommes les auteurs et l'origine.

OBÉRON. — Mettez-y donc un terme : cela dépend de vous. Pourquoi Titania contrarierait-elle son Obéron? Je ne lui demande qu'un petit enfant volé pour en faire mon page.

TITANIA. — Que votre cœur s'y résigne. Tout l'empire des fées ne me payerait pas cet enfant. Sa mère était une adoratrice de mon ordre. Que de fois, la nuit, dans l'air plein d'arômes de l'Inde, nous avons causé côte à côte! Assises ensemble sur le sable jaune de Neptune, nous observions sur les flots les navires marchands, et nous riions de voir les voiles concevoir et s'arrondir sous les caresses du vent. Alors, faisant gracieusement la mine de nager, avec son ventre gros alors de mon jeune écuyer, elle les imitait et voguait sur la terre, pour m'aller chercher de menus présents, et s'en revenir, comme après un voyage, avec une riche cargaison. Mais elle était mortelle, et elle est morte de cet enfant; et j'élève cet enfant pour l'amour d'elle; et, pour l'amour d'elle, je ne veux pas me séparer de lui.

OBÉRON. — Combien de temps comptez-vous rester dans ce bois?

TITANIA. — Peut-être jusqu'après les noces de Thésée. Si vous voulez paisiblement danser dans notre ronde et voir nos ébats au clair de lune, venez avec nous; sinon, fuyez-moi, et j'éviterai les lieux hantés par vous.

OBÉRON. — Donne-moi cet enfant, et j'irai avec toi.

TITANIA. — Non, pas pour tout ton royaume. Fées, partons : nous nous fâcherons tout de bon, si je reste plus longtemps. *(Sort Titania avec sa suite.)*

OBÉRON. — Soit, va ton chemin; tu ne sortiras pas de ce bois que je ne t'aie châtiée pour cet outrage. Viens ici, mon gentil Puck. Tu te rappelles l'époque où, assis sur un promontoire, j'entendis une sirène, portée sur le dos d'un dauphin, proférer un chant si doux et si harmonieux que la rude mer devint docile à sa voix, et que plusieurs étoiles s'élancèrent follement de leur sphère pour écouter la musique de cette fille des mers ?

PUCK. — Je me rappelle.

OBÉRON. — Cette fois-là même, je vis (mais tu ne pus le voir), je vis voler, entre la froide lune et la terre, Cupidon tout armé : il visa une belle vestale, trônant à l'Occident, et décocha de son arc une flèche d'amour assez violente pour percer cent mille cœurs. Mais je pus voir le trait enflammé du jeune Cupidon s'éteindre dans les chastes rayons de la lune humide, et l'impériale prêtresse passa, pure d'amour, dans sa virginale rêverie. Je remarquai pourtant où le trait de Cupidon tomba : il tomba sur une petite fleur d'Occident, autrefois blanche comme le lait, aujourd'hui empourprée par sa blessure, que les jeunes filles appellent Pensée d'amour. Va me chercher cette fleur ; je t'en ai montré une fois la feuille. Son suc, étendu sur des paupières endormies, peut rendre une personne, femme ou homme, amoureuse folle de la première créature vivante qui lui apparaît. Va me chercher cette plante : et sois de retour avant que Léviathan ait pu nager une lieue.

PUCK. — Je puis faire une ceinture autour de la terre en quarante minutes. *(Il sort.)*

OBÉRON. — Quand une fois j'aurai ce suc, j'épierai Titania dans son sommeil, et j'en laisserai tomber une goutte sur ses yeux. Le premier être qu'elle regardera en s'éveillant, que ce soit un lion, un ours, un loup, un taureau, le singe le plus taquin, le magot le plus tracassier, elle le poursuivra avec l'âme de l'amour. Et, avant de délivrer sa vue de ce charme, ce que je puis faire avec une autre herbe, je la forcerai à me livrer son page. Mais qui vient ici ? Je suis invisible ; et je vais écouter cette conversation.

Julie et Martin

Entre Démétrius ; Héléna le suit.

DÉMÉTRIUS. — Je ne t'aime pas, donc ne me poursuis pas. Où est Lysandre ? et la belle Hermia ? Je veux tuer l'un, l'autre me tue. Tu m'as dit qu'ils s'étaient sauvés dans ce bois. M'y voici, dans le bois, aux abois de n'y pas rencontrer Hermia. Hors d'ici ! va-t'en, et cesse de me suivre.

HÉLÉNA. — C'est vous qui m'attirez, vous, dur cœur d'aimant; mais ce n'est pas du fer que vous attirez, car mon cœur est pur comme l'acier. Perdez la force d'attirer, et je n'aurai pas la force de vous suivre.

DÉMÉTRIUS. — Est-ce que je vous entraîne? Est-ce que je vous encourage? Est-ce qu'au contraire je ne vous dis pas avec la plus entière franchise : Je ne vous aime pas et je ne puis pas vous aimer?

HÉLÉNA. — Et je ne vous en aime que davantage. Je suis votre épagneul, Démétrius, et plus vous me battez, plus je vous cajole : traitez-moi comme votre épagneul, repoussez-moi, frappez-moi, délaissez-moi, perdez-moi; seulement, accordez-moi la permission de vous suivre, tout indigne que je suis. Quelle place plus humble dans votre amour puis-je mendier, quand je vous demande de me traiter comme votre chien? Eh bien, c'est cependant pour moi une place hautement désirable.

DÉMÉTRIUS. — N'excite pas trop mon aversion, car je souffre quand je te regarde.

HÉLÉNA. — Et moi aussi, je souffre quand je vous regarde.

DÉMÉTRIUS. — C'est compromettre par trop votre pudeur que de quitter ainsi la cité, de vous livrer à la merci d'un homme qui ne vous aime pas, d'exposer ainsi aux tentations de la nuit et aux mauvais conseils d'un lieu désert le riche trésor de votre virginité.

HÉLÉNA. — Votre mérite est ma sauvegarde. Pour moi, il ne fait pas nuit quand je vois votre visage, aussi ne crois-je pas que je sois dans la nuit. Ce n'est pas non plus le monde qui manque en ce bois; car vous êtes pour moi le monde entier. Comment donc pourrait-on dire que je suis seule, quand le monde entier est ici pour me regarder?

DÉMÉTRIUS. — Je vais m'échapper de toi et me cacher dans les fougères, et te laisser à la merci des bêtes féroces.

HÉLÉNA. — La plus féroce n'a pas un cœur comme vous. Courez où vous voudrez, vous retournerez l'histoire : Apollon fuit, et Daphné lui donne la chasse; la colombe poursuit le griffon; la douce biche s'élance pour attraper le tigre. Élan inutile, quand c'est l'audace qui fuit et la pusillanimité qui court après!

DÉMÉTRIUS. — Je ne veux pas écouter tes subtilités; lâche-moi; ou bien, si tu me suis, sois sûre que je vais te faire outrage dans le bois.

HÉLÉNA. — Hélas! dans le temple, dans la ville, dans les champs, partout vous me faites outrage. Fi! Démétrius! vos injures jettent le scandale sur mon sexe; en amour, nous ne pouvons pas attaquer, comme les hommes; nous sommes faites pour qu'on nous courtise, non pour courtiser. Je veux te suivre et faire un ciel de mon enfer en mourant de la main que j'aime tant. *(Sortent Démétrius et Héléna.)*

OBÉRON. — Adieu, nymphe; avant qu'il ait quitté ce hallier, c'est toi qui le fuiras, c'est lui qui recherchera ton amour.

Rentre Puck.

OBÉRON, *à Puck.* — As-tu la fleur? Sois le bienvenu, rôdeur.

PUCK. — Oui, la voilà.

OBÉRON. — Donne-la-moi, je te prie. Je sais un banc où s'épanouit le thym sauvage, où poussent l'oreille-d'ours et la violette branlante. Il est couvert par un dais de chèvrefeuilles vivaces, de suaves roses musquées et d'églantiers. C'est là que dort Titania, à certain moment de la nuit, bercée dans ces fleurs par les danses et les délices; c'est là que la couleuvre étend sa peau émaillée, vêtement assez large pour couvrir une fée. Alors je teindrai ses yeux avec le suc de cette fleur, et je l'obséderai d'odieuses fantaisies. Prends aussi de ce suc, et cherche dans le hallier. Une charmante dame d'Athènes est amoureuse d'un jeune dédaigneux : mouille les yeux de celui-ci, mais veille à ce que le premier être qu'il apercevra soit cette dame. Tu reconnaîtras l'homme à son costume athénien. Fais cela avec soin, de manière qu'il devienne plus épris d'elle qu'elle n'est éprise de lui. Et viens me rejoindre sans faute avant le premier chant du coq.

PUCK. — Soyez tranquille, Monseigneur, votre serviteur obéira. *(Ils sortent.)*

SCÈNE II

Une autre partie du bois. Devant le chêne du duc.

TITANIA *arrive avec sa suite.*

TITANIA. — Allons! maintenant, une ronde et une chanson féerique! Ensuite, allez-vous-en pendant le tiers d'une minute : les unes, tuer les vers dans les boutons de rose musquée; les autres, guerroyer avec les chauves-souris, pour avoir la peau de leurs ailes et en faire des cottes à mes petits sylphes; d'autres, chasser le hibou criard qui la nuit ne cesse de huer, effarouché par nos ébats subtils. Maintenant, endormez-moi de vos chants; puis, allez à vos fonctions, et laissez-moi reposer.

CHANSON

PREMIÈRE FÉE.

Vous, serpents tachetés, au double dard,
Hérissons épineux, ne vous montrez pas,
Salamandres, orvets, ne soyez pas malfaisants,
N'approchez pas de la reine des fées.

CHŒUR DES FÉES.

Philomèle, avec ta mélodie,
Accompagne notre douce chanson;
Lulla, Lulla, Lullaby! Lulla, Lulla, Lullaby!
Que ni malheur, ni charme, ni maléfice
N'atteigne notre aimable dame,
Et bonne nuit, avec Lullaby.

SECONDE FÉE.

Araignées fileuses, ne venez pas céans;
Arrière, faucheux aux longues pattes, arrière!
Noirs escarbots, n'approchez pas.
Vers et limaçons, ne faites aucun dégât.

CHŒUR DES FÉES.

Philomèle, avec ta mélodie,
Accompagne notre douce chanson;
Lulla, Lulla, Lullaby! Lulla, Lulla, Lullaby!
Que ni malheur, ni charme, ni maléfice
N'atteigne notre aimable dame,
Et bonne nuit, avec Lullaby.

PREMIÈRE FÉE.

Maintenant partons, tout va bien.
Qu'une de nous se tienne à l'écart, en sentinelle! *(Les fées sortent. Titania s'endort.)*

Entre Obéron.

OBÉRON, *pressant la fleur sur les paupières de Titania.*

Que l'être que tu verras à ton réveil
Soit par toi pris pour amant!
Aime-le et languis pour lui;
Quel qu'il soit, once, chat, ours,
Léopard ou sanglier au poil hérissé,
Que celui qui apparaîtra à tes yeux,
Quand tu t'éveilleras, soit ton chéri!
Réveille-toi, quand quelque être vil approchera. (Il sort.)

Entrent Lysandre et Hermia.

LYSANDRE. — Bel amour, vous vous êtes exténuée à errer dans le bois, et, à vous dire vrai, j'ai oublié notre chemin. Nous nous reposerons ici, Hermia, si vous le trouvez bon, et nous attendrons la clarté secourable du jour.

HERMIA, *s'étendant contre une haie.* — Soit, Lysandre. Cherchez un lit pour vous; moi, je vais reposer ma tête sur ce banc.

LYSANDRE, *s'approchant d'elle.* — Le même gazon nous servira d'oreiller à tous deux; un seul cœur, un seul lit; deux âmes, une seule foi.

HERMIA. — Non, bon Lysandre; pour l'amour de moi, mon cher, étendez-vous plus loin, ne vous couchez pas si près.

LYSANDRE. — Oh! saisissez, charmante, la pensée de mon innocence; l'amour doit saisir l'intention dans le langage de l'amour. Je veux dire que nos deux cœurs sont tressés de façon à n'en faire plus qu'un, que nos deux âmes sont enchaînées par le même vœu, de sorte que nous avons deux âmes et une seule foi. Ne me refusez donc pas un lit à votre côté, car, en vous serrant sur moi, Hermia, j'exécute un serment.

HERMIA. — Lysandre fait de très jolis jeux de mots. Malheur à ma vertu et à mon honneur, si j'ai accusé Lysandre de négliger un serment! Mais, doux ami, au nom de l'amour et de la courtoisie, serrez-moi de moins près; l'humaine modestie exige entre nous la séparation qui sied à un galant vertueux et à une vierge. Gardez donc certaine distance, et bonne nuit, doux ami; que ton amour ne s'altère pas avant que ta douce vie finisse!

LYSANDRE, *se couchant à distance d'Hermia.* — Je dis : Amen! amen! à cette belle prière, et j'ajoute : Que ma vie finisse quand finira ma fidélité! Voici mon lit. Que le sommeil t'accorde tout son repos!

HERMIA. — Qu'il en garde la moitié pour en presser tes yeux! *(Ils s'endorment.)*

Entre Puck.

PUCK. — J'ai parcouru la forêt, mais je n'ai pas trouvé d'Athénien sur les yeux duquel j'aie pu éprouver la vertu qu'a cette fleur d'inspirer l'amour. Nuit et silence! Quel est cet homme? Il porte un costume athénien; c'est celui, m'a dit mon maître, qui dédaigne la jeune Athénienne; et voici la pauvre fille profondément endormie sur le sol humide et sale. Jolie âme! elle n'a pas osé se coucher près de ce ladre d'amour, de ce bourreau de courtoisie. Malappris! je répands sur tes yeux toute la puissance que ce philtre possède. *(Il fait tomber sur les yeux de Lysandre quelques gouttes du suc magique.)* Une fois que tu seras éveillé, que l'amour éloigne à jamais le sommeil de tes yeux! Réveille-toi dès que je serai parti; car il faut que j'aille rejoindre Obéron. *(Il sort.)*

Entrent Démétrius et Héléna, courant.

HÉLÉNA. — Arrête, quand tu devrais me tuer, bien-aimé Démétrius.

DÉMÉTRIUS. — Va-t'en, je te l'ordonne. Ne me hante pas ainsi.

HÉLÉNA. — Veux-tu donc m'abandonner dans les ténèbres? Oh! non!

DÉMÉTRIUS. — Arrête, ou malheur à toi! Je veux m'en aller seul. *(Sort Démétrius.)*

HÉLÉNA. — Oh! cette chasse éperdue m'a mise hors d'haleine! Plus je prie, moins j'obtiens grâce. Hermia est heureuse, partout où elle respire; car elle a des yeux attrayants et célestes. Qui a rendu ses yeux si brillants? ce ne sont pas les larmes amères. Si c'étaient les larmes, mes yeux en ont été plus souvent baignés que les siens. Non, non, je suis laide comme une ourse, car les bêtes qui me rencontrent se sauvent de frayeur. Il n'est donc pas étonnant que Démétrius me fuie comme un monstre. Quel miroir perfide et menteur m'a fait comparer mes yeux aux yeux étoilés d'Hermia? Mais qui est ici?... Lysandre! à terre! mort ou endormi? Je ne vois pas de sang, pas de blessure. Lysandre, si vous êtes vivant, cher seigneur, éveillez-vous.

LYSANDRE, *s'éveillant.* — Et je courrai à travers les flammes pour l'amour de toi, transparente Héléna! La nature a ici l'art de me faire voir ton cœur à travers ta poitrine. Où est Démétrius? Oh! que ce vil nom est bien un mot fait pour périr à la pointe de mon épée!

HÉLÉNA. — Ne dites pas cela, Lysandre; ne dites pas cela. Qu'importe qu'il aime votre Hermia? Seigneur, qu'importe? Hermia n'aime toujours que vous : soyez donc heureux.

LYSANDRE. — Heureux avec Hermia? non, je regrette les fastidieuses minutes que j'ai passées avec elle. Ce n'est pas Hermia, mais Héléna que j'aime à présent. Qui n'échangerait une corneille pour une colombe? La volonté de l'homme est gouvernée par la raison; et la raison dit que vous êtes la plus digne fille. Ce qui croît n'est mûr qu'à sa saison. Trop jeune encore, je n'étais pas mûr pour la raison; mais, arrivé maintenant au faîte de l'expérience humaine, ma raison met ma volonté au pas et me conduit à vos yeux, où je lis une histoire d'amour, écrite dans le plus riche livre d'amour.

HÉLÉNA. — Suis-je donc née pour être si amèrement narguée? Quand ai-je mérité de vous cette moquerie? N'est-ce pas assez, n'est-ce pas assez, jeune homme, que je n'aie jamais pu, non, que je ne puisse jamais mériter un doux regard de Démétrius, sans que vous deviez encore railler mon insuffisance? Vous m'outragez, ma foi; sur ma parole, vous m'outragez en me courtisant d'une manière si dérisoire. Mais adieu! je suis forcée d'avouer que je vous croyais un seigneur de plus réelle courtoisie. Oh! qu'une femme, repoussée par un homme, soit encore insultée par un autre! *(Elle sort.)*

LYSANDRE. — Elle ne voit pas Hermia... Hermia, dors là, toi, et puisses-tu ne jamais approcher de Lysandre! Car, de même que l'indigestion des choses les plus douces porte à l'estomac le plus profond dégoût, ou de même que les hérésies, que les hommes abjurent, sont le plus haïes de ceux qu'elles ont trompés, de même, toi, mon indigestion, toi, mon hérésie, sois haïe de tous, et surtout de moi. Et toi, mon être tout entier, consacre ton amour et ta puissance à honorer Héléna et à être son chevalier. *(Il sort.)*

HERMIA, *se dressant.* — A mon secours, Lysandre, à mon secours! Tâche d'arracher ce serpent qui rampe sur mon sein! Ah! par pitié!... Quel était ce rêve? Voyez, Lysandre, comme je tremble de frayeur. Il me semblait qu'un serpent me dévorait le cœur et que vous étiez assis, souriant à mon cruel supplice. Lysandre! quoi! éloigné de moi! Lysandre! Seigneur! Quoi! hors de la portée de ma voix! parti! pas un son, pas un mot! Hélas! où êtes-vous? parlez, si vous m'entendez; parlez, au nom de tous les amours; je suis presque évanouie de frayeur. Non? Alors je vois bien que vous n'êtes pas près de moi : il faut que je trouve sur-le-champ ou la mort ou vous. *(Elle sort.)*

ACTE III

SCÈNE PREMIÈRE

Entrent les clowns, LECOING, ÉTRIQUÉ, BOTTOM, FLUTE, GROIN *et* MEURT DE FAIM.

BOTTOM. — Sommes-nous tous réunis?

LECOING. — Parfait! parfait! et voici une place merveilleusement convenable pour notre répétition. Cette pelouse verte sera notre scène, ce fourré d'aubépine nos coulisses, et nous allons mettre ça en action comme nous le mettrons devant le duc.

BOTTOM. — Pierre Lecoing...

LECOING. — Que dis-tu, bruyant Bottom?

BOTTOM. — Il y a dans cette comédie de *Pyrame et Thisbé* des choses qui ne plairont jamais. D'abord, Pyrame doit tirer l'épée pour se tuer; ce que les dames ne supporteront pas. Qu'avez-vous à répondre à ça?

GROIN. — Par Notre-Dame! ça leur fera une peur terrible.

MEURT DE FAIM. — Je crois que nous devons renoncer à la tuerie comme dénouement.

BOTTOM. — Pas le moins du monde. J'ai un moyen de tout arranger. Faites-moi un prologue; et que ce prologue affecte de dire que nous ne voulons pas nous faire de mal avec nos épées et que Pyrame n'est pas tué tout de bon; et, pour les rassurer encore mieux, dites que moi, Pyrame, je ne suis pas Pyrame, mais Bottom le tisserand : ça leur ôtera toute frayeur.

LECOING. — Soit, nous aurons un prologue comme ça, et il sera écrit en vers de huit et de six syllabes.

BOTTOM. — Non! deux syllabes de plus! en vers de huit et de huit!

GROIN. — Est-ce que ces dames n'auront pas peur du lion ?

MEURT DE FAIM. — J'en ai peur, je vous le promets.

BOTTOM. — Mes maîtres, réfléchissez-y bien. Amener, Dieu nous soit en aide! un lion parmi ces dames, c'est une chose fort effrayante; car il n'y a pas au monde d'oiseau de proie plus terrible que le lion, voyez-vous; et nous devons y bien regarder.

GROIN. — Eh bien, il faudra un autre prologue pour dire que ce n'est pas un lion.

BOTTOM. — Oui, il faudra que vous disiez le nom de l'acteur et qu'on voie la moitié de son visage à travers la crinière du lion; il faudra que lui-même parle au travers et qu'il dise ceci ou quelque chose d'équivalent : *Mesdames*, ou : *belles dames, je vous demande*, ou : *je vous requiers*, ou : *je vous supplie de ne pas avoir peur, de ne pas trembler; ma vie répond de la vôtre. Si vous pensiez que je suis venu en vrai lion, ce serait fâcheux pour ma vie. Non, je ne suis rien de pareil : je suis un homme comme les autres hommes.* Et alors, ma foi, qu'il se nomme et qu'il leur dise franchement qu'il est Étriqué le menuisier.

LECOING. — Allons, il en sera ainsi. Mais il y a encore deux choses difficiles : c'est d'amener le clair de lune dans une chambre; car, vous savez, Pyrame et Thisbé se rencontrent au clair de lune.

ÉTRIQUÉ. — Est-ce que la lune brillera la nuit où nous jouerons ?

BOTTOM. — Un calendrier! un calendrier! Regardez dans l'almanach : trouvez le clair de lune, trouvez le clair de lune.

LECOING. — Oui, la lune brille cette nuit-là.

BOTTOM. — Eh bien, vous pourriez laisser ouverte une lucarne de la fenêtre dans la grande salle où nous jouerons; et la lune pourra briller par cette lucarne.

LECOING. — Oui; ou bien quelqu'un devrait venir avec un fagot d'épines et une lanterne, et dire qu'il vient pour défigurer ou représenter le personnage du clair de lune. Mais il y a encore autre chose. Il faut que nous ayons un mur dans la grande salle; car

Pyrame et Thisbé, dit l'histoire, causaient à travers la fente d'un mur.

ÉTRIQUÉ. — Vous ne pourrez jamais apporter un mur... Qu'en dites-vous, Bottom ?

BOTTOM. — Un homme ou un autre devra représenter le mur : il faudra qu'il ait sur lui du plâtre, ou de l'argile, ou de la chaux pour figurer le mur; et puis, qu'il tienne ses doigts comme ça, et Pyrame et Thisbé chuchoteront à travers l'ouverture.

LECOING. — Si ça se peut, alors tout est bien. Allons, asseyez-vous tous, fils de mères que vous êtes, et répétez vos rôles. Vous, Pyrame, commencez : quand vous aurez dit votre tirade, vous entrerez dans ce taillis, et ainsi de suite, chacun à son moment.

Entre Puck au fond du théâtre.

PUCK. — Qu'est-ce donc que ces filandreuses brutes qui viennent brailler ici, si près du berceau de la reine des fées ? Quoi! une pièce en train ? Je serai spectateur, peut-être acteur aussi, si j'en trouve l'occasion.

LECOING. — Parlez, Pyrame... Thisbé, avancez.

PYRAME.

Thisbé, les fleurs odieuses ont un parfum suave...

LECOING. — Odorantes! odorantes!

PYRAME.

Les fleurs odorantes ont un parfum suave,
Tel celui de ton haleine, ma très chère Thisbé, chérie.
Mais écoute : une voix! Arrête un peu ici,
Et tout à l'heure je vais t'apparaître. (Sort Pyrame.)

PUCK, *à part.* — Le plus étrange Pyrame qui ait jamais joué ici! *(Il sort en suivant Pyrame.)*

THISBÉ. — Est-ce à mon tour de parler ?

LECOING. — Oui, pardieu, c'est à votre tour; car vous devez comprendre qu'il n'est sorti que pour voir un bruit qu'il a entendu, et qu'il va revenir.

THISBÉ.

Très radieux Pyrame, au teint blanc comme le lis,

Toi dont l'incarnat est comme la rose rouge sur l'églan-
[tier triomphant,
Le plus piquant jouvenceau, et aussi le plus aimable
[Juif,
Fidèle comme un fidèle coursier qui jamais ne se fatigue,
J'irai te retrouver, Pyrame, à la tombe de Nigaud.

LECOING. — A la tombe de Ninus, l'homme... Mais vous ne devez pas dire ça encore : c'est ce que vous répondrez à Pyrame; vous dites tout votre rôle à la fois, en confondant toutes les répliques. Entrez, Pyrame : on a passé votre réplique, après ces mots : *qui jamais ne se fatigue.*

Reviennent Puck et Bottom, affublé d'une tête d'âne.

THISBÉ.

Fidèle comme le fidèle coursier qui jamais ne se fatigue...

PYRAME.

Si je l'étais, belle Thisbé, je ne serais qu'à toi.

LECOING, *apercevant Bottom.* — O monstruosité! ô prodige! nous sommes hantés! En prière, mes maîtres! fuyons, mes maîtres! au secours! *(Les clowns sortent.)*

PUCK. — Je vais vous suivre; je vais vous faire faire un tour à travers les marais, les buissons, les fourrés, les ronces. Tantôt je serai cheval, tantôt chien, cochon, ours sans tête, tantôt flamme; et je vais hennir, et aboyer, et grogner, et rugir, et brûler tour à tour comme un cheval, un chien, un ours, une flamme. *(Il sort.)*

BOTTOM. — Pourquoi se sauvent-ils ? C'est une farce pour me faire peur.

Revient Groin.

GROIN. — O Bottom, comme tu es changé! qu'est-ce que je vois sur toi ?

BOTTOM. — Ce que vous voyez ? vous voyez une tête d'âne, la vôtre. Voyez-vous ? *(Sort Groin.)*

Revient Lecoing.

LECOING. — Dieu te bénisse, Bottom, Dieu te bénisse! tu es métamorphosé. *(Il sort.)*

BOTTOM. — Je vois leur farce; ils veulent faire de moi un âne, m'effrayer, s'ils peuvent. Mais, ils auront beau faire, je ne veux pas bouger de cette place; je vais me promener ici de long en large, et chanter, pour qu'ils sachent que je n'ai pas peur. *(Il chante.)*

Le merle, si noir de couleur,
Au bec jaune orange,
La grive à la note si juste,
Le roitelet avec sa petite plume...

TITANIA, *s'éveillant.* — Quel est l'ange qui m'éveille de mon lit de fleurs?

BOTTOM, *chantant.*

Le pinson, le moineau et l'alouette,
Le gris coucou avec son plain-chant,
Dont maint homme écoute la note
Sans oser lui répondre non!

Car, vraiment, qui voudrait mettre son esprit aux prises avec un si fol oiseau? qui voudrait donner un démenti à un oiseau, eût-il beau crier à tue-tête : *coucou?*

TITANIA. — Je t'en prie, gentil mortel, chante encore. Autant mon oreille est énamourée de ta note, autant mes yeux sont captivés par ta forme, et la force de ton brillant mérite m'entraîne, malgré moi, à la première vue, à dire, à jurer que je t'aime.

BOTTOM. — M'est avis, madame, que vous avez bien peu de raisons pour ça : et pourtant, à dire vrai, la raison et l'amour ne vont guère de compagnie, par le temps qui court; c'est grand dommage que d'honnêtes voisins n'essayent pas de les réconcilier. Oui-da, je sais batifoler dans l'occasion.

TITANIA. — Tu es aussi sage que tu es beau.

BOTTOM. — Non, je ne suis ni l'un ni l'autre. Mais, si j'avais seulement assez d'esprit pour me tirer de ce bois, j'en aurais assez pour ce que j'en veux faire.

TITANIA. — Ne demande pas à sortir de ce bois. Tu resteras ici, que tu le veuilles ou non. Je suis un esprit d'un ordre peu commun; l'été est une dépendance inséparable de mon empire, et je t'aime. Donc, viens avec moi; je te donnerai des fées pour te servir; et elles t'iront chercher des joyaux au fond de l'abîme, et elles chanteront, tandis que tu dormiras sur les fleurs pressées. Et je te purgerai si bien de ta grossièreté mortelle que tu iras comme un esprit aérien. Fleur des Pois! Toile d'Araignée! Phalène! Grain de Moutarde!

Entrent quatre sylphes.

PREMIER SYLPHE. — Me voici.
DEUXIÈME SYLPHE. — Et moi.
TROISIÈME SYLPHE. — Et moi.
QUATRIÈME SYLPHE. — Où faut-il que nous allions?

TITANIA. — Soyez aimables et courtois pour ce gentilhomme; bondissez dans ses promenades et gambadez à ses yeux; nourrissez-le d'abricots et de groseilles, de grappes pourpres, de figues vertes et de mûres; dérobez aux abeilles leurs sacs de miel; pour flambeaux de nuit, coupez leurs cuisses enduites de cire, et allumez-les aux yeux enflammés du ver luisant, afin d'éclairer mon bien-aimé à son coucher et à son lever; et arrachez les ailes des papillons diaprés pour écarter de ses yeux endormis les rayons de lune. Inclinez-vous devant lui, sylphes, et faites-lui vos courtoisies.

PREMIER SYLPHE. — Salut, mortel!
DEUXIÈME SYLPHE. — Salut!
TROISIÈME SYLPHE. — Salut!
QUATRIÈME SYLPHE. — Salut!

BOTTOM. — J'implore du fond du cœur la merci de vos révérences. *(Au premier sylphe.)* Par grâce, le nom de votre révérence?

PREMIER SYLPHE. — Toile d'Araignée.

BOTTOM. — Je vous demande votre amitié, cher monsieur Toile d'Araignée; si je me coupe le doigt, je prendrai avec vous des libertés. *(Au second sylphe.)* Votre nom, honnête gentilhomme?

DEUXIÈME SYLPHE. — Fleur des Pois.

BOTTOM. — De grâce, recommandez-moi à mistress Cosse, votre mère, et à maître Pois Chiche, votre père. Cher monsieur Fleur des Pois, je demanderai à faire avec vous plus ample connaissance. *(Au troisième sylphe.)* Par grâce, votre nom, monsieur ? Et vous

TROISIÈME SYLPHE. — Grain de Moutarde.

BOTTOM. — Cher monsieur Grain de Moutarde, je connais bien vos souffrances; maint gigantesque rosbif a lâchement dévoré bien des gentilshommes de votre maison. Votre famille m'a fait souvent venir la larme à l'œil, je vous le promets. Je demande à lier connaissance avec vous, bon monsieur Grain de Moutarde.

TITANIA. — Allons, escortez-le, conduisez-le à mon berceau. La lune, il me semble, regarde d'un œil humide; et, quand elle pleure, les plus petites fleurs pleurent, se lamentant sur quelque virginité violée. Enchaînez la langue de mon bien-aimé; conduisez-le en silence. *(Ils sortent.)*

P. 77

SCÈNE II

Une autre partie du bois.

Entre OBÉRON.

OBÉRON. — Je suis curieux de savoir si Titania s'est éveillée, et puis, quel est le premier être qui s'est offert à sa vue et dont elle a dû s'éprendre éperdument.

Voici mon messager. Eh bien, fol esprit, quelle fredaine nocturne viens-tu de faire dans ce bois enchanté ?

Entre Puck.

PUCK. — Ma maîtresse est amoureuse d'un monstre. Tandis qu'elle prenait son heure de sommeil auprès de son berceau discret et consacré, une troupe de paillasses, d'artisans grossiers, qui travaillent pour du pain dans les échoppes d'Athènes, se sont réunis pour répéter une pièce qui doit être jouée le jour des noces du grand Thésée. Le niais le plus épais de cette stupide bande, lequel jouait Pyrame, a quitté la scène pendant la représentation et est entré dans un taillis; je l'ai surpris à ce moment favorable, et lui ai fixé sur le chef une tête d'âne. Alors, comme il fallait donner la réplique à sa Thisbé, mon saltimbanque reparaît. Quand les autres l'aperçoivent, figurez-vous des oies sauvages voyant ramper l'oiseleur, ou une troupe de choucas à tête rousse, qui, au bruit du mousquet, s'envolent en croassant, se dispersent et balayent follement le ciel; c'est ainsi qu'à sa vue tous ses camarades se sauvent; je trépigne, et tous de tomber les uns sur les autres, et de crier au meurtre, et d'appeler Athènes au secours. Leur raison si faible, égarée par une frayeur si forte, a tourné contre eux les êtres inanimés. Les épines et les ronces accrochent leurs vêtements, aux uns, leurs manches, aux autres, leur chapeau : ils laissent partout leurs dépouilles. Je les ai emmenés, éperdus d'épouvante, et j'ai laissé sur place le tendre Pyrame métamorphosé. C'est à ce moment, le hasard ainsi l'a voulu, que Titania s'est éveillée et s'est aussitôt amourachée d'un âne.

OBÉRON. — Cela s'arrange mieux encore que je ne pouvais l'imaginer. Mais as-tu mouillé les yeux de l'Athénien avec le philtre d'amour, ainsi que je te l'ai dit ?

PUCK. — Je l'ai surpris dormant. C'est encore une chose faite et l'Athénienne était à ses côtés; à son réveil, il a dû nécessairement la voir.

Entrent Démétrius et Hermia.

OBÉRON. — Ne t'éloigne pas; voici notre Athénien.

PUCK. — C'est bien la femme, mais ce n'est pas l'homme.

DÉMÉTRIUS, *à Hermia.* — Oh! pourquoi rebutez-vous ainsi quelqu'un qui vous aime tant? Gardez ces murmures amers pour votre amer ennemi.

HERMIA. — Je me borne à te gronder, mais je devrais te traiter plus durement encore; car tu m'as donné, j'en ai peur, sujet de te maudire. S'il est vrai que tu aies tué Lysandre dans son sommeil, déjà dans le sang jusqu'à la cheville, achève de t'y plonger et tue-moi aussi. Le soleil n'est pas plus fidèle au jour que lui à moi. Se serait-il dérobé ainsi à Hermia endormie? Je croirais plutôt que cette terre peut être percée de part en part, et que la lune, en traversant le centre, peut aller aux antipodes éclipser le soleil en plein midi. Il est impossible que tu ne l'aies pas tué. Cet air spectral et sinistre est celui d'un assassin.

DÉMÉTRIUS. — C'est celui d'un assassiné; et c'est celui que je dois avoir, ainsi percé jusqu'au cœur par votre inflexible cruauté. Vous pourtant, l'assassine, vous avez l'air aussi radieux, aussi serein que Vénus, là-haut, dans sa sphère étincelante.

HERMIA. — Qu'a cela de commun avec mon Lysandre? où est-il? Ah! bon Démétrius! veux-tu me le rendre?

DÉMÉTRIUS. — J'aimerais mieux donner sa carcasse à mes limiers.

HERMIA. — Arrière, chien! arrière, monstre! tu me pousses au-delà des bornes de la patience virginale. Tu l'as donc tué? Cesse désormais d'être compté parmi les hommes. Oh! sois franc une fois, sois franc, fût-ce par amour pour moi : aurais-tu osé regarder en face Lysandre éveillé, toi qui l'as tué endormi? Oh! le brave exploit! Un ver, une vipère, n'en pouvaient-ils pas faire autant? C'est bien aussi une vipère qui l'a fait; car une vipère ne pique pas, ô reptile, avec une langue plus double.

DÉMÉTRIUS. — Vous épuisez votre colère sur une méprise; je ne suis pas souillé du sang de Lysandre, et il n'est pas mort, que je sache.

HERMIA. — Dis-moi, je t'en supplie, qu'il est sain et sauf!

DÉMÉTRIUS. — Et, si je pouvais le dire, qu'y gagnerais-je!

HERMIA. — Un privilège, celui de ne jamais me revoir. Sur ce, je fuis ta présence exécrée; qu'il soit mort ou vivant, tu ne me verras plus. *(Elle sort.)*

DÉMÉTRIUS. — Inutile de la suivre en cette humeur

furieuse. Je vais donc me reposer ici quelques moments. Les charges du chagrin s'augmentent de la dette que le sommeil en banqueroute ne lui a pas payée ; peut-être va-t-il me donner un léger acompte, si j'attends ici ses offres. *(Il se couche par terre.)*

OBÉRON, *à Puck.* — Qu'as-tu fait ? tu t'es complètement mépris ; tu as mis la liqueur d'amour sur la vue d'un amant fidèle. Il doit forcément résulter de ta méprise l'égarement d'un cœur fidèle, et non la conversion d'un perfide.

PUCK. — Ainsi le destin l'ordonne ; pour un homme qui garde sa foi, des millions doivent faiblir, brisant serments sur serments.

OBÉRON. — Cours à travers le bois, plus rapide que le vent, et cherche à découvrir Héléna d'Athènes ; elle a le cœur malade, et elle est toute pâle des soupirs d'amour qui ruinent la fraîcheur de son sang. Tâche de l'amener ici par quelque illusion. Au moment où elle paraîtra, je charmerai les yeux de celui-ci.

PUCK. — Je pars, je pars ; vois comme je pars ; plus rapide que la flèche de l'arc du Tartare. *(Il sort.)*

OBÉRON, *versant le suc de la fleur sur les yeux de Démétrius.*

Fleur de nuance pourprée,
Blessée par l'archer Cupidon,
Pénètre la prunelle de ses yeux.
Quand il cherchera son amante,
Qu'elle brille aussi splendide
Que la Vénus des cieux.

(Se penchant sur Démétrius endormi.)

Si, à ton réveil, elle est auprès de toi,
A toi d'implorer d'elle un remède.

Rentre Puck.

PUCK.

Capitaine de notre bande féerique,
Héléna est à deux pas d'ici ;
Et le jeune homme que j'ai charmé par méprise
Revendique auprès d'elle ses honoraires d'amant.

Assisterons-nous à cette amoureuse parade ?
Seigneur, que ces mortels sont fous!

OBÉRON.

Mets-toi de côté : le bruit qu'ils vont faire
Réveillera Démétrius.

PUCK.

Alors ils seront deux à courtiser la même;
Cela seul fera un spectacle réjouissant.
Rien ne me plaît plus
Que ces absurdes contretemps.

Entrent Lysandre et Héléna.

LYSANDRE. — Pourquoi vous figurer que je vous courtise par dérision? La moquerie et la dérision n'apparaissent jamais en larmes. Voyez, je pleure en protestant de mon amour; quand les protestations sont ainsi nées, toute leur sincérité apparaît dès leur naissance. Comment peuvent-elles vous sembler en moi une dérision, quand elles portent ces insignes évidents de la bonne foi?

HÉLÉNA. — Vous déployez de plus en plus votre perfidie. Quand la foi tue la foi, oh! l'infernale guerre sainte! Ces protestations appartiennent à Hermia : voulez-vous donc l'abandonner? Quand ils se font contrepoids, les serments ne pèsent plus rien; ceux que vous nous offrez, à elle et à moi, mis dans deux plateaux, se balancent et sont aussi légers que des fables.

LYSANDRE. — Je n'avais pas de jugement quand je lui jurai mon amour.

HÉLÉNA. — Non, ma foi, pas plus qu'en ce moment où vous l'abandonnez.

LYSANDRE. — Démétrius l'aime, et ne vous aime pas.

DÉMÉTRIUS, *s'éveillant.* — O Héléna, déesse, nymphe, perfection divine! à quoi, mon amour, comparerai-je tes yeux? Le cristal est de la fange. Oh! comme elles sont tentantes, tes lèvres, ces cerises mûres pour le baiser! Dans sa pure blancheur glacée, la neige du haut Taurus, que balaye le vent d'est, paraît noire comme le corbeau quand tu lèves la main. Oh! laisse-moi donner à cette princesse de blancheur un baiser, sceau de la béatitude!

HÉLÉNA. — O rage! ô enfer! je vois que vous êtes tous d'accord pour vous jouer de moi! Si vous étiez civils, si vous connaissiez la courtoisie, vous ne me feriez pas tous ces outrages. N'est-ce pas assez de me haïr comme vous le faites, sans vous liguer du fond de l'âme pour me bafouer? Si vous étiez des hommes, comme vous en avez l'apparence, vous ne voudriez pas traiter ainsi une gente dame, me prodiguer ces vœux, ces serments, ces louanges exagérées, quand, j'en suis sûre, vous me haïssez cordialement. Rivaux tous deux pour aimer Hermia, vous êtes rivaux aussi pour vous moquer d'Héléna. Admirable exploit, héroïque entreprise, d'évoquer les larmes des yeux d'une pauvre fille avec vos dérisions! Des gens de noble race ne voudraient pas ainsi offenser une vierge et mettre à bout la patience d'une pauvre âme : le tout pour s'amuser!

LYSANDRE. — Vous êtes méchant, Démétrius. Ne soyez pas ainsi. Car vous aimez Hermia; vous savez, je le sais. Ici, en toute bonne volonté et de tout mon cœur, je vous cède mes droits à l'amour d'Hermia; léguez-moi, vous, vos droits sur Héléna, que j'aime et que j'aimerai jusqu'à la mort.

HÉLÉNA. — Jamais moqueurs ne perdirent de plus vaines paroles.

DÉMÉTRIUS. — Lysandre, garde ton Hermia : je n'en veux plus. Si je l'aimai jamais, tout cet amour est parti. Mon cœur n'a séjourné avec elle que comme un convive; et le voilà revenu à son foyer, chez Héléna, pour s'y fixer.

LYSANDRE. — Ce n'est pas vrai, Héléna.

DÉMÉTRIUS. — Ne calomnie pas une conscience que tu ne connais pas, de peur qu'à tes dépens je ne te le fasse payer cher. Tiens, voici venir tes amours; voici ton adorée.

Entre Hermia.

HERMIA. — La nuit noire, qui suspend les fonctions de l'œil, rend l'oreille plus prompte à percevoir. De ce qu'elle prend au sens de la vue, elle rend le double à l'ouïe. Ce n'est pas par mes yeux, Lysandre, que tu as été trouvé; c'est mon oreille, et je l'en remercie, qui m'a conduite à ta voix. Mais pourquoi, méchant, m'as-tu quittée ainsi?

LYSANDRE. — Pourquoi serait-il resté, celui que l'amour pressait de partir?

HERMIA. — Quel amour pouvait presser Lysandre de quitter mon côté?

LYSANDRE. — L'amour de Lysandre, l'amour qui ne lui permettait pas de rester, c'était la belle Héléna; Héléna qui dore la nuit plus que ces globes incandescents et ces yeux de lumière, là-haut. Pourquoi me cherches-tu? N'as-tu pas compris que c'est la haine que je te porte qui m'a fait te quitter ainsi?

HERMIA. — Vous ne parlez pas comme vous pensez; c'est impossible.

HÉLÉNA. — Tenez, elle aussi, elle est de ce complot. Je le vois maintenant, ils se sont concertés, tous trois, pour arranger à mes dépens cette comédie. Injurieuse Hermia! fille ingrate! conspirez-vous, êtes-vous liguée avec ces hommes pour me harceler de cette affreuse dérision? Avez-vous oublié toutes les confidences dont nous nous faisions part l'une à l'autre, nos serments d'être sœurs, les heures passées ensemble, alors que nous grondions le temps au pied hâtif de nous séparer? Oh! avez-vous tout oublié? notre amitié des jours d'école, notre innocence enfantine? Que de fois, Hermia, vraies déesses d'adresse, nous avons créé toutes deux avec nos aiguilles une même fleur, toutes deux sur le même modèle, assises sur le même coussin, toutes deux fredonnant le même chant, sur le même ton toutes deux, comme si nos mains, nos flancs, nos voix, nos âmes eussent été confondus! Ainsi on nous a vues croître ensemble, comme deux cerises, apparemment séparées, mais réunies par leur séparation même, fruits charmants moulés sur une seule tige : deux corps visibles n'ayant qu'un seul cœur, deux jumelles aînées ayant droit à un écusson unique, couronné d'un unique cimier! Et vous voulez déchirer notre ancienne affection en vous joignant à des hommes pour narguer votre pauvre amie? Cette action n'est ni amicale ni virginale; notre sexe, aussi bien que moi, peut vous la reprocher, quoique je sois seule à ressentir l'outrage.

HERMIA. — Vos paroles emportées me confondent; je ne vous raille pas; c'est vous, il me semble, qui me raillez.

HÉLÉNA. — N'avez-vous pas excité Lysandre à me suivre par dérision et à vanter mes yeux et mon visage? et engagé votre autre amoureux, Démétrius, qui, il n'y a qu'un instant, me repoussait du pied, à m'appeler déesse, nymphe, divine, rare, précieuse, céleste? Pourquoi parle-t-il ainsi à celle qu'il hait? Et pourquoi Lysandre vous dénie-t-il l'amour dont son cœur est si riche, et m'offre-t-il hautement son affection, si ce n'est à votre instigation et par votre consentement? Qu'importe que je ne sois pas aussi favorisée que vous, aussi entourée d'amour, aussi fortunée, et que, misère suprême, j'aime sans être aimée? Vous devriez m'en plaindre, et non m'en mépriser.

HERMIA. — Je ne comprends pas ce que vous voulez dire.

HÉLÉNA. — Oui, allez, persévérez, affectez les airs graves. Faites-moi des grimaces quand je tourne le dos; faites-vous des signes entre vous; soutenez la bonne plaisanterie; cette bouffonnerie, bien réussie, trouvera sa chronique. Si vous aviez un peu de pitié, d'honneur ou de savoir-vivre, vous ne feriez pas de moi un pareil plastron. Mais, adieu! c'est en partie ma faute; la mort ou l'absence l'aura bientôt réparée.

LYSANDRE. — Arrête, gentille Héléna; écoute mes excuses, mon amour, ma vie, mon âme, ma belle Héléna!

HÉLÉNA. — Ah! parfait!

HERMIA, *à Lysandre*. — Cher, cesse de la railler ainsi.

DÉMÉTRIUS. — Si les prières ne l'y décident pas, je puis employer la force.

LYSANDRE, *à Démétrius*. — Ta force n'obtiendrait pas plus que ses prières. Tes menaces sont aussi impuissantes que ses faibles supplications. Héléna, je t'aime; sur ma vie, je t'aime; je jure, par cette vie que je suis

ma

prêt à perdre pour toi, de convaincre de mensonge quiconque dit que je ne t'aime pas.

DÉMÉTRIUS, *à Héléna.* — Je dis, moi, que je t'aime plus qu'il ne peut t'aimer.

LYSANDRE, *à Démétrius.* — Si tu prétends cela, viens à l'écart et prouve-le.

DÉMÉTRIUS. — Sur-le-champ, allons!

HERMIA, *se pendant au bras de Lysandre.* — Lysandre, à quoi tend tout ceci?

LYSANDRE. — Arrière, vous, Éthiopienne!

DÉMÉTRIUS, *ironiquement à Lysandre.* — Non, non, monsieur, affectez de vous emporter; faites mine de me suivre; mais ne venez pas. Vous êtes un homme apprivoisé, allez!

LYSANDRE, *à Hermia qui le retient.* — Va te faire pendre, chatte insupportable; lâche-moi, vile créature, ou je vais te secouer de moi comme un serpent.

HERMIA. — Pourquoi êtes-vous devenu si grossier? Que signifie ce changement, mon doux amour?

LYSANDRE. — Ton amour? Arrière, fauve Tartare, arrière! Arrière, médecine dégoûtante! Odieuse potion, loin de moi!

HERMIA. — Vous plaisantez, n'est-ce pas?

HÉLÉNA. — Oui, sans doute; et vous aussi.

LYSANDRE. — Démétrius, je te tiendrai parole.

DÉMÉTRIUS. — Je voudrais avoir votre billet; car, je le vois, un faible lien vous retient; je ne me fie pas à votre parole.

LYSANDRE. — Eh quoi! dois-je la frapper, la blesser, la tuer? J'ai beau la haïr, je ne veux pas lui faire du mal.

HERMIA, *à Lysandre.* — Eh! quel mal plus grand pouvez-vous me faire que de me haïr? Me haïr! pourquoi? Hélas! qu'est-il donc arrivé, mon amour? Ne suis-je pas Hermia? N'êtes-vous pas Lysandre? Je suis maintenant aussi belle que tout à l'heure. Cette nuit encore vous m'aimiez; et, cette même nuit, vous m'avez quittée pourtant. M'avez-vous donc quittée? Ah! les dieux m'en préservent! Quittée sérieusement?

LYSANDRE. — Oui, sur ma vie, et avec le désir de ne jamais te revoir. Ainsi, n'aie plus d'espoir, d'incertitude, de doute; sois-en certaine, rien de plus vrai; ce n'est pas une plaisanterie, je te hais et j'aime Héléna.

HERMIA. — Hélas! *(A Héléna.)* Jongleuse! rongeuse de fleurs! voleuse d'amour! c'est donc vous qui êtes venue cette nuit, et avez volé le cœur de mon amant ?

HÉLÉNA. — Magnifique, ma foi! Avez-vous perdu la modestie, la réserve virginale, le sens de la pudeur ? Quoi! vous voulez donc arracher des réponses de colère à mes douces lèvres ? Arrière! arrière! vous, comédienne, vous, marionnette, vous!

HERMIA. — Marionnette! Pourquoi ? Oui, voilà l'explication de ce jeu. Je le vois, elle aura fait quelque comparaison entre sa stature et la mienne, elle aura fait valoir sa hauteur ? et avec cette taille-là, une haute taille, une taille qui compte, ma foi, elle l'aura dominé, lui. Etes-vous donc montée si haut dans son estime, parce que je suis si petite et si naine ? Suis-je donc si petite, mât de cocagne ? dis, suis-je donc si petite ? Je ne le suis pas assez cependant pour que mes ongles ne puissent atteindre tes yeux.

HÉLÉNA. — Par grâce, messieurs, bien que vous vous moquiez de moi, empêchez-la de me faire mal. Je n'ai jamais été bourrue; je ne suis pas douée le moins du monde pour la violence. Je suis une vraie fille pour la couardise. Empêchez-la de me frapper. Vous pourriez croire peut-être que, parce qu'elle est un peu plus petite que moi, je puis lui tenir tête.

HERMIA. — Plus petite! vous l'entendez, encore!

HÉLÉNA. — Bonne Hermia, ne soyez pas si amère contre moi. Je vous ai toujours aimée, Hermia, j'ai toujours gardé vos secrets, je ne vous ai jamais fait de mal; mon seul tort est, par amour pour Démétrius, de lui avoir révélé votre fuite dans ce bois. Il vous a suivie, je l'ai suivi par amour; mais il m'a chassée, il m'a menacée de me frapper, de me fouler aux pieds, et même de me tuer. Et maintenant, si vous voulez me laisser partir en paix, je vais ramener ma folie à Athènes, et je ne vous suivrai plus; laissez-moi partir; vous voyez comme je suis simple, comme je suis sotte!

HERMIA. — Eh bien, partez. Qui vous retient ?

HÉLÉNA. — Un cœur insensé que je laisse derrière moi.

HERMIA. — Avec qui ? avec Lysandre !

HÉLÉNA. — Avec Démétrius.

LYSANDRE, *montrant Hermia.* — N'aie pas peur ; elle ne te fera pas de mal, Héléna.

DÉMÉTRIUS, *à Lysandre.* — Non, monsieur, non, quand vous prendriez son parti.

HÉLÉNA. — Oh ! quand elle est fâchée, elle est rusée et maligne. C'était un vrai renard quand elle allait à l'école ; et toute petite qu'elle est, elle est féroce.

HERMIA. — Encore petite ! Toujours à parler de ma petitesse ! Souffrirez-vous donc qu'elle se moque ainsi de moi ? Laissez-moi aller à elle.

LYSANDRE. — Décampez, naine, être minime fait de l'herbe qui noue les enfants, grain de verre, gland de chêne !

DÉMÉTRIUS, *montrant Héléna.* — Vous êtes par trop officieux à l'égard d'une femme qui dédaigne vos services. Laissez-la ; ne parlez plus d'Héléna ; ne prenez pas son parti ; car, si tu prétends jamais lui faire la moindre démonstration d'amour, tu le payeras cher.

LYSANDRE. — Maintenant qu'elle ne me retient plus, suis-moi si tu l'oses, et voyons qui, de toi ou de moi, a le plus de droits sur Héléna.

DÉMÉTRIUS. — Te suivre ? Non, je marcherai de front avec ta hure. *(Sortent Lysandre et Démétrius.)*

HERMIA. — C'est vous, madame, qui êtes cause de tout ce tapage. Çà, ne vous en allez pas.

HÉLÉNA. — Je ne me fie pas à vous, moi ; et je ne resterai pas plus longtemps dans votre maudite compagnie. Pour une querelle, votre main est plus leste que la mienne ; mais pour courir, mes jambes sont les plus longues. *(Elle sort.)*

HERMIA. — Je suis ahurie, et ne sais que dire. *(Elle sort en courant après Héléna.)*

OBÉRON, *à Puck.* — C'est ta faute ; tu fais toujours des méprises, quand tu ne commets pas tes coquineries volontairement.

PUCK. — Croyez-moi, roi des ombres, j'ai fait une méprise. Ne m'avez-vous pas dit que je reconnaîtrais l'homme à son costume athénien ? Mon action est donc irréprochable, en ce sens que c'est un Athénien dont j'ai humecté les yeux; et je suis satisfait du résultat, en ce sens que leur querelle me paraît fort réjouissante.

OBÉRON. — Tu vois, ces amoureux cherchent un lieu pour se battre : dépêche-toi donc, Robin, assombris la nuit. Couvre sur-le-champ la voûte étoilée d'un brouillard accablant, aussi noir que l'Achéron, et égare si bien ces rivaux acharnés, que l'un ne puisse rencontrer l'autre. Tantôt contrefais la voix de Lysandre, en surexcitant Démétrius par des injures amères; et tantôt déblatère avec l'accent de Démétrius. Va, écarte-les ainsi l'un de l'autre jusqu'à ce que sur leur front le sommeil imitant la mort glisse avec ses pieds de plomb et ses ailes de chauve-souris. Alors tu écraseras sur les yeux de Lysandre cette herbe, dont la liqueur a la propriété spéciale de dissiper toute illusion et de rendre aux prunelles leur vue accoutumée. Dès qu'ils s'éveilleront, toute cette dérision leur paraîtra un rêve, une infructueuse vision; et ces amants retourneront à Athènes dans une union qui ne finira qu'avec leur vie. Tandis que je t'emploierai à cette affaire, j'irai demander à ma reine son petit Indien; et puis je délivrerai ses yeux charmés de leur passion pour un monstre, et la paix sera partout.

PUCK. — Mon féerique seigneur, ceci doit être fait en hâte; car les rapides dragons de la nuit fendent les nuages à plein vol, et là-bas brille l'avant-coureur de l'aurore. A son approche, les spectres errant çà et là regagnent en troupe leurs cimetières : tous les esprits damnés, qui ont leur sépulture dans les carrefours et dans les flots, sont déjà retournés à leurs lits véreux. Car, de crainte que le jour ne luise sur leurs fautes, ils s'exilent volontairement de la lumière et sont à jamais fiancés à la nuit au front noir.

OBÉRON. — Mais nous, nous sommes des esprits d'un autre ordre : souvent j'ai fait une partie de chasse avec l'amant de la matinée, et, comme un garde forestier, je puis marcher dans les halliers même jusqu'à l'instant où la porte de l'Orient, toute flamboyante, s'ouvrant sur Neptune avec de divins et splendides rayons, change en or jaune le sel vert de ses eaux. Mais, pourtant, hâte-toi; ne perds pas un instant; nous pouvons encore terminer cette affaire avant le jour. *(Obéron sort.)*

PUCK.

Par monts et par vaux, par monts et par vaux,
Je vais les mener par monts et par vaux;
Je suis craint aux champs et à la ville;
Lutins, menons-les par monts et par vaux.

En voici un.

Entre Lysandre.

LYSANDRE. — Où es-tu, fier Démétrius ? Parle donc à présent.

PUCK. — Ici, manant; l'épée à la main et en garde. Où es-tu ?

LYSANDRE. — Je suis à toi, dans l'instant.

PUCK. — Suis-moi donc sur un terrain plus égal. *(Lysandre sort, comme guidé par la voix.)*

Entre Démétrius.

DÉMÉTRIUS. — Lysandre! parle encore. Ah! fuyard! ah! lâche, tu t'es donc sauvé! Parle. Dans quelque buisson ? où caches-tu ta tête ?

PUCK. — Ah! lâche, tu jettes tes défis aux étoiles; tu dis aux buissons que tu veux te battre, et tu ne viens pas ? Viens, poltron; viens, marmouset; je vais te fouetter avec une verge. Il se déshonore, celui qui tire l'épée contre toi.

DÉMÉTRIUS. — Oui-da! es-tu là ?

PUCK. — Suis ma voix; nous verrons ailleurs si tu es un homme. *(Ils sortent.)*

Revient Lysandre.

LYSANDRE. — Il va toujours devant moi, et toujours il me défie; quand j'arrive où il m'appelle, il est déjà parti. Le misérable a le talon plus léger que moi; je courais vite après, mais il fuyait plus vite, et me voici engagé dans un chemin noir et malaisé. Reposons-nous ici. Viens, toi, jour bienfaisant. *(Il se couche par terre.)* Car, dès que tu me montreras ta lueur grise, je retrouverai Démétrius et je punirai son insolence. *(Il s'endort.)*

Puck et Démétrius reviennent.

PUCK. — Holà! holà! holà! holà! Lâche, pourquoi ne viens-tu pas ?

DÉMÉTRIUS. — Attends-moi, si tu l'oses; car je vois bien que tu cours devant moi, en changeant toujours de place, sans oser t'arrêter, ni me regarder en face. Où es-tu ?

PUCK. — Viens ici; je suis ici.

DÉMÉTRIUS. — Allons, tu te moques de moi. Tu me le payeras cher, si jamais je revois ta face à la lumière du jour. Maintenant, va ton chemin. La fatigue me force à mesurer de ma longueur ce lit glacé... Dès l'approche du jour, compte sur ma visite. *(Il se couche à terre et s'endort.)*

Entre Héléna.

HÉLÉNA. — O nuit accablante, ô longue et fastidieuse nuit, abrège tes heures : au secours, clarté de l'Orient, que je puisse, à la lumière du jour, retourner à Athènes, loin de ceux qui détestent ma triste société. Et toi, sommeil, qui parfois fermes les yeux de la douleur, dérobe-moi un moment à ma propre société. *(Elle s'endort.)*

PUCK.

Rien que trois! Allons, encore une!
Quatre feront deux couples.
La voici qui vient maussade et triste.
Cupidon est un mauvais garnement,
De rendre ainsi folles de pauvres femmes.

Entre Hermia.

HERMIA. — Jamais si fatiguée, jamais si malheureuse! Trempée par la rosée, et déchirée par les ronces, je ne puis me traîner ni aller plus loin; mes jambes ne peuvent plus marcher au pas de mes désirs. Reposons-nous ici, jusqu'au point du jour. Que le ciel protège Lysandre, s'ils veulent se battre. *(Elle se couche.)*

PUCK.

Sur le terrain
Dormez profondément.
Je vais appliquer
Sur vos yeux,
Doux amant, un remède.

(Il exprime le jus d'une herbe sur l'œil de Lysandre.)

Quand tu t'éveilleras,
Tu prendras
Un vrai plaisir
A revoir
Ta première amante.
Et le proverbe connu :
On prend son bien où on le trouve,
S'accomplira à ton réveil.
Jeannot aura sa Jeanneton;
Rien n'ira de travers.
Chacun reprendra sa jument,
Et tout sera bien. (Sort Puck.)

(Démétrius, Lysandre, Héléna et Hermia restent endormis.)

ACTE IV

SCÈNE PREMIÈRE

Entrent TITANIA, *et* BOTTOM, *entourés d'un cortège de fées.* OBÉRON, *en arrière, invisible.*

TITANIA, *à Bottom.* — Viens t'asseoir sur ce lit de fleurs, que je caresse tes joues charmantes, et que j'attache des roses musquées sur ta tête douce et lisse, et que je baise tes belles et longues oreilles, mon ineffable joie!

BOTTOM. — Où est Fleur des Pois?

FLEUR DES POIS. — Me voici.

BOTTOM. — Gratte-moi la tête, Fleur des Pois. Où est monsieur Toile d'Araignée?

TOILE D'ARAIGNÉE. — Me voici.

BOTTOM. — Monsieur Toile d'Araignée, mon bon monsieur, prenez vos armes, et tuez-moi cette abeille aux cuisses rouges au haut de ce chardon; puis apportez-moi son sac à miel, mon bon monsieur. Ne vous écorchez pas trop dans l'action, monsieur; surtout, mon bon monsieur, ayez soin que le sac à miel ne crève pas : il me répugnerait de vous voir inondé de miel, signor. Où est monsieur Grain de Moutarde?

GRAIN DE MOUTARDE. — Me voici.

BOTTOM. — Donnez-moi une poignée de main, monsieur Grain de Moutarde. De grâce, pas de cérémonie, mon bon monsieur.

GRAIN DE MOUTARDE. — Que m'ordonnez-vous?

BOTTOM. — Rien, mon bon monsieur, si ce n'est d'aider le cavallero Toile d'Araignée à me gratter. Il faut que j'aille chez le barbier, monsieur, car m'est avis que je suis merveilleusement poilu autour du visage; et je suis un âne si délicat que, pour peu qu'un poil me démange, il faut que je me gratte.

TITANIA. — Voyons, veux-tu entendre de la musique, mon doux amour ?

BOTTOM. — J'ai l'oreille passablement bonne en musique; qu'on nous donne la clef et les pincettes.

TITANIA. — Dis-moi, doux amour, ce que tu désires manger.

BOTTOM. — Ma foi, un picotin. Je mâcherais bien de votre bonne avoine bien sèche. M'est avis que j'aurais grande envie d'une botte de foin : du bon foin, du foin qui embaume, rien n'est égal à ça.

TITANIA. — J'ai une fée aventureuse qui ira fouiller le magasin d'un écureuil et t'apportera des noix nouvelles.

BOTTOM. — J'aimerais mieux une poignée ou deux de pois secs. Mais, je vous en prie, empêchez vos gens de me déranger; je sens venir à moi un accès de sommeil.

TITANIA. — Dors, et je vais t'enlacer de mes bras. Partez, fées, et explorez tous les chemins. *(Les fées sortent.)* Ainsi le chèvrefeuille, le chèvrefeuille embaumé s'enlace doucement, ainsi le lierre femelle s'enroule aux doigts d'écorce de l'orme. Oh! comme je t'aime! comme je raffole de toi! *(Ils s'endorment.)*

Obéron s'avance. Entre Puck.

OBÉRON. — Bienvenu, cher Robin. Vois-tu ce charmant spectacle ? Je commence maintenant à prendre en pitié sa folie. Tout à l'heure, l'ayant rencontrée, en arrière du bois, qui cherchait de suaves présents pour cet affreux imbécile, je lui ai fait honte et me suis querellé avec elle. Déjà, en effet, elle avait ceint les tempes velues du drôle d'une couronne de fleurs fraîches et parfumées; et la rosée, qui sur leurs boutons étalait naguère ses rondes perles d'Orient, cachait alors dans le calice de ces jolies fleurettes les larmes que lui arrachait leur disgrâce. Quand je l'ai eu tancée tout à mon aise, elle a imploré mon pardon dans les termes les plus doux. Je lui ai demandé alors son petit favori; elle me l'a accordé sur-le-champ, et a dépêché une de ses fées pour l'amener à mon bosquet dans le pays féerique. Et maintenant que j'ai l'enfant, je vais mettre un terme à l'odieuse erreur de ses yeux. Toi, gentil Puck, enlève ce crâne emprunté de la tête de ce rustre Athénien, afin que, s'éveillant avec les autres, il s'en retourne comme eux à Athènes, ne se rappelant les accidents de cette nuit que comme les tribulations d'un mauvais rêve. Mais d'abord je vais délivrer la reine des fées. *(Il touche les yeux de Titania avec une herbe.)*

Sois comme tu as coutume d'être;
Vois comme tu as coutume de voir;
La fleur de Diane a sur la fleur de Cupidon
Cette influence et ce bienheureux pouvoir.

Allons, ma Titania; éveillez-vous, ma douce reine.

TITANIA, *s'éveillant.* — Mon Obéron! quelles visions j'ai vues! il m'a semblé que j'étais amoureuse d'un âne.

OBÉRON. — Voilà votre amant par terre.

TITANIA. — Comment ces choses sont-elles arrivées? Oh! combien ce visage est répulsif à mes yeux maintenant!

OBÉRON. — Silence, un moment. Robin, enlève cette tête. Titania, appelez votre musique; et qu'elle frappe d'une léthargie plus profonde qu'un sommeil vulgaire les sens de ces cinq êtres.

TITANIA. — La musique! holà! une musique à enchanter le sommeil!

PUCK, *enlevant la tête d'âne de Bottom.* — Quand tu t'éveilleras, vois avec tes yeux d'imbécile.

OBÉRON. — Résonnez, musique! *(Une musique calme se fait entendre.) (A Titania.)* Viens, ma reine, donne-moi la main, et remuons sous nos pas le berceau de ces dormeurs. Toi et moi, maintenant, nous sommes de nouveaux amis; demain, à minuit, nous exécuterons solennellement des danses triomphales dans la maison du duc Thésée, et par nos bénédictions nous y appellerons la plus belle postérité. Là, ces deux couples d'amants fidèles seront unis en même temps que Thésée, pour la joie de tous.

PUCK.

Roi des fées, attention, écoute,
J'entends l'alouette matinale.

OBÉRON.

Allons, ma reine, dans un grave silence,
Courons après l'ombre de la nuit.
Plus vite que la lune errante.

TITANIA.

Allons, mon seigneur. Dans notre vol,
Vous me direz comment, cette nuit,
J'ai pu me trouver ici endormie,
Avec ces mortels, sur la terre. (Ils sortent. L'aube naît. On entend le son du cor.)

Entrent Thésée, Hippolyte, Egée et leur suite.

THÉSÉE. — Qu'un de vous aille chercher le garde-chasse; car maintenant notre célébration est accomplie; et, puisque nous avons à nous la matinée, ma bien-aimée entendra la musique de mes limiers. Découplez-les dans la vallée occidentale, allez : dépêchez-vous, vous dis-je, et amenez le garde. Nous, belle reine, nous irons au haut de la montagne entendre le concert confus de la meute et de l'écho.

HIPPOLYTE. — J'étais avec Hercule et Cadmus un jour qu'ils chassaient l'ours dans un bois de Crète avec des limiers de Sparte. Je n'ai jamais entendu de fracas aussi vaillant : car non seulement les halliers, mais les cieux, les sources, toute la contrée avoisinante, semblaient se confondre en un cri. Je n'ai jamais entendu un désaccord aussi musical, un si harmonieux tonnerre.

THÉSÉE. — Mes chiens sont de la race spartiate : comme elle, ils ont de larges babines, le poil tacheté, les oreilles pendantes qui balayent la rosée du matin, les jarrets tors, le fanon comme les taureaux de Thessalie. Ils sont lents à la poursuite; mais leurs voix réglées comme un carillon se dégradent en gamme sonore. Jamais cri plus musical ne fut provoqué, ne fut encouragé par le cor, en Crète, à Sparte, ou en Thessalie. Vous en jugerez en l'entendant. Mais, doucement! quelles sont ces nymphes?

ÉGÉE. — Monseigneur, c'est ma fille, endormie ici! Et voici Lysandre; voici Démétrius; voici Héléna, l'Héléna du vieux Nédar. Je suis émerveillé de les voir ici ensemble.

THÉSÉE. — Sans doute, ils se sont levés de bonne heure pour célébrer la fête de mai; et, sachant nos intentions, ils sont venus ici honorer notre cérémonie. Mais, dites-moi, Égée : n'est-ce pas aujourd'hui qu'Hermia doit donner sa réponse sur le choix qu'elle fait?

ÉGÉE. — Oui, monseigneur.

THÉSÉE. — Allez, dites aux chasseurs de les éveiller au son du cor.

Son du cor. Clameur derrière le théâtre. Démétrius, Lysandre, Hermia et Héléna s'éveillent et se lèvent.

THÉSÉE. — Bonjour, mes amis. La Saint-Valentin est passée. Les oiseaux de ces bois ne commencent-ils à s'accoupler que d'aujourd'hui?

LYSANDRE. — Pardon, monseigneur. *(Tous se prosternent devant Thésée.)*

THÉSÉE. — Levez-vous tous, je vous prie. Je sais que, vous deux, vous êtes rivaux et ennemis : d'où vient ce charmant accord qui fait que la haine, éloignée de toute jalousie, dort à côté de la haine, sans crainte d'inimitié?

LYSANDRE. — Monseigneur, je répondrai en homme ahuri, à moitié endormi, à moitié éveillé. Mais je vous jure que je ne pourrais pas dire vraiment comment je suis venu ici. Pourtant, à ce que je crois... car je voudrais dire la vérité, oui, maintenant, je me le rappelle, je suis venu ici avec Hermia : notre projet était de quitter Athènes pour ne plus être sous le coup de la loi athénienne.

ÉGÉE. — Assez, assez! *(A Thésée.)* Monseigneur, vous en savez assez. Je réclame la loi, la loi sur sa tête. *(A Démétrius.)* Ils voulaient se sauver; ils voulaient, Démétrius, nous frustrer tous deux, vous, de votre femme, moi, dans ma décision qu'elle serait votre femme.

DÉMÉTRIUS. — Monseigneur, la belle Héléna m'a révélé leur évasion, le dessein qui les amenait dans ce bois; et par fureur je les y ai suivis, la belle Héléna me suivant par amour. Mais, mon bon seigneur, je ne sais par quel pouvoir (un pouvoir supérieur, à coup sûr) mon amour pour Hermia s'est fondu comme la neige. Ce n'est plus pour moi maintenant que le souvenir d'un vain hochet dont je raffolais dans mon enfance; et maintenant toute ma foi, toute la vertu de mon cœur, l'unique objet, l'unique joie de mes yeux, c'est Héléna. C'est à elle, seigneur, que j'étais fiancé avant de voir Hermia. Elle me répugnait comme la nourriture à un malade, mais, avec la santé, j'ai repris mon goût naturel. Maintenant je la désire, je l'aime, j'aspire à elle, et je lui serai fidèle à jamais.

THÉSÉE. — Beaux amants, voilà une heureuse rencontre. Nous entendrons tout à l'heure la suite de cette histoire. Égée, je prévaudrai sur votre volonté; car j'entends que, dans le temple, en même temps que nous, ces deux couples soient unis pour l'éternité. Et, comme la matinée est maintenant un peu avancée, nous mettrons de côté notre projet de chasse. En route, tous, pour Athènes. Trois maris, trois femmes! Nous aurons une fête solennelle. Venez, Hippolyte. *(Sortent Thésée, Hippolyte, Égée et leur suite.)*

DÉMÉTRIUS. — Ces aventures me paraissent minimes et imperceptibles comme les montagnes lointaines qui se confondent avec les nuages.

HERMIA. — Il me semble que mes regards divergent et que je vois double.

HÉLÉNA. — Et moi aussi : Démétrius me fait l'effet d'un bijou trouvé, qui est à moi, et pas à moi.

DÉMÉTRIUS. — Etes-vous sûrs que nous sommes éveillés? Il me semble, à moi, que nous dormons, que nous rêvons encore. Ne pensez-vous pas que le duc était ici et nous a dit de le suivre?

HERMIA. — Oui; et mon père aussi.

HÉLÉNA. — Et Hippolyte.

LYSANDRE. — Et il nous a dit de le suivre au temple.

DÉMÉTRIUS. — Vous voyez donc que nous sommes éveillés : suivons-le; et, chemin faisant, nous nous raconterons nos rêves. *(Ils sortent.)*

Au moment où ils sortent, Bottom s'éveille.

BOTTOM. — Quand ma réplique viendra, appelez-moi, et je répondrai; ma prochaine est à *très beau Pyrame*. Holà! hé!... Pierre Lecoing! Flûte, le raccommodeur de soufflets! Groin, le chaudronnier! Meurt de Faim! Dieu me garde! ils ont tous décampé en me laissant ici endormi! J'ai eu une vision extraordinaire. J'ai fait un songe : c'est au-dessus de l'esprit de l'homme de dire ce qu'était ce songe. L'homme qui entreprendra d'expliquer ce songe n'est qu'un âne... Il me semblait que j'étais, nul homme au monde ne pourrait me dire quoi. Il me semblait que j'étais... et il me semblait que j'avais... Il faudrait être un fou à marotte pour essayer de dire ce qu'il me semblait que j'avais. L'œil de l'homme n'a jamais ouï, l'oreille de l'homme n'a jamais rien vu de pareil; la main de l'homme ne serait pas capable de goûter, sa langue de concevoir, son cœur de rapporter ce qu'était mon rêve. Je ferai composer par Pierre Lecoing une ballade sur ce songe : elle s'appellera le Rêve de Bottom, parce que ce rêve-là est sans nom; et je la chanterai à la fin de la pièce, devant le duc. Et peut-être même, pour lui donner plus de grâce, la chanterai-je après la mort. *(Il sort.)*

SCÈNE II

Athènes. Chez Lecoing.

Entrent LECOING, FLUTE, GROIN *et* MEURT DE FAIM.

LECOING. — Avez-vous envoyé chez Bottom ? Est-il rentré chez lui ?

MEURT DE FAIM. — On ne sait ce qu'il est devenu. Sans nul doute, il est enlevé.

FLUTE. — S'il ne vient pas, la représentation est dérangée. Elle ne peut plus marcher, pas vrai ?

LECOING. — Impossible. Vous n'avez que lui, dans tout Athènes, capable de jouer Pyrame.

FLUTE. — Non; c'est lui qui a tout simplement le plus d'esprit de tous les artisans d'Athènes.

LECOING. — Oui, et puis c'est le vrai personnage du rôle : un parfait galant pour la douceur de la voix.

FLUTE. — Un parfait talent, vous devriez dire! Un parfait galant, Dieu merci! est un propre-à-rien.

Entre Etriqué.

ÉTRIQUÉ. — Mes maîtres, le duc revient du temple, et il y a deux ou trois couples de seigneurs et de dames, mariés par-dessus le marché; si nous avions pu donner notre divertissement, notre fortune à tous était faite.

FLUTE. — Où es-tu, Bottom, mon doux rodomont ? Tu as perdu un revenu de douze sous par jour ta vie durant; tu ne pouvais pas échapper à douze sous par jour; le duc t'aurait donné douze sous par jour pour avoir joué Pyrame, ou je veux être pendu! Tu l'aurais bien mérité : douze sous par jour, pour Pyrame, c'était rien!

Entre Bottom.

BOTTOM. — Où sont-ils, ces enfants ? où sont-ils, ces chers cœurs ?

LECOING. — Bottom! O le jour courageux! ô l'heure fortunée!

BOTTOM. — Mes maîtres, je suis un homme à vous raconter des merveilles; mais ne me demandez pas ce que c'est : car, si je parle, je passerai pour le plus faux des Athéniens. Je vais vous dire exactement tout ce qui est arrivé.

LECOING. — Nous t'écoutons, mon doux Bottom.

BOTTOM. — Pas un mot de moi. Tout ce que je vous dirai, c'est que le duc a dîné : mettez vite votre costume; de bons cordons à vos barbes, des rubans neufs à vos escarpins. Rendons-nous immédiatement au palais; que chacun repasse son rôle; car, pour tout dire en un mot, notre pièce est agréée. En tout cas, que Thisbé ait du linge propre, et que celui qui joue le lion ne rogne pas ses ongles, car ils doivent s'allonger comme des griffes de lion. Maintenant, mes très chers acteurs, ne mangez ni oignon ni ail, car nous avons à dire de suaves paroles, et je veux que notre auditoire ait notre comédie en bonne odeur. Assez causé; partons, partons! *(Ils sortent.)*

ACTE V

SCÈNE PREMIÈRE

Athènes. Le palais de Thésée.

Entrent THÉSÉE, HIPPOLYTE, PHILOSTRATE, SEIGNEURS, SUITE.

HIPPOLYTE. — C'est bien étrange, mon Thésée, ce que racontent ces amants.

THÉSÉE. — Plus étrange que vrai. Je ne pourrai jamais croire à ces vieilles fables, à ces contes de fée. Les amoureux et les fous ont des cerveaux bouillants, des fantaisies visionnaires qui perçoivent ce que la froide raison ne pourra jamais comprendre. Le fou, l'amoureux et le poète sont tous faits d'imagination. L'un voit plus de démons que le vaste enfer n'en peut contenir, c'est le fou; l'amoureux, tout aussi frénétique, voit la beauté d'Hélène sur un front égyptien; le regard du poète, animé d'un beau délire, se porte du ciel à la terre et de la terre au ciel; et, comme son imagination donne un corps aux choses inconnues, la plume du poète leur prête une forme et assigne au néant aérien une demeure locale et un nom. Tels sont les caprices d'une imagination forte; pour peu qu'elle conçoive une joie, elle suppose un messager qui l'apporte. La nuit, avec l'imagination de la peur, comme on prend aisément un buisson pour un ours!

HIPPOLYTE. — Oui, mais tout le récit qu'ils nous ont fait de cette nuit, de la transfiguration simultanée de toutes leurs âmes, est plus convaincant que de fantastiques visions; il a le caractère d'une grande consistance, tout étrange et tout merveilleux qu'il est.

Entrent Lysandre, Démétrius, Hermia et Héléna.

THÉSÉE. — Voici venir nos amoureux pleins de joie et de gaieté. Soyez joyeux, doux amis! Que la joie et un amour toujours frais fassent cortège à vos cœurs!

LYSANDRE. — Qu'ils soient plus fidèles encore à vos royales promenades, à votre table, à votre lit!

THÉSÉE. — Voyons, maintenant. Quelles mascarades, quelles danses aurons-nous pour passer ce long siècle de trois heures qui doit s'écouler entre l'après-souper et le coucher ? Où est l'intendant de nos plaisirs ? Quelles fêtes nous prépare-t-on ? N'a-t-on pas une comédie pour soulager les angoisses d'une heure de torture ? Appelez Philostrate.

PHILOSTRATE, *s'avançant.* — Me voici, puissant Thésée.

THÉSÉE. — Dites-moi, quel amusement aurons-nous ce soir ? quelle mascarade, quelle musique ? Comment tromperons-nous le temps paresseux, si ce n'est par quelque distraction ?

PHILOSTRATE. — Voici le programme des divertissements déjà mûrs; que votre altesse choisisse celui qu'elle veut voir le premier. *(Il donne un papier à Thésée.)*

THÉSÉE, *lisant.*

Le combat contre les Centaures, chanté
Sur la harpe par un eunuque athénien.

Nous ne voulons pas de ça : j'en ai fait le récit à ma bien-aimée, à la gloire de mon parent Hercule.

L'orgie des Bacchantes ivres,
Déchirant dans leur rage le chantre de la Thrace.

C'est un vieux sujet; il a été joué la dernière fois que je suis revenu vainqueur de Thèbes.

Les neuf Muses pleurant la mort
De la Science, récemment décédée dans la misère.

C'est quelque satire de critique mordante qui ne convient pas à une cérémonie nuptiale.

Courte scène fastidieuse du jeune Pyrame
Et de son amante Thisbé; farce très tragique.

Farce et tragique! fastidieuse et courte! comme qui dirait de la glace chaude, de la neige la plus étrange. Comment trouver l'accord de ce désaccord ?

PHILOSTRATE. — C'est une pièce longue d'une dizaine de mots, monseigneur. Je n'en connais pas de plus courte. Pourtant, monseigneur, elle est trop longue de dix mots; ce qui la rend fastidieuse; car dans toute la pièce il n'y a pas un mot juste ni un acteur capable. Et puis, elle est tragique, mon noble seigneur; car Pyrame s'y tue. Ce qui, à la répétition, je dois le confesser, m'a fait venir les larmes aux yeux, des larmes plus gaies que n'en a jamais versé le rire le plus bruyant.

THÉSÉE. — Qui sont ceux qui la jouent ?

PHILOSTRATE. — Des hommes à la main rude, des ouvriers d'Athènes, qui jusqu'ici n'avaient jamais travaillé par l'esprit. Ils ont chargé leur mémoire balbutiante de cette pièce-là pour le jour de vos noces.

THÉSÉE. — Nous allons l'entendre.

PHILOSTRATE. — Non, mon noble seigneur, elle n'est pas digne de vous; je l'ai entendue d'un bout à l'autre, et il n'y a rien là, rien du tout; à moins que vous ne vous amusiez de leurs efforts extrêmement laborieux et des peines cruelles qu'ils se donnent pour votre service.

THÉSÉE. — Je veux entendre cette pièce; car il n'y a jamais rien de déplacé dans ce que la simplicité et le zèle nous offrent. Allez, introduisez-les. Et prenez vos places, mesdames. *(Sort Philostrate.)*

HIPPOLYTE. — Je n'aime pas à voir l'impuissance se surmener, et le zèle succomber à la tâche.

THÉSÉE. — Mais, ma charmante, vous ne verrez rien de pareil.

HIPPOLYTE. — Il dit qu'ils ne peuvent rien faire en ce genre.

THÉSÉE. — Nous n'en aurons que plus de grâce à les remercier de rien. Nous nous ferons un plaisir de bien prendre leurs méprises : là où un zèle malheureux est impuissant, une noble bienveillance considère l'effort et non le talent. Quand je suis revenu, de grands savants ont voulu me saluer par des compliments prémédités; alors, je les ai vus frissonner et pâlir, s'interrompre au milieu des phrases, laisser bâillonner par la crainte leur bouche exercée, et, pour conclusion, s'arrêter court sans m'avoir fait leur compliment. Croyez-moi, ma charmante, ce compliment, je l'ai recueilli de leur silence même. Et la modestie du zèle épouvanté m'en dit tout autant que la langue bavarde d'une éloquence impudente et effrontée. Donc l'affection et la simplicité muettes sont celles qui, avec le moins de mots, parlent le plus à mon cœur.

Entre Philostrate.

PHILOSTRATE. — S'il plaît à votre altesse, le prologue est tout prêt.

THÉSÉE. — Qu'il approche!

Fanfare de trompettes.
Entre le Prologue LECOING.

LECOING.

Si nous déplaisons, c'est avec intention...
De vous persuader... que nous venons, non pour déplaire,
Mais bien avec intention... de montrer notre simple
Voilà le vrai commencement de notre fin. [*savoir-faire,*
Considérez donc que nous ne venons qu'avec appréhen-
Et sans nulle idée de vous satisfaire... [*sion*
Nous ferons tous nos efforts... Pour vous charmer
Nous ne sommes pas ici... Pour vous donner des regrets
Les acteurs sont tout prêts; et par leur jeu
Vous apprendrez ce que vous devez apprendre.

THÉSÉE. — Ce gaillard-là ne s'arrête pas à la ponctuation.

LYSANDRE. — Il a monté son prologue comme un poulain sauvage, sans savoir l'arrêter. Bonne leçon, monseigneur! Il ne suffit pas de parler, il faut bien parler.

HIPPOLYTE. — Oui, vraiment, il a joué de son prologue comme un enfant du flageolet. Des sons, mais pas de mesure.

THÉSÉE. — Son speech a été comme une chaîne embrouillée : rien n'y manquait, mais tout était en désordre. Qu'avons-nous ensuite ?

Entrent Pyrame et Thisbé, le Mur, le Clair de Lune et le Lion, comme dans une pantomime.

LECOING.

Gentils auditeurs, peut-être êtes-vous étonnés de ce spec- [tacle;
Restez-le donc jusqu'à ce que la vérité vienne tout expli- [quer.
Cet homme est Pyrame, si vous voulez le savoir.
Cette belle dame est Thisbé; c'est évident.
Cet homme, avec son plâtre et sa chaux, représente
Un mur, cet ignoble mur qui séparait nos amants :
C'est à travers ses fentes que ces pauvres âmes sont [réduites
A chuchoter. Que nul ne s'en étonne.
Cet homme, avec sa lanterne, son chien et son fagot [d'épines,
Représente le clair de lune : car, si vous voulez le savoir,
Devant le clair de lune, nos amants ne se font pas scru- [pule
De se rencontrer à la tombe de Ninus pour s'y... pour s'y [faire la cour.
Cette affreuse bête qui a nom lion,
Une nuit que la confiante Thisbé arrivait la première,
La fit fuir de peur, ou plutôt d'épouvante.
Comme elle se sauvait, Thisbé laissa tomber sa mante,
Que cet infâme lion souilla de sa dent sanglante.
Bientôt arrive Pyrame, charmant jouvenceau, très grand;
Il trouve le cadavre de la mante de sa belle.
Sur quoi, de sa lame, de sa sanglante et coupable lame,
Il embroche bravement son sein dont le sang bouillonne.
Alors, Thisbé, qui s'était attardée à l'ombre d'un mûrier,
Prend la dague, et se tue. Pour tout le reste,
Le Lion, le Clair de Lune, le Mur et les deux amants
Vous le raconteront tout au long quand ils seront en [scène.

(Sortent le Prologue, Thisbé, le Lion et le Clair de Lune.)

THÉSÉE. — Je me demande si le lion doit parler.

DÉMÉTRIUS. — Rien d'étonnant à cela, monseigneur; un lion peut bien parler, quand il y a tant d'ânes qui parlent.

LE MUR.

Dans cet intermède, il arrive
Que moi, dont le nom est Groin, je représente un mur,
Mais un mur, je vous prie de le croire,
Percé de lézardes ou de fentes,
A travers lesquelles les amants, Pyrame et Thisbé,
Se sont parlé bas souvent très intimement.
Cette chaux, ce plâtras et ce moellon vous montrent
Que je suis bien un mur. C'est la vérité.
Et c'est à travers ce trou-ci qu'à droite et à gauche
Nos amants timides doivent se parler bas.

THÉSÉE. — Peut-on désirer que la chaux barbue parle mieux que ça ?

DÉMÉTRIUS. — C'est la cloison la plus spirituelle que j'aie jamais ouïe discourir, monseigneur.

THÉSÉE. — Voilà Pyrame qui s'approche du Mur. Silence.

Entre Pyrame.

PYRAME.

O nuit horrible! ô nuit aux couleurs si noires!
O nuit qui est partout où le jour n'est pas!
O nuit! ô nuit! hélas! hélas! hélas!
Je crains que ma Thisbé n'ait oublié sa promesse!
Et toi, ô Mur, ô doux, ô aimable Mur,
Qui te dresses entre le terrain de son père et le mien,
Mur, ô Mur, ô doux et aimable Mur,
Montre-moi ta fente que je hasarde un œil à travers.
(Le Mur étend la main.)
Merci, Mur courtois! Que Jupiter te protège!
Mais que vois-je ? Je ne vois pas Thisbé.
O méchant Mur, à travers lequel je ne vois pas mon [bonheur,
Maudites soient tes pierres de m'avoir ainsi déçu!

THÉSÉE. — Maintenant, ce me semble, c'est au Mur,

puisqu'il est doué de raison, à riposter par des malédictions.

PYRAME, *s'avançant vers Thésée.* — Non, vraiment, monsieur; ce n'est pas au tour du Mur. Après ces mots : *m'avoir ainsi déçu*, vient la réplique de Thisbé; c'est elle qui doit paraître, et je dois l'épier à travers le Mur. Vous allez voir, ça va se passer exactement comme je vous ai dit... La voilà qui arrive.

Entre Thisbé.

THISBÉ.

O Mur, que de fois tu m'as entendue gémir
De ce que tu me séparais de mon beau Pyrame!
Que de fois mes lèvres cerise ont baisé tes pierres,
Tes pierres cimentées de chaux et de poils!

PYRAME.

J'aperçois une voix; allons maintenant à la crevasse,
Pour voir si je n'entendrai pas la face de ma Thisbé!
Thisbé!

THISBÉ.

Mon amour! c'est toi, je crois, mon amour ?

PYRAME.

Crois ce que tu voudras; je suis sa grâce ton amoureux :
Toujours fidèle comme Liandre.

THISBÉ.

Et moi comme Hélène, jusqu'à ce que le destin me tue!

PYRAME.

Shaphale ne fut pas si fidèle à Procrus!

THISBÉ.

Autant Shaphale le fut à Procrus, autant je le suis.

PYRAME, *collant ses lèvres aux doigts du Mur.*

Oh! baise-moi à travers le trou de ce vil Mur!

THISBÉ, *collant ses lèvres de l'autre côté.*

C'est le trou du Mur que je baise, et non vos lèvres.

PYRAME.

Veux-tu me rejoindre immédiatement à la tombe de
[Nigaud ?

THISBÉ.

Morte ou vive, j'y vais sans délai.

LE MUR, *baissant le bras.*

Ainsi, j'ai rempli mon rôle, moi, le Mur :
Et, cela fait, le Mur s'en va. (Sortent le Mur, Pyrame et Thisbé.)

THÉSÉE. — Maintenant, le mur qui séparait les deux amants est à bas.

DÉMÉTRIUS. — Pas de remède à ça, monseigneur, quand les murs ont des oreilles.

HIPPOLYTE. — Voilà le plus stupide galimatias que j'aie jamais entendu.

THÉSÉE. — La meilleure œuvre de ce genre est faite d'illusions; et la pire n'est pas pire quand l'imagination y supplée.

HIPPOLYTE. — Alors ce n'est plus l'imagination de l'auteur, c'est la vôtre.

THÉSÉE. — Si nous ne pensons pas plus de mal de ces gens-là qu'ils n'en pensent eux-mêmes, ils pourront passer pour excellents. Mais voici deux nobles bêtes, une lune et un lion.

Entrent le Lion et le Clair de Lune.

LE LION.

Mesdames, vous dont le gentil cœur s'effraye
De la souris la plus monstrueusement petite qui trotte
[sur le parquet,
Vous pourriez bien ici frissonner et trembler
En entendant un lion féroce rugir avec la rage la plus
[farouche.
Sachez donc que je suis Étriqué le Menuisier,
Un lion terrible, non, pas plus qu'une lionne;
Car, si je venais comme lion chercher querelle
En ce lieu, ce serait au péril de ma vie.

THÉSÉE. — Une bien gentille bête et une bonne âme!

DÉMÉTRIUS. — La meilleure âme de bête que j'aie jamais vue, monseigneur.

LYSANDRE. — Ce lion est un vrai renard pour la valeur.

THÉSÉE. — Oui, et une oie pour la prudence.

DÉMÉTRIUS. — Non pas, monseigneur; car sa valeur ne peut emporter sa prudence, et un renard peut emporter une oie.

THÉSÉE. — Sa prudence, j'en suis sûr, ne peut pas emporter sa valeur; car l'oie n'emporte pas le renard. C'est bien. Laissez-le à sa prudence et écoutons la lune.

LA LUNE.

Cette lanterne vous représente la lune et ses cornes...

DÉMÉTRIUS, *l'interrompant.* — Il aurait dû porter les cornes sur sa tête.

THÉSÉE. — Ce n'est pas un croissant, c'est une pleine lune où les cornes sont invisibles.

LA LUNE, *reprenant.*

Cette lanterne vous représente la lune et ses cornes,
Et moi-même je suis censé l'homme qu'on voit dans la [lune.

THÉSÉE. — Voilà la plus grande de toutes les bévues. L'homme aurait dû se mettre dans la lanterne. Sans cela, comment peut-il être l'homme qu'on voit dans la lune ?

DÉMÉTRIUS. — Il n'ose pas s'y mettre à cause du lumignon; tenez, voyez-vous ? le voilà déjà qui prend feu.

HIPPOLYTE. — Cette lune-là m'ennuie. Je demande un changement de lune.

THÉSÉE. — A en juger par son peu de lumière, elle est sur son déclin. Pourtant, par courtoisie, et en toute équité, laissons-lui prendre son temps.

LYSANDRE. — Continue, Lune!

LA LUNE, *s'avançant vers les spectateurs.* — Tout ce que j'ai à vous dire, c'est pour vous déclarer que cette lanterne est la lune; que moi, je suis l'homme dans la lune; que ce fagot d'épines est mon fagot d'épines; et que ce chien est mon chien.

DÉMÉTRIUS. — Eh bien, tout ça devrait être dans la lanterne puisque tout ça est dans la lune. Mais silence, voici venir Thisbé.

Entre Thisbé.

THISBÉ. — Voici la tombe du vieux Nigaud; où est mon amour?

LE LION, *rugissant.* — Ho!

Thisbé se sauve en laissant tomber sa mante.

DÉMÉTRIUS. — Bien rugi, lion!

THÉSÉE. — Bien couru, Thisbé!

HIPPOLYTE. — Bien lui, Lune... Vraiment, la lune luit de fort bonne grâce.

Le Lion déchire la mante de Thisbé.

THÉSÉE. — Bien griffé, lion! *(Le Lion sort.)*

DÉMÉTRIUS. — Et, sur ce, voici Pyrame qui vient.

LYSANDRE. — Et la lune qui s'éclipse.

Entre Pyrame.

PYRAME.

Douce lune, merci de tes rayons solaires.
Merci, lune, de briller maintenant avec tant d'éclat,
Car, à la clarté dorée de tes torrents lumineux,
J'espère savourer la vue de la très fidèle Thisbé.
Mais, arrêtons! — O douleur!
Mais, regardons! Pauvre chevalier,
Quel malheur affreux!
Yeux, voyez-vous ?
Est-il possible ?
O poule mignonne! ô chère!
Eh quoi! ta mante, la meilleure!
Teinte de sang ?
Approchez, Furies cruelles!
O Parques, venez! venez!
Tranchez le gros fil de mes jours!
Frappez, écrasez, achevez, massacrez-moi!

THESÉE. — Cette émotion causée par la mort d'une amie chère pourrait presque donner l'air triste à un homme.

HIPPOLYTE. — Maudit soit mon cœur, si je ne le plains pas!

PYRAME.

O nature! pourquoi créas-tu des lions ?
Puisqu'un lion infâme a défloré ici ma bien-aimée,
Laquelle est, non, non! laquelle était la plus belle dame
Qui ait vécu, aimé d'amour et d'amitié, et porté visage!
Venez, larmes, consumez-moi!
Dehors, épée, et blesse
Le téton de Pyrame :
Oui, ce téton gauche
Où le cœur gambade.
Ainsi je meurs, ainsi, ainsi, ainsi!
Maintenant me voilà mort,
Maintenant me voilà parti.
Mon âme est dans le ciel.
Langue, perds ta lumière!
Lune, prends la fuite!
Et maintenant vous voyez un décédé! (Pyrame tombe en mourant. Le Clair de Lune sort.)

DÉMÉTRIUS. — Je vois le décès, mais je ne vois pas le dé. En tout cas, c'est un as qui retourne, car il est tout seul.

LYSANDRE. — Alors, c'est un as à sein; car il se l'est percé.

THÉSÉE. — Un chirurgien qui le guérirait n'en ferait pas un as saillant.

HIPPOLYTE. — Comment se fait-il que la lune soit partie avant que Thisbé soit venue et ait retrouvé son amant ?

THÉSÉE. — Elle le retrouvera à la clarté des étoiles. La voici; et sa douleur va terminer la pièce.

Entre Thisbé.

HIPPOLYTE. — A mon avis, elle ne doit pas avoir une longue douleur pour un pareil Pyrame. J'espère qu'elle sera brève.

DÉMÉTRIUS. — Qui vaut le mieux de Pyrame ou de Thisbé ? Un fétu ferait pencher la balance.

LYSANDRE. — Elle l'a déjà aperçu avec ces beaux yeux-là.

DÉMÉTRIUS. — Et voici qu'elle va gémir : écoutez!

THISBÉ, *se penchant sur Pyrame.*

Endormi, mon amour ?
Quoi, mort, mon tourtereau ?
O Pyrame, lève-toi!
Parle, parle. Tout à fait muet ?
Mort! Mort! Une tombe
Devra recouvrir tes yeux charmants.
Ces lèvres de lis,
Ce nez cerise,
Ces joues jaunes comme la primevère,
Tout cela n'est plus, n'est plus!
Amants, gémissez!
Ses yeux étaient verts comme des poireaux!
O vous, les trois sœurs,
Venez, venez à moi,
Avec vos mains pâles comme le lait.
Trempez-les dans le sang,
Puisque vous avez tondu
De vos ciseaux son fil de soie.
Plus un mot, ma langue!
Viens, fidèle épée;
Viens, lame, plonge-toi dans mon sein;
Et adieu, amis.
Ainsi Thisbé finit.
Adieu, adieu, adieu! (Elle se frappe et meurt.)

THÉSÉE. — Le Clair de Lune et le Lion sont restés pour enterrer les morts.

DÉMÉTRIUS. — Oui, et le Mur aussi.

BOTTOM, *se relevant.* — Non, je vous assure; le Mur qui séparait leurs pères est à bas. Voulez-vous voir l'épilogue, ou aimez-vous mieux entendre une danse bergamasque, dansée par deux comédiens de notre troupe ?

THÉSÉE. — Pas d'épilogue, je vous prie; car votre

pièce n'a pas besoin d'apologie. Vous n'avez rien à excuser; car, quand tous les acteurs sont morts, il n'y a personne à blâmer. Morbleu, si celui qui a écrit cette pièce avait joué Pyrame et s'était pendu à la jarretière de Thisbé, cela aurait fait une belle tragédie; telle qu'elle est, c'en est une fort belle, et jouée très remarquablement. Mais, voyons votre bergamasque, et laissez là votre épilogue. *(Ici une danse de clowns.)* La langue de fer de minuit a compté douze! Amants, au lit! voici presque l'heure des fées. Je crains bien que, la matinée prochaine, notre sommeil ne se prolonge autant que, cette nuit, se sont prolongées nos veilles. Cette grosse farce nous a bien trompés sur la marche lente de la nuit. Doux amis, au lit! Célébrons pendant quinze jours cette solennité au milieu des fêtes nocturnes et de plaisirs toujours nouveaux. *(Tous sortent.)*

Entre Puck.

PUCK.

Voici l'heure où le lion rugit,
Où le loup hurle à la lune,
Tandis que le lourd laboureur ronfle,
Accablé de sa pénible tâche.
Voici l'heure où les torches pétillent et s'éteignent,
Tandis que la chouette, par sa huée éclatante,
Rappelle au misérable, sur son lit de douleur,
Le souvenir du linceul.
Voici l'heure de la nuit
Où les tombes, toutes larges béantes,
Laissent chacune échapper leur spectre,
Pour qu'il erre par les chemins de l'Eglise.
Et nous, fées, qui courons
Avec le char de la triple Hécate,
Fuyant la présence du soleil
Et suivant l'ombre comme un rêve,
Nous voici en liesse. Pas une souris
Ne troublera cette maison sacrée.
Je suis envoyé en avant, avec un balai,
Pour en chasser la poussière derrière la porte.

Entrent Obéron et Titania avec leur cortège de fées.

OBÉRON.

Faites en cette maison rayonner la lumière
Du foyer mort ou assoupi;
Que tous les elfes et les esprits féeriques
Gambadent aussi légers que l'oiseau sur l'épine,
Et chantent avec moi une ariette,
En dansant légèrement.

TITANIA.

Redites d'abord la chanson par cœur.
Sur chaque parole nous fredonnerons une note
En nous tenant par la main avec la grâce féerique,
Et nous bénirons ces lieux.

CHANSON ET DANSE

OBÉRON.

Maintenant, jusqu'à la pointe du jour,
Que chaque fée erre dans le palais de Thésée.
Nous irons, nous, au plus beau lit nuptial,
Et nous le bénirons,
Et la famille engendrée là
Sera toujours heureuse.
Désormais ces trois couples
S'aimeront toujours fidèlement;
Et les stigmates de la nature
Ne s'attacheront pas à leur famille.
Ni verrue, ni bec-de-lièvre, ni cicatrice,
Nulle de ces marques néfastes qui
Flétrissent la nativité,
Ne sera sur leurs enfants.
Fées, répandez partout
La rosée sacrée des champs;
Et bénissez chaque chambre,
En remplissant ce palais de la paix la plus douce.
Que la sécurité y règne à jamais
Et que le maître en soit béni;
Filons;
Ne nous arrêtons pas;
Et retrouvons-nous à la pointe du jour.

Sortent Titania et Obéron, avec leur cortège.

PUCK, *aux spectateurs.* — Ombres que nous sommes, si nous avons déplu, figurez-vous seulement (et tout sera réparé) que vous n'avez fait qu'un somme, pendant que ces visions vous apparaissaient. Ce thème faible et vain, qui ne contient pas plus qu'un songe, gentils spectateurs, ne le condamnez pas; nous ferons mieux, si vous pardonnez. Oui, foi d'honnête Puck, si nous avons la chance imméritée d'échapper aujourd'hui au sifflet du serpent, nous ferons mieux avant longtemps, ou tenez Puck pour un menteur. Sur ce, bonsoir, vous tous. Donnez-moi toutes vos mains, si nous sommes amis, et Robin prouvera sa reconnaissance. *(Sort Puck.)*

LES JOYEUSES COMMÈRES DE WINDSOR

NOTICE
SUR
LES JOYEUSES COMMÈRES DE WINDSOR

La pièce fut inscrite au registre des libraires le 18 janvier 1602. Nous en connaissons trois quartos, publiés en 1602, en 1619 et en 1630. Cette dernière édition reprend le texte du folio de 1623. Les deux premiers quartos étant peu sûrs et tronqués, les éditions modernes de la pièce prennent pour base le texte de 1623.

Une tradition veut que la pièce ait été composée en quatorze jours à la demande de la reine Élisabeth, qui, écrit Rowe en 1709, « s'était tellement éprise de l'admirable personnage de Falstaff dans les deux parties d'*Henry IV* qu'elle demanda [à Shakespeare] de le faire apparaître dans une nouvelle pièce où il serait amoureux ». Le compliment au « châtelain de Windsor » que prononce, à l'acte V, Anne Page déguisée en Reine des Fées, donne quelque crédit à cette tradition. Les spécialistes hésitent sur la date de composition, que l'on situe généralement entre 1597 et 1600.

A quelles sources Shakespeare a-t-il puisé pour écrire cette comédie? Peut-être une pièce intitulée *The Jealous Comedy* (1593), aujourd'hui perdue, fut un premier état des *Joyeuses Commères*. On a suggéré également quelques histoires tirées de *Il Pecorone* de Giovanni Fiorentino (1558), ainsi qu'un conte de Barnaby Rich dans son *Adieu à la carrière des armes* (1581). Pour l'essentiel, cependant, la pièce est une création originale. Elle contient aussi quelques allusions à l'actualité, en particulier à la visite en Angleterre d'un comte allemand et de sa suite qui passaient pour ne pas payer leurs notes d'hôtel au cours de leur tournée en 1592 et firent également parler d'eux du fait que le comte, devenu l'année suivante duc de Wurtemberg, n'eut de cesse qu'il n'eût obtenu l'ordre de la Jarretière.

Ce ne sont pourtant pas ces allusions-là qui donnent à la comédie sa belle saveur réaliste, mais plutôt son cadre : l'action tout entière se déroule à Windsor, et Shakespeare a pris soin d'y faire abonder les « petits faits vrais » et des traits empruntés à la vie la plus quotidienne et la plus prosaïque : l'allusion au gibier mal tué, le petit échange de vues sur le « lévrier fauve » de Page, l'interrogation latine de son fils (souvenir, peut-être, de l'enseignement du latin à Stratford?), la description malodorante du panier à linge sale où se réfugie Falstaff, le récit de superstitions populaires selon lesquelles un ancien garde de la forêt de Windsor reviendrait la nuit pour ensorceler le bétail et faire donner du sang aux vaches laitières, et, bien entendu, la peinture des rapports conjugaux des bourgeois et bourgeoises d'une petite communauté rurale.

Ce même souci de réalisme est également notable dans l'agencement de l'intrigue: ce sont les personnages eux-mêmes qui tirent les ficelles, et l'intention de berner n'est pas le fait de quelque esprit malin, de quelque lutin capricieux et irréel, mais bien celui de deux bourgeoises pleines de bon sens, pour lesquelles les mauvais tours qu'elles jouent à Falstaff sont à la fois une aimable vengeance et l'occasion d'administrer une solide leçon de morale pratique. Mistress Page et Mistress Gué resteront fidèles à leur mari — sans grand mérite, d'ailleurs, car Falstaff n'a guère de quoi séduire ces respectables matrones. Tout chevalier qu'il est, on ne nous laisse pas oublier qu'il est gras... Et sa chaleur amoureuse est d'autant moins convaincante que s'il veut coucher avec elles, c'est avant tout pour tâter de leurs écus. Aussi, comme le dit Mistress Page, « il n'y a pas de déloyauté à punir des libertins pareils et leur paillardise ». L'outrecuidance de la chair est humiliée par le bon sens bourgeois, et même les fées et les génies, en quoi ces raisonnables citoyens se déguisent à l'acte V pour une bacchanale inversée et moralisatrice, loin de libérer les instincts secrets, conjuguent leurs efforts et leur chanson pour les contenir :

Fi des pensées pécheresses !
Fi du vice et de la luxure !
La luxure n'est qu'un feu sanglant,
Allumé par d'impurs désirs...

On ne s'étonne donc pas que les deux prétendants ridicules à la main d'Anne Page voient également leurs espoirs déçus. Tout doit rentrer dans la norme, la jeunesse épousera la jeunesse. Quant au faux maître Fontaine, il couchera cette nuit avec sa vraie femme.

En semblable compagnie, Sir John Falstaff n'est évidemment plus que l'ombre de ce qu'il était dans les deux parties d'*Henry IV*. Car une créature dramatique ne tire pas sa vitalité seulement de sa propre substance, mais aussi de ce à quoi elle s'oppose. En face du jeune Henry V, Falstaff était, en même temps qu'une incarnation de la sensualité égoïste, l'image de l'exubérance et de la joie de vivre. Il y avait chez lui des richesses humaines aussi nécessaires dans leur anarchie que les vertus morales et civiques que devait embrasser son noble ami en accédant au trône. Et son enracinement dans le moite terreau de l'existence lui conférait une lucidité miraculeuse, une agilité d'esprit qui contribuaient à faire de lui le plus étonnant, le plus paradoxal des personnages — puisque cette outre était aussi frétillante qu'une anguille. Hélas, ce n'est qu'à la fin de l'acte V, dans les *Joyeuses Commères*, que Falstaff, émergeant d'une épaisse stupidité, déclare : « Je commence à m'apercevoir que j'ai été un âne. » Il était bien temps !

On voit donc que le nouveau Falstaff est aussi lourd d'esprit que de corps, et que cette comédie vise moins à la vraisemblance ou à la vérité psychologique qu'à provoquer chez les spectateurs un rire facile et détendu — le rire de la bonne conscience. Pour cela, Shakespeare utilise toutes les recettes classiques — les accents étrangers, les coups de bâton, les déguisements, les jeux de mots faciles, les personnages fortement typés, et une extrême habileté à faire évoluer son petit monde dans les entrelacs d'une intrigue pleine d'effets à répétition. Cela amuse, cela distrait, cela n'est jamais loin de la grosse farce aux procédés bien épais. L'ensemble ne manque pas de chair ni de verve : un vrai divertissement populaire.

R. M.

Sur *les Joyeuses Commères de Windsor*, on consultera :

— l'introduction de Quiller Couch et J. D. Wilson au *New (Cambridge) Shakespeare*, 1921 ;

— Mark Van Doren, *Shakespeare*, Henry Holt, 1939 - édition de poche Doubleday Anchor Books ;

— E. K. Chambers, *Shakespeare, A Survey*, Pelican Books, 1964 ;

— W. Hazlitt, *Characters of Shakespeare's Plays*, 1817.

PERSONNAGES

SIR JOHN FALSTAFF.
SHALLOW, juge de paix de campagne.
SLENDER, cousin de Shallow.
GUÉ, PAGE, } bourgeois de Windsor.
WILLIAM PAGE, jeune garçon, fils de Page.
SIR HUGH EVANS, curé gallois.
LE DOCTEUR CAIUS, médecin français.
L'HOTE DE LA JARRETIÈRE.
FENTON, amoureux d'Anne Page.
BARDOLPHE, PISTOLET, NYM, } de la bande de Falstaff.
ROBIN, page de Falstaff.
SIMPLE, valet de Slender.
RUGBY, valet de Caïus.

MISTRESS GUÉ.
MISTRESS PAGE.
MISTRESS ANNE PAGE, sa fille.
MISTRESS QUICKLY, femme de ménage du docteur Caïus.

SERVITEURS DE PAGE, DE GUÉ, ETC., ETC.

La scène est à Windsor.

ACTE PREMIER

SCÈNE PREMIÈRE

Windsor. Un jardin devant la maison de Page.

Entrent LE JUGE SHALLOW, SLENDER *et* SIR HUGH EVANS.

SHALLOW. — Sir Hugh, n'insistez pas; j'en ferai une affaire de Chambre étoilée. Fût-il vingt fois sir John Falstaff, il ne se jouera pas de Robert Shallow, esquire.

SLENDER. — Du comté de Gloucester, juge de paix, et *coram.*

SHALLOW. — Oui, cousin Slender, et *Custalorum.*

SLENDER. — Oui, et *ratolorum* encore! gentilhomme né, monsieur le pasteur, qui signe *Armigero,* sur tous les billets, mandats, quittances et obligations! *Armigero!*

SHALLOW. — Oui, pour ça, nous le faisons, et nous l'avons fait continuellement depuis trois cents ans.

SLENDER. — Tous ses successeurs trépassés avant lui l'ont fait, et tous ses ancêtres, qui viendront après lui, pourront le faire : ils pourront porter les douze brochetons blancs sur leur cotte d'armes.

SHALLOW. — C'est notre ancienne cotte d'armes.

EVANS. — Douze petits animaux blancs, ça n'est pas trop pour une vieille cotte; ça ne fait pas mal, en *passant;* c'est des pêtes familières à l'homme et qui signifient : Sympathie.

SHALLOW. — Ces bêtes-là ne sont pas poisson salé; et c'est du poisson salé que porte notre ancienne cotte.

SLENDER. — Puis-je écarteler, cousin ?

SHALLOW. — Vous le pouvez, en vous mariant.

EVANS, *à Shallow.* — Vous seriez bien marri, s'il écartelait.

SHALLOW. — Nullement.

EVANS. — Si fait, par Notre-Dame! S'il prenait un quartier de votre cotte, il ne vous en resterait plus que trois d'après mon simple calcul; mais laissons ça. Si sir John Falstaff a commis des déshonnêtetés envers vous, je suis d'église, et je m'emploierai bien volontiers à amener des arrangements et des compromis entre vous.

SHALLOW. — Le Conseil entendra l'affaire : il y a sédition.

EVANS. — Il n'est pas pon que le Conseil entende parler d'une sédition : il n'y a pas de crainte de Tieu dans une sédition. Le Conseil, voyez-vous, voudra entendre parler de la crainte de Tieu, et ne voudra pas entendre parler de sédition. Réfléchissez-y bien.

SHALLOW. — Ha! sur ma vie, si j'étais jeune encore, l'épée terminerait tout ceci.

EVANS. — Il vaut mieux que vos amis tiennent lieu d'épée et terminent la chose. Et puis j'ai dans la cervelle une autre idée qui peut-être produira de pons effets. Vous connaissez Anne Page, la fille de maître George Page, une mignonne virginité ?

SLENDER. — Mistress Anne Page? Elle a les cheveux bruns et une menue voix de femme.

EVANS. — C'est justement cette personne-là; entre toutes celles de l'univers, vous ne pouviez pas mieux trouver. Son grand-père, à son lit de mort (que Tieu l'appelle à une pienheureuse résurrection!), lui a légué sept cents livres en monnaie d'or et d'argent, pour le jour où elle aura pu atteindre ses dix-sept ans. Or ce serait une bonne inspiration, si nous laissions là nos caquetages et nos pavardages, et si nous arrangions un mariage entre maître Abraham et mistress Anne Page.

SHALLOW. — Est-ce que son grand-père lui a légué sept cents livres ?

EVANS. — Oui, et son père lui laissera encore un plus peau denier.

SHALLOW. — Je connais la jeune damoiselle; elle est bien douée.

EVANS. — Avoir sept cents livres et des espérances, c'est être bien doué.

SHALLOW. — Eh bien, allons voir l'honnête maître Page. Falstaff est-il là?

EVANS. — Vous dirai-je un mensonge ? Je méprise un menteur, comme je méprise quiconque est faux, ou comme je méprise quiconque n'est pas vrai. Le chevalier sir John est là. Mais, je vous en conjure, laissez-vous guider par ceux qui vous veulent du pien. Je vais frapper à la porte et demander maître Page. *(Il frappe à la porte de la maison.)* Holà! hé! Tieu pénisse votre maison céans!

Paraît Page.

PAGE. — Qui est là?

EVANS. — Voici la pénédiction de Tieu, et voici votre ami, le juge Shallow, et le jeune maître Slender qui peut-être vous contera une autre histoire, si la chose est de votre goût.

PAGE. — Je suis charmé de voir Vos Révérences en bonne santé. Je vous remercie pour mon gibier, maître Shallow.

SHALLOW. — Maître Page, je suis charmé de vous voir. Grand bien vous fasse! J'aurais voulu que votre gibier fût meilleur; il a été mal tué... Comment va la bonne mistress Page ?... Et je vous aime toujours de tout mon cœur, là, de tout mon cœur.

PAGE. — Monsieur, je vous rends grâces.

SHALLOW. — Monsieur, je vous rends grâces. Par oui et par non, je vous aime.

PAGE. — Je suis charmé de vous voir, cher maître Slender.

SLENDER. — Comment va votre lévrier fauve, monsieur ? J'ai ouï dire qu'il a été dépassé à la course de Cotsale.

PAGE. — Ce qu'on n'a pas pu juger, monsieur.

SLENDER. — Vous ne l'avouerez pas, vous ne l'avouerez pas.

SHALLOW. — Non, il ne l'avouera pas... C'est votre guignon, c'est votre guignon... C'est un bon chien.

PAGE. — Un mâtin, monsieur.

SHALLOW. — Monsieur, c'est un bon chien, et un

beau chien. Peut-on rien dire de plus ? Il est bon et beau... Sir John Falstaff est-il ici ?

PAGE. — Monsieur, il est à la maison; et je voudrais pouvoir interposer mes bons offices entre vous.

EVANS. — C'est parler comme un chrétien doit parler.

SHALLOW. — Il m'a offensé, maître Page.

PAGE. — Monsieur, il l'avoue en quelque sorte.

SHALLOW. — Si la chose est avouée, elle n'est pas réparée. N'est-il pas vrai, maître Page? Il m'a offensé, offensé tout de bon; offensé, à la lettre; croyez-moi : Robert Shallow, esquire, se dit offensé.

PAGE. — Voici sir John qui vient.

Entrent sir John Falstaff, Bardolphe, Nym et Pistolet.

FALSTAFF. — Eh bien, maître Shallow, vous voulez donc vous plaindre de moi au roi?

SHALLOW. — Chevalier, vous avez battu mes gens, tué mon daim, et forcé mon pavillon.

FALSTAFF. — Mais non baisé la fille de votre garde.

SHALLOW. — Bah! une pointe d'aiguille! Vous répondrez de tout ça.

FALSTAFF. — Je vais répondre immédiatement : j'ai fait tout ça... Voilà ma réponse.

SHALLOW. — Le Conseil connaîtra l'affaire.

FALSTAFF. — Le conseil que je vous donne, c'est de ne pas la faire connaître : on rira de vous.

EVANS. — *Pauca verba*, sir John, et de ponnes paroles!

FALSTAFF. — Bonnes paroles! bonnes fariboles! Slender, je vous ai écorché la tête : quelle humeur avez-vous contre moi?

SLENDER. — Morbleu, monsieur, j'ai la tête pleine d'humeur... contre vous et contre vos coquins d'escrocs, Bardolphe, Nym et Pistolet. Ils m'ont entraîné à la taverne, m'ont fait boire, et ensuite ont vidé mes poches.

BARDOLPHE. — Fromage de Banbury!

SLENDER. — Hé! peu m'importe!

PISTOLET. — Qu'est-ce à dire, Méphistophélès?

SLENDER. — Hé! peu m'importe.

NYM. — Tranchons là! *Pauca! pauca!* Tranchons là! il suffit.

SLENDER, *à Shallow.* — Où est Simple, mon valet? Pourriez-vous me le dire, cousin?

EVANS. — Paix, je vous prie! Entendons-nous! Il y a trois arpitres dans cette affaire, à ce que j'entends : il y a maître Page, c'est-à-dire maître Page; il y a moi-même, c'est-à-dire moi-même; et la tierce personne, en conclusion finale, est mon hôte de la Jarretière.

PAGE. — C'est à nous trois d'écouter l'affaire et de tout terminer entre eux.

EVANS. — Fort pien. Je vais en dresser le procès-verpal sur mon calepin; et ensuite nous instruirons la cause aussi discrètement que nous pourrons.

FALSTAFF, *appelant.* — Pistolet!

PISTOLET, *s'avançant.* — Il écoute de toutes ses oreilles.

EVANS. — Par le tiable et sa mère! quelle phrase est-ce là : il écoute de toutes ses oreilles? Eh! c'est des affectations!

FALSTAFF. — Pistolet, avez-vous vidé les poches de maître Slender?

SLENDER. — Oui, par ces gants! Si cela n'est pas, je veux ne jamais rentrer dans ma grande chambre! Il m'a volé sept groats en belles pièces de six pennys, et deux grands shillings d'Édouard que j'avais achetés à Yead le meunier deux shillings et deux pennys la pièce. J'en jure par ces gants.

FALSTAFF. — Est-ce la vérité, Pistolet?

EVANS. — Non, c'est une fausseté noire, s'il y a vol.

PISTOLET, *à Evans.* — Ah çà! étranger des montagnes! *(A Falstaff.)* Sir John, mon maître, je demande à me battre avec ce sabre de bois. *(A Slender.)* Je te jette un démenti à la gorge, un démenti éclatant. Bave et écume, tu mens!

SLENDER, *montrant Nym.* — Par ces gants! alors c'était lui.

NYM. — Faites attention, l'ami : pas de mauvaises

plaisanteries! Je vous dirai : *Attrape*, si vous faites sur moi de ces plaisanteries pendables. Voilà ma déclaration.

SLENDER, *montrant Bardolphe.* — Par ce chapeau, c'est donc celui-là avec sa face rouge. Si je ne puis pas me rappeler ce que j'ai fait après que vous m'avez soûlé, je ne suis pourtant pas tout à fait un âne.

FALSTAFF, *à Bardolphe.* — Que dites-vous à cela, frère Jean l'écarlate?

BARDOLPHE. — Eh bien, monsieur, je dis, pour ma part, que ce gentleman, à force de boire, avait perdu ses cinq sentences...

EVANS. — Ses cinq sens. Fi! ce que c'est que l'ignorance!

BARDOLPHE. — Et qu'étant ivre, monsieur, il a été, comme on dit, sous la table, et qu'en conclusion il a battu la campagne.

SLENDER. — Oui, alors aussi vous parliez latin. Mais n'importe! Après ce tour-là, je veux, tant que je vivrai, ne jamais me soûler qu'en compagnie honnête, civile et pie; si je me soûle, je veux me soûler avec ceux qui ont la crainte de Dieu, et non avec des chenapans d'ivrognes.

EVANS. — Par le Tieu qui m'juge, voilà une vertueuse intention.

FALSTAFF. — Vous voyez que tous les faits sont niés, messieurs; vous l'entendez.

Entrent mistress Anne Page, apportant du vin, puis mistress Gué et mistress Page.

PAGE. — Non, ma fille, remporte ce vin; nous boirons à la maison.

Anne Page rentre dans la maison.

SLENDER. — O ciel! c'est mistress Anne Page!

PAGE. — Comment va, mistress Gué?

FALSTAFF. — Mistress Gué, sur ma parole, vous êtes la très bien venue. Avec votre permission, chère madame! *(Il l'embrasse.)*

PAGE. — Femme, fais fête à ces messieurs. Venez,

nous avons un pâté chaud de venaison à dîner. Venez, messieurs, j'espère que nous allons noyer toutes les rancunes.

Tous entrent dans la maison, excepté Shallow, Slender et Evans.

SLENDER. — Je donnerais quarante shillings pour avoir ici mon livre de chansons et de sonnets.

Entre Simple.

Eh bien, Simple! où avez-vous été? Il faut que je me serve moi-même, n'est-ce pas? Vous n'avez pas *le Livre des Enigmes* sur vous? L'avez-vous?

SIMPLE. — *Le Livre des Enigmes!* Mais est-ce que vous ne l'avez pas prêté à Alice Courtemiche à la Toussaint dernière, quinze jours avant la Saint-Michel?

SHALLOW. — Venez, cousin, venez, cousin, nous vous attendons. Un mot, cousin!... Eh bien, cousin, voici : il y a, pour ainsi dire, une proposition, une sorte de proposition faite en l'air par sir Hugh ici présent... Vous m'entendez?

SLENDER. — Oui, monsieur, et vous me trouverez raisonnable; si cela est, je ferai tout ce qui est de raison.

SHALLOW. — Mais entendez-moi donc.

SLENDER. — C'est ce que je fais, monsieur.

EVANS. — Prêtez l'oreille à sa motion, maître Slender; je vous descriptionnerai l'affaire, si elle vous convient.

SLENDER. — Non, je veux faire ce que mon cousin Shallow me dira; excusez-moi, je vous prie; il est juge de paix dans son pays, tout simple mortel que je suis.

EVANS. — Mais ce n'est pas là la question; il s'agit de votre mariage.

SHALLOW. — Oui, voilà le point, mon cher.

EVANS. — Oui, ma foi, voilà justement le point... avec mistress Anne Page!

SLENDER. — Ah! si c'est comme ça, je suis prêt à l'épouser à toutes les conditions raisonnables.

EVANS. — Mais pouvez-vous affectionner la d'moiselle? Nous voulons le savoir de votre pouche ou de vos lèvres; car divers philosophes soutiennent que les lèvres, c'est une partie de la pouche... Donc, pour préciser, pouvez-vous reporter votre inclination sur la jeune fille?

SHALLOW. — Cousin Abraham Slender, pouvez-vous l'aimer?

SLENDER. — Je l'espère, monsieur; je ferai pour ça tout ce qu'on peut faire raisonnablement.

EVANS. — Voyons, par le seigneur Tieu et par Notre-Tame, il faut nous dire positivement si vous pouvez reporter vos sympathies sur elle.

SHALLOW. — Ça, il le faut. L'épouseriez-vous avec une bonne dot?

SLENDER. — Je ferais bien davantage, cousin, à votre raisonnable requête.

SHALLOW. — Mais comprenez-moi, comprenez-moi, cher cousin; ce que je veux, c'est vous complaire, cousin. Pouvez-vous aimer la jeune fille?

SLENDER. — Je suis prêt à l'épouser, monsieur, à votre requête. Mais, si l'amour n'est pas grand au commencement, le ciel pourra le faire décroître après une plus ample accointance, quand nous serons mariés et que nous aurons eu occasion de nous mieux connaître. J'espère qu'avec la familiarité grandira l'antipathie. Mais, si vous me dites : *Epousez-la*, je l'épouse; j'y suis très dissolu, et fort dissolument.

EVANS. — Voilà une réponse fort sage; sauf la faute dans l'mot dissolument : selon l'acception reçue, c'est résolument qu'il faut dire... Son intention est ponne.

SHALLOW. — Oui, je crois que mon cousin avait bonne intention.

SLENDER. — Oui, ou je veux bien être pendu, là.

Rentre Anne Page.

SHALLOW. — Voici venir la belle mistress Anne... Je voudrais être jeune pour l'amour de vous, mistress Anne!

ANNE. — Le dîner est sur la table; mon père désire l'honneur de votre compagnie.

SHALLOW. — Je suis à lui, belle mistress Anne.

EVANS. — Tieu soit béni! Je ne veux pas manquer le pénédicité. *(Sortent Shallow et Evans.)*

ANNE. — Vous plaît-il d'entrer, monsieur?

SLENDER. — Non, je vous remercie, sur ma parole, de tout cœur; je suis très bien.

ANNE. — Le dîner vous attend, monsieur.

SLENDER. — Je n'ai pas faim, je vous remercie, sur ma parole. *(A Simple.)* Allez maraud, tout mon valet que vous êtes, allez servir mon cousin Shallow. *(Sort Simple.)* Un juge de paix peut parfois être bien aise qu'un parent lui prête son valet... Je ne garde que trois valets et un page, jusqu'à ce que ma mère soit morte. Mais qu'importe! En attendant je vis comme un pauvre gentilhomme de naissance.

ANNE. — Je ne puis rentrer sans vous, monsieur; on ne s'assoira pas que vous ne veniez.

SLENDER. — En vérité, je ne veux rien manger; je vous remercie autant que si je mangeais.

ANNE. — Je vous en prie, monsieur, entrez.

SLENDER. — J'aime mieux me promener ici, je vous remercie. Je me suis meurtri le tibia l'autre jour en faisant des armes avec un maître d'escrime. Trois bottes pour un plat de pruneaux cuits! Et, ma foi, depuis lors je ne puis supporter l'odeur d'un mets chaud... Pourquoi vos chiens aboient-ils ainsi? Est-ce qu'il y a des ours dans la ville?

ANNE. — Je crois qu'il y en a, monsieur; je l'ai entendu dire.

SLENDER. — J'aime fort ce divertissement-là; mais je m'y querelle aussi vite que qui que ce soit en Angleterre... Vous avez peur, si vous voyez l'ours lâché, n'est-ce pas?

ANNE. — Oui, vraiment, monsieur.

SLENDER. — Eh bien, maintenant, c'est pour moi boire et manger; j'ai vingt fois vu Sackerson lâché; je l'ai même pris par la chaîne; mais je vous garantis que les femmes jetaient des cris inimaginables. Mais il est vrai que les femmes ne peuvent pas les souffrir; ce sont d'affreuses bêtes très mal léchées.

PAGE, *venant de la maison.* — Venez donc, cher maître Slender, venez, nous vous attendons.

SLENDER. — Je ne veux rien manger, je vous remercie, monsieur.

PAGE. — Palsambleu! vous n'aurez pas le dernier mot, monsieur; venez, venez.

SLENDER. — Ah! passez devant, je vous prie.

PAGE. — Allons, monsieur!

SLENDER. — Mistress Anne, vous passerez la première.

ANNE. — Non pas, monsieur; je vous en prie, marchez devant.

SLENDER. — Vraiment, non, je ne passerai pas le premier; vraiment, là, je ne vous ferai pas cette offense.

ANNE. — Je vous en prie, monsieur.

SLENDER. — J'aime mieux être incivil qu'importun. C'est vous-même qui vous faites offense, vraiment, là. *(Il entre dans la maison, suivi d'Anne et de Page.)*

SCÈNE II

Devant la maison de Page.

Paraissent, au seuil de la maison, EVANS *et* SIMPLE.

EVANS. — Allez! vous demanderez le chemin de la maison du docteur Caïus; et là demeure une mistress Quickly qui est pour lui comme sa nourrice, ou son infirmière, ou sa cuisinière, ou sa laveuse, sa planchisseuse et sa repasseuse.

SIMPLE. — Bien, monsieur.

EVANS. — Mais il y a mieux encore. Donnez-lui cette lettre; car c'est une femme qui connaît beaucoup mistress Anne Page; et la lettre est pour lui demander et la prier d'appuyer la demande de votre maître auprès de mistress Page. Partez, je vous prie; je veux finir mon dîner; il y a encore les reinettes et le fromage. *(Ils disparaissent.)*

SCÈNE III

L'auberge de la Jarretière.

Entrent FALSTAFF, L'HÔTE, BARDOLPHE, NYM, PISTOLET *et* ROBIN.

FALSTAFF. — Mon hôte de la Jarretière!

L'HÔTE. — Que dit mon immense coquin? Parle savamment et sagement.

FALSTAFF. — En vérité, mon hôte, il faut que je renvoie quelques-uns de mes gens.

L'HÔTE. — Congédie, immense Hercule, chasse. Qu'ils détalent! Au galop! au galop!

FALSTAFF. — Je dépense céans dix livres la semaine!

L'HÔTE. — Tu es un empereur, Cézar, czar ou Balthazar! Je prendrai Bardolphe à mon service; il tirera le vin, il mettra en perce. Est-ce dit, immense Hector?

FALSTAFF. — Faites, mon bon hôte.

L'HÔTE. — J'ai dit... Qu'il me suive! *(A Bardolphe.)* Voyons si tu sais faire mousser et pétiller le liquide. Je n'ai qu'une parole. Suis-moi. *(L'hôte sort.)*

FALSTAFF. — Bardolphe, suis-le : c'est un bon état que celui de sommelier. Un vieux manteau fait un justaucorps neuf. Valet usé, sommelier frais. Va, adieu!

BARDOLPHE. — C'est une vie que j'ai toujours désirée; je ferai fortune. *(Bardolphe sort.)*

PISTOLET. — O vil Bohémien! veux-tu donc manier le fausset?

NYM. — Il a été engendré après boire. La plaisanterie n'est-elle pas drôle? Il n'a pas l'âme héroïque, et voilà!

FALSTAFF. — Je suis bien aise d'être ainsi débarrassé de ce briquet : ses vols étaient par trop patents; il était dans sa filouterie comme un mauvais chanteur, il n'observait pas la mesure.

NYM. — Le vrai talent est de voler en demi-pause.

PISTOLET. — *Voler!* Fi! Peste de l'expression! Les habiles disent *transférer.*

FALSTAFF. — Eh bien, mes maîtres, je suis presque réduit à traîner la savate!

PISTOLET. — Alors gare les écorchures!

FALSTAFF. — Il n'y a pas de remède. Il faut que j'intrigue; il faut que je m'ingénie.

PISTOLET. — Il faut que les jeunes corbeaux aient leur pâture.

FALSTAFF. — Qui de vous connaît un certain Gué de cette ville?

PISTOLET. — Je connais l'être : il est cossu.

FALSTAFF. — Mes honnêtes garçons, je vais vous dire mon tour.

PISTOLET. — Plus de deux verges de tour.

FALSTAFF. — Pas de facéties, Pistolet! J'ai beau avoir environ deux verges de circonférence, je ne m'occupe pas de perdre; je ne m'occupe que de gagner. Bref, j'ai l'intention de faire l'amour à la femme de Gué; j'entrevois en elle de bonnes dispositions; elle jase, elle découpe, elle a l'œillade engageante. Je puis traduire la pensée de son style familier : le sens le moins favorable de sa conduite, rendu en bon anglais, le voici : *Je suis à sir John Falstaff!*

PISTOLET. — Il a étudié son idée et traduit son idée en honnête anglais.

NYM. — L'ancrage est trop profond pour moi. Me passera-t-on ce mot?

FALSTAFF. — Maintenant le bruit court qu'elle tient les cordons de la bourse de son mari; elle a à sa disposition une légion d'anges argentins.

PISTOLET. — Aie à la tienne une égale légion de diables; et je te dis : *Cours-lui sus, mon gars!*

NYM. — La farce se relève; ça va bien; amadouez-moi les anges.

FALSTAFF. — Je lui ai écrit une lettre que voici; et en voilà une autre pour la femme de Page qui, elle aussi, me faisait tout à l'heure les yeux doux, en examinant ma personne de l'air le plus inquisiteur. Le rayon de son regard dorait tantôt mon pied, tantôt ma panse majestueuse.

PISTOLET. — C'est qu'alors le soleil brillait sur le fumier!

NYM, *à Pistolet.* — Merci de ce mot-là!

FALSTAFF. — Oh! elle parcourait mes dehors avec une attention si avide, que l'appétit de son œil me brûlait comme un miroir ardent! Voici une autre lettre pour elle. Elle aussi, elle tient la bourse; c'est une véritable Guyane, toute or et libéralité. Je serai leur caissier à toutes deux, et elles seront des trésors pour moi. Elles seront mes Indes orientales et occidentales, et je commercerai avec toutes deux. *(A Pistolet et à Nym.)* Va, toi, porte cette lettre à mistress Page; et toi, celle-ci à mistress Gué. Nous prospérerons, enfants, nous prospérerons.

PISTOLET. — Deviendrai-je un sire Pandarus de Troie, moi qui porte l'acier au côté? Que plutôt Lucifer nous emporte tous!

NYM. — Je ne me prêterai pas à une vile intrigue : reprenez votre intrigante lettre; je veux maintenir la dignité de ma réputation.

FALSTAFF, *à Robin.* — Tiens, maraud, porte ces lettres prestement... Vogue, comme ma chaloupe, vers ces parages d'or... Vous, coquins, hors d'ici! Détalez. Évanouissez-vous comme la grêle, allez! Rampez, traînez-vous, jouez des sabots, allez chercher un gîte ailleurs, décampez! Falstaff aura recours aux expédients du siècle : il vivra économiquement, coquins, à la française; un page galonné me suffira. *(Il sort avec Robin.)*

PISTOLET. — Que les vautours te déchirent les boyaux! Il y a encore des dés pipés assez pour duper riches et pauvres. J'aurai en poche de bons testons, quand toi, tu manqueras de tout, vil Turc de Phrygie.

NYM. — J'ai en tête une opération qui sera une manière de vengeance.

PISTOLET. — Tu veux te venger?

NYM. — Oui, par le firmament et son étoile!

PISTOLET. — Par la ruse, ou par l'acier?

NYM. — Des deux manières. Je vais révéler à Page cette intrigue d'amour.

PISTOLET. — Et moi, je vais dévoiler à Gué comment Falstaff, varlet vil, veut tâter de sa colombe, s'emparer de son or, et souiller sa couche moelleuse.

NYM. — Mon intrigue à moi ne languira pas. J'exciterai Page à employer le poison; je lui communiquerai la jaunisse; car un tempérament ainsi bouleversé est terrible. Voilà ma manière.

PISTOLET. — Tu es le Mars des mécontents; je te seconde. En avant! *(Ils sortent.)*

SCÈNE IV

Chez le docteur Caïus.

Entrent MISTRESS QUICKLY, SIMPLE *et* RUGBY.

MISTRESS QUICKLY. — Holà, John Rugby! Va à la croisée, je te prie, et vois si tu peux voir venir mon maître, le maître docteur Caïus. S'il rentrait, sur ma parole, et s'il trouvait quelqu'un à la maison, il ferait un rude abus de la patience de Dieu et de l'anglais du roi.

RUGBY. — Je vais faire le guet.

MISTRESS QUICKLY. — Va; et pour la peine nous aurons un chaudeau ce soir, à la dernière lueur d'un feu de charbon de terre. *(Sort Rugby.)* Un honnête garçon, empressé, complaisant autant que le meilleur serviteur qui puisse entrer dans une maison, et, je vous le garantis, point rapporteur et nullement boute-feu! Son pire défaut est qu'il est adonné à la prière; il est un peu entêté de ce côté-là; mais chacun a ses défauts, passons là-dessus... Votre nom, dites-vous, est Peter Simple?

SIMPLE. — Oui, faute d'un meilleur.

MISTRESS QUICKLY. — Et maître Slender est votre maître?

SIMPLE. — Oui, sur ma parole!

MISTRESS QUICKLY. — Est-ce qu'il ne porte pas une grande barbe ronde comme le tranchet d'un gantier?

SIMPLE. — Non, sur ma parole! Il n'a qu'une toute petite figure avec une petite barbe jaune, exactement comme la barbe de Caïn.

MISTRESS QUICKLY. — Un homme d… douce, n'est-ce pas ?

SIMPLE. — Oui, sur ma parole ! Mais il a la main aussi leste que peut l'avoir un homme à tête vive ; il s'est battu avec un garde-chasse.

MISTRESS QUICKLY. — Comment dites-vous... ? Oh ! je dois me le rappeler. Ne porte-t-il pas, pour ainsi dire, la tête haute, et ne se pavane-t-il pas en marchant ?

SIMPLE. — Oui, en effet.

MISTRESS QUICKLY. — Allons, puisse le ciel ne pas envoyer à Anne Page de plus mauvais parti ! Dites à monsieur le pasteur Evans que je ferai ce que je pourrai pour votre maître... Anne est une bonne fille, et je souhaite...

Rentre Rugby.

RUGBY. — Sauvez-vous ! Miséricorde ! voici mon maître qui vient.

MISTRESS QUICKLY. — Nous allons tous être rudoyés ! Élancez-vous ici, bon jeune homme, allez dans ce cabinet. *(Elle enferme Simple dans le cabinet du docteur.)* Il ne restera pas longtemps... Holà, John Rugby ! John ! Holà, John ! Encore une fois, va, John, va t'informer de mon maître. Je crains qu'il ne soit pas bien ; il ne rentre pas ! *(Fredonnant.)*

En bas, en bas, en bas...

Entre le docteur Caïus.

CAIUS. — Qu'est-ce que vous chantez là ? Ze n'aime pas ces futilités. Allez, ze vous prie, dans mon cabinet me chercher un *boîtier verd*, un coffre, un coffre vert. Entendez-vous ce que ze dis ? Une boîte verte.

MISTRESS QUICKLY. — Oui, sur ma parole, je vais vous le chercher. *(A part.)* Je suis bien aise qu'il n'y soit pas allé lui-même : s'il avait trouvé le jeune homme, il aurait donné de furieux coups de cornes.

CAIUS. — *Ouf, ouf, ouf ! Ma foi, il fait fort chaud !... Ze m'en vais à la cour. La grande affaire...*

MISTRESS QUICKLY, *revenant du cabinet.* — Est-ce ça, monsieur ?

CAIUS. — *Ouy, mette-le au mon* pocket, *depêche.* Vite!... Où est ce maraud de Rugby?

MISTRESS QUICKLY. — Holà, John Rugby! John!

RUGBY. — Voilà, monsieur.

CAIUS. — Vous êtes Zohn Rugby, et vous être Zeannot Rugby. Allons, prenez votre rapière, et me suivez à la cour.

RUGBY. — Elle est toute prête, monsieur, là, sous le porche.

CAIUS. — Sur ma foi, ze tarde trop. Dieu! *qu'ay z'oublié!* Il y a dans mon cabinet des simples que pour rien au monde ze ne voudrais laisser derrière moi.

MISTRESS QUICKLY. — Miséricorde! il va trouver le jeune homme-là, et va-t-il être furieux!

CAIUS. — *O diable, diable!* qu'y a-t-il dans mon cabinet? *(Traînant Simple hors du cabinet.)* Scélérat! *larron!...* Rugby, ma rapière!

MISTRESS QUICKLY. — Mon bon maître, calmez-vous.

CAIUS. — Et pourquoi me calmer?

MISTRESS QUICKLY. — Ce jeune homme est un honnête homme.

CAIUS. — Qu'est-ce qu'un honnête homme peut faire dans mon cabinet? Pas un honnête homme ne viendrait ainsi dans mon cabinet.

MISTRESS QUICKLY. — Je vous en supplie, ne soyez pas si flegmatique; écoutez la vérité. Il est venu me trouver de la part du pasteur Hugh...

CAIUS. — Après?

SIMPLE. — Oui, sur ma parole, pour la prier de...

MISTRESS QUICKLY. — Silence, je vous prie!

CAIUS, *à mistress Quickly.* — Retenez votre langue, vous. *(A Simple.)* Et vous, continuez.

SIMPLE. — Pour prier cette honnête dame, votre servante, de dire un bon mot à mistress Anne Page en faveur de mon maître qui la recherche en mariage.

MISTRESS QUICKLY. — C'est tout, en vérité, là; mais jamais je ne mettrai ma main au feu, je n'en ai pas envie.

CAIUS. — Sir Hugh vous a envoyé!... Rugby, *baillez-moi* du papier. *(A Simple.)* Vous, arrêtez un moment. *(Il écrit.)*

MISTRESS QUICKLY, *bas, à Simple.* — Je suis bien aise de le voir si calme; s'il s'était emporté tout de bon, vous auriez entendu ses cris et sa mélancolie! Quoi qu'il en soit, l'ami, je ferai pour votre maître tout ce que je pourrai; le fin mot de la chose est que le docteur français, mon maître... Je puis l'appeler mon maître voyez-vous, car je tiens sa maison; je lave, je repasse, je brasse, je cuis, je nettoie, je prépare le boire et le manger, je fais les lits, enfin je fais tout moi-même.

SIMPLE. — C'est beaucoup de besogne sur les bras d'une seule personne.

MISTRESS QUICKLY. — Vous le pensez? Oui, certes, c'est beaucoup de besogne; et puis se lever matin et se coucher tard!... Quoi qu'il en soit (je vous le dis à l'oreille, pas un mot de ceci à personne!), mon maître est lui-même amoureux de mistress Anne Page. Mais n'importe! je connais les sentiments d'Anne : ils ne sont ni de ce côté-ci ni de celui-là.

CAIUS, *à Simple.* — Magot, remettez cette lettre à sir Hugh. C'est un cartel, palsambleu! Ze veux lui couper la gorze dans le parc; et ze veux apprendre à ce mauvais faquin de prêtre à se mêler ainsi de tout et à faire l'officieux!... Vous pouvez partir; il ne fait pas bon ici pour vous... Palsambleu, ze veux lui couper les rognons! Palsambleu! il ne lui restera pas un os à zeter à son chien! *(Sort Simple.)*

MISTRESS QUICKLY. — Hélas! il ne fait que parler pour un de ses amis.

CAIUS. — Qu'importe! Ne m'avez-vous pas dit qu'Anne Paze serait pour moi? Palsambleu, ze veux tuer ce faquin de prêtre, et z'ai fait choix de mon hôte de la Zarretière pour mesurer nos épées... Palsambleu! ze veux avoir Anne Paze.

MISTRESS QUICKLY. — Monsieur, la jeune fille vous aime, et tout ira bien... Il faut laisser babiller les gens, malepeste!

CAIUS. — Rugby, venez à la cour avec moi... Palsambleu, si ze n'ai pas Anne, ze vous mettrai à la porte par les épaules! Suivez mes talons, Rugby. *(Il sort, suivi de Rugby.)*

MISTRESS QUICKLY. — Vous n'aurez que les oreilles d'âne, vous! Je connais les sentiments d'Anne sur ce point; il n'y a pas une femme à Windsor qui connaisse les sentiments d'Anne mieux que moi; et pas une n'a plus d'action sur elle, grâce à Dieu.

FENTON, *du dehors.* — Holà! quelqu'un!

MISTRESS QUICKLY, *allant à la fenêtre.* — Qui est là? Approchez de la maison, je vous prie. *(Entre Fenton.)*

FENTON. — Eh bien, bonne femme, comment vas-tu?

MISTRESS QUICKLY. — D'autant mieux que Votre Révérence veut bien me le demander.

FENTON. — Quelles nouvelles? Comment va la jolie mistress Anne?

MISTRESS QUICKLY. — En vérité, monsieur, elle est toujours jolie, et honnête, et douce, et de vos amies, je puis vous le dire en passant, Dieu soit loué!

FENTON. — Réussirai-je, crois-tu? Est-ce que je ne perdrai pas mes peines?

MISTRESS QUICKLY. — Ma foi, monsieur, tout est dans la main du Très-Haut; mais néanmoins, maître Fenton, je jurerais sur une Bible qu'elle vous aime. Est-ce que Votre Révérence n'a pas une verrue au-dessus de l'œil?

FENTON. — Oui, vraiment. Après?

MISTRESS QUICKLY. — Eh bien, il y a toute une histoire qui se rattache à ça... Sur ma parole, c'est une si singulière Nanette... Mais, j'en déteste le ciel, la plus honnête fille qui ait jamais rompu le pain!... Nous avons eu une heure de conversation sur cette verrue-là. Je ne rirai jamais que dans la compagnie de cette fille! Mais, en vérité, elle est par trop portée à l'allicolie et à la rêverie... Bon, allez-y!

FENTON. — Bon, je la verrai aujourd'hui. Tiens, voilà de l'argent pour toi; parle en ma faveur; si tu la vois avant moi, recommande-moi bien.

MISTRESS QUICKLY. — En doutez-vous? Oui, certes, nous lui parlerons; et j'en dirai bien d'autres à Votre Révérence sur la verrue, lors de notre prochaine confidence, et sur les autres galants!

FENTON. — C'est bon, adieu ! Je suis très pressé en ce moment.

MISTRESS QUICKLY. — Adieu à Votre Révérence ! *(Fenton sort.)* En vérité, c'est un honnête gentleman. Mais Anne ne l'aime pas ; car je connais les sentiments d'Anne aussi bien que personne... Diantre ! qu'ai-je oublié ? *(Elle sort.)*

ACTE II

SCÈNE PREMIÈRE

Devant la maison de Page.

Entre MISTRESS PAGE, *une lettre à la main.*

MISTRESS PAGE. — Quoi! j'aurai échappé aux lettres d'amour à l'époque fériée de ma beauté, et j'y suis en butte aujourd'hui! Voyons. *(Elle lit.)* Ne me demandez pas pourquoi je vous aime; car, bien que l'amour accepte la raison pour médecin, il ne l'admet pas pour conseiller. Vous n'êtes plus jeune, moi non plus; eh bien donc, voilà une sympathie! Vous êtes gaie, et moi aussi; ha, ha! voilà une sympathie de plus. Vous aimez le vin et moi aussi; pouvez-vous désirer une plus forte sympathie? Qu'il te suffise, maîtresse Page (si du moins l'amour d'un soldat peut te suffire), de savoir que je t'aime! je ne te dirai pas : Aie pitié de moi. Ce n'est pas un mot de soldat; mais je te dirai : Aime-moi.

Par moi,
Ton véritable chevalier,
De jour ou de nuit,
A toute espèce de lumière,
Prêt à se battre pour toi,
Avec toutes ses forces.
JOHN FALSTAFF.

Quel Hérode de Judée est-ce là? O perversité, perversité du monde! Un homme presque mis en pièces par l'âge, faire ainsi le vert galant! Quel trait de légèreté, au nom du diable, cet ivrogne flamand a-t-il pu saisir dans ma conduite, pour oser m'attaquer de cette manière? Mais il s'est trouvé trois fois à peine dans ma compagnie! Qu'ai-je donc pu lui dire?... J'ai été alors fort sobre de ma gaieté, Dieu me pardonne! Ah! je veux présenter un bill au Parlement pour la répression des gros hommes. Comment me vengerai-je de lui? Car je me vengerai, aussi vrai que ses tripes sont faites de boudins!

Entre mistress Gué.

MISTRESS GUÉ. — Mistress Page! Sur ma parole, j'allais chez vous.

MISTRESS PAGE. — Et moi, sur ma parole, je venais chez vous. Vous ne me paraissez pas bien.

MISTRESS GUÉ. — C'est ce que je ne croirai jamais; je puis prouver le contraire.

MISTRESS PAGE. — Vraiment, à mon idée, vous ne paraissez pas bien.

MISTRESS GUÉ. — Soit! Pourtant je répète que je pourrais prouver le contraire. Oh! mistress Page, donnez-moi un conseil...

MISTRESS PAGE. — De quoi s'agit-il, ma chère?

MISTRESS GUÉ. — Ah! ma chère, sans une bagatelle de scrupule, quel honneur je pourrais obtenir!

MISTRESS PAGE. — Au diable la bagatelle, ma chère! et prenez l'honneur... De quoi s'agit-il? Ne vous préoccupez pas des bagatelles. De quoi s'agit-il?

MISTRESS GUÉ. — Si seulement je voulais aller en enfer pour un moment ou deux d'éternité, je pourrais être promue à l'honneur de la chevalerie.

MISTRESS PAGE. — Bah! Quel conte!... Sir Alice Gué!... Cet honneur-là deviendra banal. Crois-moi, tu feras mieux de ne pas changer de qualité.

MISTRESS GUÉ. — Nous brûlons pour rien la lumière du jour... Tiens, lis, lis... Tu verras comment je pourrais être promue à l'honneur de la chevalerie. *(Elle remet une lettre à mistress Page.)* J'aurai la plus mauvaise opinion des gros hommes, tant que mes yeux pourront distinguer un homme d'un autre. Et pourtant celui-ci ne jurait pas, il louait la modestie chez les femmes, et il blâmait toute inconvenance en termes si sages et si édifiants que j'aurais juré que ses sentiments étaient conformes à ses paroles; mais ils ne sont pas plus d'accord que le centième psaume ne l'est avec l'air des *Manches vertes*. Quelle tempête, je le demande, a donc jeté sur la côte de Windsor cette baleine qui a tant de tonneaux d'huile dans le ventre? Comment me vengerai-je de lui? Je crois que le meilleur moyen serait de le bercer d'espérances, jusqu'à ce que le vilain feu de sa concupiscence l'ait fait fondre dans sa propre graisse... Avez-vous jamais rien ouï de pareil?

MISTRESS PAGE. — Les deux lettres sont exactement pareilles, sauf la différence des noms de Page et de Gué. Pour te rassurer pleinement sur le mystère de ta mauvaise réputation, voici la sœur jumelle de ta lettre; mais la tienne peut prendre l'héritage, car je proteste que la mienne n'y prétend pas. Je garantis qu'il a au moins un millier de ces lettres-là, écrites avec un espace blanc pour les différents noms. Celles-ci sont de la seconde édition; il les imprimera sans doute, car peu lui importe ce qu'il met sous presse, puisqu'il voudrait nous y mettre toutes deux. J'aimerais mieux être une géante, couchée sous le mont Pélion. Allons, je vous trouverai vingt tourterelles lascives, avant de trouver un homme chaste.

MISTRESS GUÉ, *confrontant les deux lettres*. — Mais c'est exactement la même chose : même écriture, mêmes mots. Que pense-t-il donc de nous?

MISTRESS PAGE. — Dame, je n'en sais rien. Ça me donne presque envie de chercher noise à ma propre vertu. Je serais tentée de me traiter moi-même comme quelqu'un que je ne connais pas; car, assurément, s'il ne connaissait en moi quelque penchant que j'ignore moi-même, il ne m'aurait jamais livré ce furieux abordage.

MISTRESS GUÉ. — Abordage, dites-vous? Je suis sûre que je le tiendrai au-dessus du pont.

MISTRESS PAGE. — Et moi aussi. Si jamais il pénètre sous mes écoutilles, je veux ne jamais me risquer à la mer. Vengeons-nous de lui; fixons-lui un rendez-vous; donnons à ses instances un semblant d'espoir, et faisons-le aller avec des délais bien amorcés jusqu'à ce qu'il ait mis ses chevaux en gage chez l'hôtelier de la Jarretière.

MISTRESS GUÉ. — Oui, je consentirai à lui jouer les plus méchants tours, pourvu que la pureté de notre honneur n'en soit pas souillée. Oh! si mon mari voyait cette lettre! Elle fournirait un éternel aliment à sa jalousie!

MISTRESS PAGE. — Justement, le voici qui vient; et mon bon homme aussi. Mais celui-là est aussi loin d'être jaloux que je suis loin de lui en donner sujet; et la distance, j'espère, est incommensurable.

MISTRESS GUÉ. — En cela vous êtes plus heureuse que moi.

MISTRESS PAGE. — Concertons-nous contre ce gras chevalier : venez ici. *(Elles se retirent à l'écart.)*

Entrent Gué causant avec Pistolet, puis Page causant avec Nym.

GUÉ. — Allons, j'espère qu'il n'en est rien.

PISTOLET. — L'espoir est dans certaines affaires un chien sans queue. Sir John en veut à ton épouse.

GUÉ. — Bah! Monsieur, ma femme n'est plus jeune.

PISTOLET. — Il courtise grandes et petites, riches et pauvres, jeunes et vieilles, n'importe qui, Gué. Il aime ta Galimafrée. Gué, avise.

GUÉ. — Il aime ma femme?

PISTOLET. — De toutes les ardeurs d'un foie brûlant. Préviens-le, ou tu es, comme messire Actéon, menacé d'une couronne de bois. Oh! l'odieux nom!

GUÉ. — Quel nom, monsieur?

PISTOLET. — Eh bien, cornard! Adieu! Prends garde; aie l'œil ouvert; car les voleurs rôdent de nuit; prends tes précautions, avant que l'été vienne et que le coucou chante. Partons, messire caporal Nym... Crois-le, Page; il te parle sensément. *(Pistolet sort.)*

GUÉ. — J'y mettrai de la patience ; j'éclaircirai ceci.

NYM, *à Page*. — Et ce que je dis est vrai. Le mensonge ne va pas à mes manières. Il m'a offensé en quelque manière; j'aurais bien porté la manière de lettre qu'il adressait à votre femme; mais j'ai une épée que je sais faire mordre au besoin. En deux mots comme en mille : il aime votre femme. Je me nomme le caporal Nym; je parle, et j'affirme. C'est la vérité. Mon nom est Nym, et Falstaff aime votre femme. Adieu! Il n'est pas dans mes manières de vivre de pain et de fromage. Adieu! *(Il sort.)*

PAGE, *à part.* — Ses manières! Voilà un gaillard terriblement maniéré.

GUÉ, *à part.* — Je surveillerai Falstaff.

PAGE, *à part.* — Je n'ai jamais ouï un drôle aussi verbeux et aussi prétentieux.

GUÉ, *à part.* — Si je découvre quelque chose, bon!

PAGE, *à part.* — Je ne croirais pas un pareil Chinois, quand le prêtre de la ville le recommanderait comme un honnête homme.

GUÉ, *à part.* — C'est un garçon fort sensé : bon!

PAGE, *à sa femme qui s'avance.* — C'est vous, Meg?

MISTRESS PAGE. — Où allez-vous, George? Écoutez donc.

MISTRESS GUÉ, *allant à son mari.* — Eh bien, mon cher Frank? Pourquoi es-tu si mélancolique?

GUÉ. — Moi, mélancolique! Je ne suis pas mélancolique. Rentrez à la maison, allez.

MISTRESS GUÉ. — Ma foi, tu as quelque lubie en tête en ce moment... Venez-vous, mistress Page?

MISTRESS PAGE. — Je suis à vous... Vous viendrez dîner, George? *(A part, à mistress Gué.)* Voyez donc qui vient là : ce sera notre messagère auprès de ce faquin de chevalier.

Entre mistress Quickly.

MISTRESS GUÉ. — Sur ma parole, je songeais à elle : elle fera notre affaire.

MISTRESS PAGE, *à mistress Quickly.* — Vous venez voir ma fille Anne?

MISTRESS QUICKLY. — Oui, ma foi. Et, je vous en prie, comment va cette bonne mistress Anne?

MISTRESS PAGE. — Entrez avec nous, vous la verrez. Nous avons une heure à causer avec vous. *(Sortent mistress Page, mistress Gué et mistress Quickly.)*

PAGE. — Eh bien, maître Gué?

GUÉ. — Vous avez entendu ce que ce drôle m'a dit, n'est-ce pas ?

PAGE. — Oui; et vous avez entendu ce que l'autre m'a dit ?

GUÉ. — Les croyez-vous sincères ?

PAGE. — Au diable les maroufles! Je ne pense pas que le chevalier soit capable de ça. Mais ceux qui l'accusent d'avoir des intentions sur nos femmes ont été tous deux chassés de son service : de vrais gueux, maintenant qu'ils sont sans emploi!

GUÉ. — Ils étaient à son service ?

PAGE. — Oui, morbleu!

GUÉ. — Je n'en suis pas plus rassuré... Il loge à la Jarretière ?

PAGE. — Oui. Morbleu! s'il tente l'aventure auprès de ma femme, je la lâche contre lui; et, si alors il obtient autre chose que des rebuffades, j'en prends la responsabilité sur ma tête.

GUÉ. — Je ne doute pas de ma femme, mais je n'aimerais pas à les mettre aux prises. On peut avoir trop de confiance. Je ne voudrais rien prendre sur ma tête : ça ne me va pas.

PAGE. — Voyez! voici mon hôte de la Jarretière qui arrive tout vociférant : il y a ou de la liqueur dans sa caboche ou de l'argent dans sa bourse, quand il a l'air si jovial... Comment va, mon hôte ?

Entre l'hôte, suivi de Shallow.

L'HÔTE, *à Page.* — Comment va, immense coquin ? Tu es un gentleman! *(A Shallow.)* Juge-cavalero, allons donc!

SHALLOW. — Je te suis, mon hôte, je te suis... Vingt fois bonsoir, mon bon maître Page! Maître Page, voulez-vous venir avec nous ? Nous avons une bonne farce en perspective.

L'HÔTE. — Dis-lui, juge cavalero; dis-lui, immense coquin!

SHALLOW. — Monsieur, il doit y avoir un duel entre sir Hugh, le prêtre welche, et Caïus, le docteur français.

GUÉ. — Mon bon hôte de la Jarretière, un mot!

L'HÔTE. — Que dis-tu, mon immense coquin ? *(Gué et l'hôte se retirent à l'écart.)*

SHALLOW, *à Page.* — Voulez-vous venir voir ça avec nous ? Notre joyeux hôte a été chargé de mesurer leurs épées; et je crois qu'il leur a indiqué à chacun un rendez-vous différent; car, sur ma parole, j'ai ouï dire que le pasteur ne plaisante pas. Écoutez, je vais vous conter toute la farce.

L'HÔTE, *à Gué.* — Tu n'as pas de grief contre mon hôte-cavalier, le chevalier ?

GUÉ. — Aucun, je le déclare; mais je vous offrirai un pot-de-vin brûlé, si vous me donnez accès près de lui en lui disant que je me nomme Fontaine : seulement pour une plaisanterie!

L'HÔTE. — Voilà ma main, mon immense : tu auras tes entrées et tes sorties; puis-je mieux dire ? et ton nom sera Fontaine. C'est un joyeux chevalier. Partons-nous, mes maîtres ?

SHALLOW. — Je suis à vous, mon hôte.

PAGE. — J'ai ouï dire que le Français est très fort à la rapière.

SHALLOW. — Bah! mon cher, j'aurais pu vous en montrer davantage autrefois. Aujourd'hui vous insistez sur les distances, vos passes, vos estocades, et je ne sais quoi. Le cœur, maître Page! tout est là, tout est là. J'ai vu le temps où avec ma longue épée j'aurais fait déguerpir comme des rats quatre forts gaillards comme vous.

L'HÔTE. — Par ici, enfants, par ici, par ici! Filons-nous ?

PAGE. — Je suis à vous... J'aimerais mieux les entendre se chamailler que les voir se battre. *(Sortent l'hôte, Shallow et Page.)*

GUÉ. — Page a beau être un débonnaire imbécile, et se fier si fermement à la fragilité de sa femme, je ne puis, moi, tranquilliser si aisément mon esprit. Elle se trouvait avec lui chez Page; et ce qu'ils ont fait là, je ne le sais pas. Allons, je veux éclaircir ceci; et je me déguiserai pour sonder Falstaff. Si je la trouve vertueuse, je n'aurai pas perdu ma peine; s'il en est autrement, ma peine n'aura pas été inutile. *(Il sort.)*

SCÈNE II

L'auberge de la Jarretière.

Entrent FALSTAFF *et* PISTOLET.

FALSTAFF. — Je ne te prêterai pas un penny.

PISTOLET. — En ce cas le monde sera pour moi une huître que j'ouvrirai à la pointe de mon épée.

FALSTAFF. — Pas un penny! Je vous ai laissé, monsieur, mettre mon crédit en gage; j'ai arraché à mes meilleurs amis trois répits pour vous et votre inséparable Nym; autrement vous auriez fait derrière une grille la grimace de deux babouins. Je suis damné en enfer pour avoir juré à des gentlemen, mes amis, que vous étiez de bons soldats et des hommes de cœur; et, quand mistress Brigitte perdit le manche de son éventail, je déclarai sur mon honneur que tu ne l'avais pas.

PISTOLET. — N'as-tu pas partagé ? N'as-tu pas eu quinze pennys ?

FALSTAFF. — Raisonne donc, coquin, raisonne. Crois-tu que je mettrais mon âme en danger *gratis?* Une fois pour toutes, ne te pends plus après moi : je ne suis pas fait pour être ton gibet. Va-t'en. Un petit couteau et une bonne foule, voilà ce qu'il te faut... Va à ton manoir de Pickt-Hatch... Vous ne voulez pas porter une lettre pour moi, faquin! Vous vous retranchez derrière votre honneur! Eh! abîme de bassesse, c'est à peine si je puis, moi, observer strictement les lois de mon honneur. Oui, moi, moi, moi-même, parfois, mettant de côté la crainte du ciel, et voilant l'honneur sous la nécessité, je suis forcé de ruser, d'équivoquer, de biaiser; et vous, coquin, vous mettez vos guenilles, vos regards de chat de montagne, vos phrases de tapis-franc, vos jurons éhontés sous le couvert de votre honneur! Vous me refusez, vous!

PISTOLET. — Je me repens. Que peux-tu exiger de plus d'un homme ?

Entre Robin.

ROBIN. — Monsieur, il y a là une femme qui voudrait vous parler.

FALSTAFF. — Qu'elle approche! *(Entre mistress Quickly.)*

MISTRESS QUICKLY. — Je souhaite le bonjour à Votre Révérence.

FALSTAFF. — Bonjour, bonne femme!

MISTRESS QUICKLY. — Pas précisément, n'en déplaise à Votre Révérence.

FALSTAFF. — Bonne fille, alors.

MISTRESS QUICKLY. — Je le suis, je le jure, comme l'était ma mère la première heure après ma naissance.

FALSTAFF. — Je te crois sur parole. Que me veux-tu ?

MISTRESS QUICKLY. — Accorderai-je un mot ou deux à Votre Révérence ?

FALSTAFF. — Deux mille, ma belle; et moi je t'accorderai audience.

MISTRESS QUICKLY. — Il y a une mistress Gué, monsieur... Approchez, je vous prie, un peu de ce côté... Je demeure, moi, chez monsieur le docteur Caïus.

FALSTAFF. — Bon, continue. Mistress Gué, dis-tu ?

MISTRESS QUICKLY. — Votre Révérence dit vrai... Je prie Votre Révérence d'approcher un peu plus de ce côté.

FALSTAFF. — Je te garantis que personne n'entend... Ce sont mes gens, mes propres gens.

MISTRESS QUICKLY. — En vérité ? Que Dieu les bénisse et fasse d'eux ses serviteurs!

FALSTAFF. — Bon. Mistress Gué! Qu'as-tu à dire d'elle ?

MISTRESS QUICKLY. — Ah! monsieur, c'est une bonne créature. Seigneur! Seigneur! quel séducteur est monsieur! Mais que le ciel vous pardonne, ainsi qu'à nous tous!

FALSTAFF. — Mistress Gué ?... Voyons! mistress Gué ?

MISTRESS QUICKLY. — Eh bien, bref, voici toute l'histoire. Vous l'avez mise dans de telles agitations que c'est merveilleux. Le premier des courtisans, quand la cour était à Windsor, n'aurait jamais pu la mettre dans une telle agitation. Et pourtant il y avait des chevaliers, des lords et des gentilshommes, avec leurs carrosses... Je vous assure, carrosses sur carrosses, lettres sur lettres, cadeaux sur cadeaux... Et tous sentant si bon le musc; et tous, je vous assure, dans un tel froufrou de soie et d'or; et tous avec des phrases si alligantes, et avec des vins sucrés si bons et si beaux, qu'ils auraient gagné le cœur de n'importe quelle femme! Eh bien, je vous assure qu'ils n'ont pas même obtenu un regard d'elle... Ce matin même on m'a donné vingt angelots, mais je n'accueille les anges (de cette espèce-là, comme on dit) que dans les voies de l'honnêteté... Et, je vous assure qu'ils n'ont pas pu lui faire mettre les lèvres à la coupe du plus fier d'entre eux... Et pourtant il y avait là des comtes, voire des pensionnaires; mais je vous assure que c'est tout un pour elle.

FALSTAFF. — Mais que me fait-elle dire à moi ? Abrège, cher Mercure femelle.

MISTRESS QUICKLY. — Eh bien, elle a reçu votre lettre; elle vous en remercie mille fois; et elle vous fait notifier que son mari sera absent de chez elle entre dix et onze.

FALSTAFF. — Entre dix et onze ?

MISTRESS QUICKLY. — Oui, dame; et alors vous pourrez venir voir la peinture que vous savez, dit-elle. Maître Gué, son mari, n'y sera pas. Hélas! la chère femme mène une triste vie avec lui; c'est un homme tout jalousie; elle mène avec lui une vie de tribulations, le cher cœur!

FALSTAFF. — Entre dix et onze! Femme, fais-lui mes compliments. Je ne la manquerai pas.

MISTRESS QUICKLY. — Voilà qui est bien dit. Mais j'ai un autre message pour Votre Révérence. Mistress Page aussi vous envoie ses affectueux compliments; et, laissez-moi vous le dire à l'oreille, c'est une femme aussi fartueuse, et aussi civile, aussi modeste, et, voyez-vous, aussi incapable de manquer sa prière du matin ou du soir que n'importe quelle autre à Windsor; et elle m'a chargée de dire à Votre Révérence que son mari est rarement absent, mais qu'elle espère qu'il sortira quelque jour. Je n'ai jamais vu une femme ainsi affolée d'un homme; sûrement, je crois que vous avez des charmes; là, en vérité.

FALSTAFF. — Non, je t'assure; sauf l'attrait de mes avantages personnels, je n'ai aucun charme.

MISTRESS QUICKLY. —Votre cœur en soit béni!

FALSTAFF. — Mais, dis-moi une chose, je te prie : la femme de Gué et la femme de Page se sont-elles fait part de leur amour pour moi ?

MISTRESS QUICKLY. — Ce serait plaisant, ma foi! Elles ont plus de savoir-vivre que ça, j'espère... Ce serait un joli tour, ma foi!... Ah! mistress Page vous conjure, de par tous les amours, de lui envoyer votre petit page : son mari a pour le petit page une merveilleuse affection; et, vraiment, maître Page est un honnête homme. Il n'y a pas une femme mariée à Windsor qui ait une vie plus heureuse qu'elle : elle fait ce qu'elle veut, dit ce qu'elle veut, reçoit tout, paie tout, va au lit quand il lui plaît, se lève quand il lui plaît; tout va comme elle l'entend; et vraiment elle le mérite; car s'il y a une aimable femme à Windsor, c'est celle-là. Il faut que vous lui envoyiez votre petit page; il n'y a pas de remède.

FALSTAFF. — Eh bien, je le ferai.

MISTRESS QUICKLY. — Oui, mais faites-le donc; et prenez vos dispositions pour qu'il soit un intermédiaire entre vous deux; et, à tout événement, ayez un mot d'ordre pour pouvoir vous communiquer réciproquement vos intentions, sans que le page ait besoin d'y rien comprendre; car il n'est pas bon que les enfants connaissent la malice; les personnes d'un certain âge, vous savez, ont, comme on dit, de la discrétion et connaissent le monde.

FALSTAFF. — Adieu! Fais mes compliments à toutes deux. Voilà ma bourse! je suis encore ton débiteur... Page, va avec cette femme... Cette nouvelle me tourne la tête. *(Sortent mistress Quickly et Robin.)*

PISTOLET. — Cette ribaude est une des messagères de Cupidon!... Forçons de voile, donnons-lui la chasse; hissons les bastingages; feu! Elle est ma prise, ou je veux que l'Océan nous engloutisse tous! *(Il sort.)*

FALSTAFF. — Tu crois, vieux Jack? Va ton chemin, je tirerai de ton vieux corps plus de parti que jamais. Elles courent donc encore après toi? Après avoir dépensé tant d'argent, vas-tu donc bénéficier?... Bon corps, je te rends grâces; qu'on dise que tu es grossièrement bâti! si tu plais, peu importe.

Entre Bardolphe.

BARDOLPHE. — Sir John, il y a un messer Fontaine en bas qui voudrait bien vous parler et faire votre connaissance; il a envoyé un pot de vin d'Espagne pour le déjeuner de Votre Révérence.

FALSTAFF. — Il s'appelle Fontaine?

BARDOLPHE. — Oui, monsieur.

FALSTAFF. — Fais-le entrer. *(Sort Bardolphe.)* Les Fontaines sont les bienvenues chez moi, qui font ruisseler pareille liqueur... Ah! ah! mistress Gué et mistress Page, je vous ai donc pincées? Allons! En avant!

Bardolphe rentre avec Gué déguisé.

GUÉ. — Dieu vous bénisse, monsieur!

FALSTAFF. — Et vous aussi, monsieur! Vous voudriez me parler?

GUÉ. — Je suis bien indiscret de vous déranger ainsi sans plus de cérémonie!

FALSTAFF. — Vous êtes le bienvenu. Que désirez-vous? Laisse-nous, garçon. *(Bardolphe sort.)*

GUÉ. — Monsieur, vous voyez un gentleman qui a beaucoup dépensé. Je m'appelle Fontaine.

FALSTAFF. — Cher maître Fontaine, je désire faire plus amplement votre connaissance.

GUÉ. — Cher sir John, j'aspire à faire la vôtre; non pas pour vous être à charge; car, je dois vous l'apprendre, je me crois plus que vous en situation de prêter de l'argent. C'est ce qui m'a un peu enhardi à vous importuner ainsi sans façon. Car, comme on dit, quand l'argent va devant, tous les chemins sont ouverts.

FALSTAFF. — L'argent, monsieur, est un bon soldat qui va toujours en avant.

GUÉ. — Oui, ma foi; et j'ai là un sac d'argent qui m'embarrasse : si vous voulez m'aider à le porter, sir John, prenez le tout ou la moitié, pour me soulager du fardeau.

FALSTAFF. — Monsieur, je ne sais comment je puis mériter d'être votre porteur.

GUÉ. — Je vais vous le dire, monsieur, si vous voulez bien m'écouter.

FALSTAFF. — Parlez, cher maître Fontaine, je serai bien aise de vous servir.

GUÉ. — Monsieur, je sais que vous êtes un homme éclairé... Je serai bref... Et vous m'êtes connu depuis longtemps, bien que je n'aie jamais eu l'occasion, désirée par moi, d'entrer en relations avec vous. J'ai à vous faire une révélation qui doit mettre à nu ma propre imperfection; mais, bon sir John, en m'écoutant parler, si vous avez un œil fixé sur mes folies, arrêtez l'autre sur le registre des vôtres. Peut-être ainsi m'adresserez-vous de moins sévères reproches, reconnaissant par vous-même combien il est aisé de faillir ainsi.

FALSTAFF. — Fort bien, monsieur. Poursuivez.

GUÉ. — Il y a une dame dans cette ville... Son mari s'appelle Gué.

FALSTAFF. — Bien, monsieur.

GUÉ. — Je l'aime depuis longtemps, et je vous proteste que j'ai beaucoup fait pour elle : je l'ai suivie avec l'assiduité la plus passionnée; j'ai saisi tous les moments favorables pour la rencontrer; j'ai payé chèrement la plus mince occasion de l'entrevoir, fût-ce un instant. Non seulement j'ai acheté pour elle bien des présents, mais j'ai donné beaucoup à bien des gens pour savoir quels dons elle pouvait souhaiter. Bref, je l'ai poursuivie, comme l'amour me poursuivait moi-même, c'est-à-dire sur les ailes de toute occasion. Mais, quoi que j'aie pu mériter, soit par mes sentiments, soit par mes procédés, je suis bien sûr de n'en avoir retiré aucun bénéfice, à moins que l'expérience ne soit un trésor; pour celui-là, je l'ai acheté à un taux exorbitant, et c'est ce qui m'a appris à dire ceci :

L'amour fuit comme une ombre l'amour réel qui le [*poursuit,*
Poursuivant qui le fuit, fuyant qui le poursuit.

FALSTAFF. — N'avez-vous reçu d'elle aucune promesse encourageante?

GUÉ. — Aucune.

FALSTAFF. — L'avez-vous pressée à cet effet?

GUÉ. — Jamais.

FALSTAFF. — De quelle nature était donc votre amour?

GUÉ. — Comme une belle maison bâtie sur le terrain d'un autre. En sorte que j'ai perdu l'édifice pour m'être trompé d'emplacement.

FALSTAFF. — Dans quel but m'avez-vous fait cette révélation?

GUÉ. — Quand je vous l'aurai dit, je vous aurai tout dit. Il y a des gens qui prétendent que, si rigide qu'elle paraisse à mon égard, elle exagère ailleurs la joyeuseté jusqu'à faire naître sur son compte des bruits fâcheux. Maintenant, sir John, nous voici au cœur de ma pensée. Vous êtes un gentilhomme de parfaite qualité, d'une admirable élocution, du meilleur monde, faisant autorité par votre rang et votre personne, généralement vanté pour votre haute expérience d'homme de guerre, d'homme de cour et de savant.

FALSTAFF. — Oh! monsieur!

GUÉ. — Vous pouvez m'en croire, car vous le savez vous-même... Voilà de l'argent, dépensez-le, dépensez-le : dépensez tout ce que j'ai; seulement, en retour, accordez-moi sur vos moments le temps nécessaire pour faire le siège amiable de la vertu de mistress Gué; usez de toute votre science de galant; amenez-la à vous céder; si on le peut, vous le pouvez aussi aisément qu'un autre.

FALSTAFF. — Conviendrait-il à la véhémence de votre affection que je fisse la conquête de celle que vous voulez posséder? Je trouve votre prescription bien bizarre pour vous-même.

GUÉ. — Oh! comprenez bien mon intention! Elle s'appuie avec une telle assurance sur l'excellence de sa vertu, que la folie de mon âme n'ose s'exposer à elle;

elle est trop éblouissante pour pouvoir être affrontée. Maintenant, si je pouvais me présenter à elle avec quelque preuve à la main, mes désirs auraient un précédent, un argument à invoquer en leur faveur. Je pourrais la déloger de cette forteresse de pureté, de réputation, de fidélité conjugale, et de ces mille autres retranchements qui m'opposent aujourd'hui une si formidable résistance. Qu'en dites-vous, sir John?

FALSTAFF. — Maître Fontaine, d'abord j'accepte sans façon votre argent; ensuite, donnez-moi votre main; et enfin, foi de gentilhomme, vous aurez la femme de Gué, si vous le voulez.

GUÉ. — O cher monsieur!

FALSTAFF. — Je vous dis que vous l'aurez.

GUÉ. — Usez librement de mon argent, sir John; il ne vous fera pas défaut.

FALSTAFF. — Usez librement de mistress Gué, maître Fontaine; elle ne vous fera pas défaut. Je dois la voir (je peux vous le dire) à un rendez-vous qu'elle m'a donné elle-même; juste au moment où vous êtes arrivé, son assistante ou sa procureuse me quittait. Je répète que je dois la voir entre dix et onze heures; car c'est le moment où son affreux jaloux, son coquin de mari doit être absent. Venez me trouver ce soir; vous connaîtrez mon succès.

GUÉ. — Mes relations avec vous sont une bénédiction. Connaissez-vous Gué, monsieur?

FALSTAFF. — Au diable le pauvre cocu! Je ne le connais pas. Pourtant j'ai tort de le traiter de pauvre. On dit que ce coquin de cornard jaloux a des monceaux d'or; c'est ce qui fait pour moi le charme de sa femme. Je veux la posséder comme la clef du coffre de ce gredin de cocu; et alors commencera pour moi la récolte.

GUÉ. — J'aurais voulu, monsieur, que Gué vous fût connu : vous auriez pu l'éviter, en cas de rencontre.

FALSTAFF. — Au diable ce misérable trafiquant de beurre salé! Je le méduserai d'un regard; je le terrifierai avec ma canne : elle planera comme un météore au-dessus des cornes du cocu. Maître Fontaine, sache-le : j'aurai raison de ce maraud, et tu coucheras avec sa femme... Viens me trouver ce soir de bonne heure. Gué est un drôle, et je prétends aggraver son titre : je veux, maître Fontaine, que tu le tiennes pour un drôle et pour un cocu... Viens me trouver ce soir de bonne heure. *(Il sort.)*

GUÉ. — Quel maudit chenapan d'épicurien est-ce là!... Mon cœur est prêt à éclater d'impatience!... Qu'on vienne me dire que cette jalousie est insensée! Ma femme lui a envoyé un message, l'heure est fixée, le marché est conclu. Aurait-on cru cela?... Oh! l'enfer d'avoir une femme infidèle! Mon lit sera souillé, mon coffre-fort pillé, ma réputation déchirée à belles dents; et non seulement je subirai ces affreux outrages, mais je m'entendrai appliquer les épithètes les plus abominables, et par celui-là même qui m'outrage!... Et quelles épithètes! et quels noms!... Qu'on m'appelle Amaimon, soit; Lucifer, soit; Barbason, soit; ce sont des appellations de diables, des noms de démons; mais, cocu! archi-cocu! le diable lui-même n'a pas un nom pareil. Page est un âne, un âne de confiance; il a foi dans sa femme, il n'est pas jaloux! Moi, j'aimerais mieux confier mon beurre à un Flamand, mon fromage à Hugh, le pasteur welche, ma bouteille d'eau-de-vie à un Irlandais, ma haquenée à un voleur pour une promenade, que ma femme à elle-même! Elle complote, elle rumine, elle intrigue; et ce que les femmes ont à cœur de faire, elles se rompront le cœur plutôt que de ne pas le faire. Dieu soit loué de ma jalousie! Onze heures, voilà l'heure! Je préviendrai tout ça, je surprendrai ma femme, je me vengerai de Falstaff et je rirai de Page. A l'œuvre! Plutôt trois heures d'avance qu'une minute de retard! Fi, fi, fi! Cocu! cocu! cocu! *(Il sort.)*

SCÈNE III

Dans le parc de Windsor.

Entrent CAIUS *et* RUGBY.

CAIUS. — Zack Rugby!

RUGBY. — Monsieur!

CAIUS. — Quelle heure est-il, Zack?

RUGBY. — Monsieur, il est passé l'heure à laquelle sir Hugh avait promis de venir.

CAIUS. — Palsambleu, il a sauvé son âme en ne venant pas; il a dû bien prier dans sa pible, pour n'être pas venu. Palsambleu, Zack Rugby, il serait dézà mort, s'il était venu.

RUGBY. — Il est prudent, monsieur : il savait que Votre Révérence le tuerait, s'il venait.

CAIUS. — Palsambleu, ze le tuerai comme un hareng saur! Prenez votre rapière, Zack; ze veux vous montrer comme ze le tuerai.

RUBGY. — Hélas! monsieur, je ne sais pas tirer.

CAIUS. — Maraud, prenez votre rapière.

RUGBY. — Arrêtez; voici de la compagnie.

Entrent l'hôte de la Jarretière, Shallow, Slender et Page.

L'HÔTE. — Dieu te bénisse, immense docteur!

SHALLOW. — Dieu vous garde, maître docteur Caïus!

PAGE. — Salut, bon maître docteur!

SLENDER. — Je vous souhaite le bonjour, monsieur.

CAIUS. — Un, deux, trois, quatre. Que venez-vous tous faire ici ! ?

L'HÔTE. — Nous venons te voir combattre, te voir tirer une botte, te voir te tenir en garde, te voir de ci, te voir de là, te voir pousser ta pointe, ton estocade, ta riposte, ta parade, ta tierce. Est-il mort, mon Éthiopien ? Est-il mort, mon Francisco ? Hein, immense ? Que dit mon Esculape? mon Galien? mon cœur de sureau ? Hein ? Est-il mort, immense Pissat ? est-il mort ?

CAIUS. — Palsambleu, il est le prêtre le plus lâche du monde : il n'ose pas montrer sa face!

L'HÔTE. — Tu es un roi castillan, Urinal! un Hector de Grèce, mon gars!

CAIUS. — Soyez témoins, je vous prie, que ze l'ai attendu six ou sept, deux ou trois heures, et qu'il n'est point venu.

SHALLOW. — Il n'en est que plus sage, maître docteur. Il est le médecin des âmes, et vous le médecin des corps. Si vous vous battiez, vous prendriez votre profession à rebrousse-poil, n'est-il pas vrai, maître Page?

PAGE. — Maître Shallow, vous avez été vous-même un grand batailleur, tout homme de paix que vous êtes.

SHALLOW. — Corbleu, maître Page, quoique je sois vieux maintenant, et homme de paix, je ne puis voir une épée nue, sans que les doigts me démangent : tout magistrats et docteurs et gens d'église que nous sommes, maître Page, il nous reste encore un levain de notre jeunesse; nous sommes fils de femmes, maître Page.

PAGE. — C'est vrai, maître Shallow.

SHALLOW. — Il en sera toujours ainsi, maître Page... Maître docteur Caïus, je suis venu pour vous ramener. Je suis assermenté juge de paix; vous vous êtes montré un sage médecin, et sir Hugh s'est montré un sage et patient homme d'église. Il faut que vous veniez avec moi, maître docteur.

L'HÔTE. — Pardon, juge pratique!... Eh! monsieur Engrais liquide!

CAIUS. — Engrais liquide! Que signifie cela?

L'HÔTE. — Pour nous autres Anglais, mon immense, l'engrais liquide est une grande valeur.

CAIUS. — Palsambleu, alors z'ai autant d'engrais liquide qu'aucun Anglais... Ce misérable roquet de prêtre! Palsambleu, ze lui couperai les oreilles!

L'HÔTE. — Il te chantera tarare, mon immense!

CAIUS. — Tarare! Que signifie cela?

L'HÔTE. — Eh bien, il te fera réparation.

CAIUS. — Palsambleu, ze compte bien qu'il me chantera tarare; palsambleu, ze le veux!

L'HÔTE. — Et moi, je l'y exciterai, ou qu'il aille au diable!

CAIUS. — Ze vous remercie pour ça.

L'HÔTE. — Et d'ailleurs, mon immense... *(Bas, aux trois autres.)* Mais d'abord, monsieur mon convive, maître Page, et toi aussi, cavalero Slender, rendez-vous par la ville à Frogmore.

PAGE, *bas, à l'hôte.* — Sir Hugh est là, n'est-ce pas?

L'HÔTE, *bas, à Page.* — Il est là. Vous verrez dans quelle humeur il est ; et moi, j'amènerai le docteur par les champs. Ça va-t-il ?

SHALLOW, *bas, à l'hôte.* — Nous ferons la chose.

PAGE, SHALLOW et SLENDER. — Adieu, cher maître docteur ! *(Sortent Page, Shallow et Slender.)*

CAIUS. — Palsambleu, ze veux tuer le prêtre ; car il veut parler à Anne Paze pour un sapazou.

L'HÔTE. — Qu'il meure donc ! Rengaine ton impatience ; jette de l'eau froide sur ta colère ; viens avec moi par les champs jusqu'à Frogmore ; je vais te mener là où est mistress Anne Page, dans une ferme, à une fête ; et tu lui feras ta cour. Taïaut ! est-ce bien parlé ?

CAIUS. — Palsambleu, ze vous remercie pour ça ! Palsambleu, ze vous aime ! Et ze veux vous procurer de bonnes pratiques, des comtes, des chevaliers, des lords, des zentilshommes, mes patients.

L'HÔTE. — En retour de quoi je serai ton adversaire auprès d'Anne Page. Est-ce bien parlé ?

CAIUS. — Palsambleu, bien parlé !

L'HÔTE. — Filons donc.

CAIUS. — Marche à mes talons, Zack Rugby. *(Ils sortent.)*

ACTE III

SCÈNE PREMIÈRE

Un champ près de Frogmore.

Entrent SIR HUGH EVANS *et* SIMPLE.

EVANS. — Je vous en prie, pon serviteur de maître Slender, ami Simple, s'il faut vous nommer, dites-moi de quel côté vous avez cherché maître Caïus qui s'intitule docteur en médecine.

SIMPLE. — Eh bien, monsieur, sur la route de Londres, du côté du parc, partout; sur la route du vieux Windsor; partout, excepté du côté de la ville.

EVANS. — Je vous prie féhémentement de chercher aussi de ce côté-là.

SIMPLE. — Bien, monsieur.

EVANS. — Dieu me pénisse! Dans quelle colère je suis! dans quel tremblement d'esprit! Je serais bien aise qu'il m'eût trompé! Comme me voilà mélancolique! Je lui casserai ses pots de chambre sur sa poule de coquin, si jamais je trouve une ponne occasion. Dieu me pénisse! *(Il chante.)*

Près des sources peu profondes dont la chute
Inspire des madrigaux aux mélodieux oiseaux,
Nous ferons nos lits de roses
Et mille guirlandes odorantes.
Près des sources...

Miséricorde! Je me sens grande envie de pleurer!

... Inspire des madrigaux aux mélodieux oiseaux...
Quand j'étais à Papylone...

Et mille guirlandes odorantes...
Près des sources...

SIMPLE. — Le voilà qui vient, de ce côté, sir Hugh!
EVANS. — Il est le bienvenu.

Près des sources peu profondes dont la chute...

Que le ciel protège le droit!... Quelles armes a-t-il?

SIMPLE. — Pas d'armes, monsieur. Voici mon maître, maître Shallow, et un autre gentleman qui viennent du côté de Frogmore; par-dessus la haie, de ce côté.

EVANS. — Donnez-moi ma robe, je vous prie; ou plutôt non, gardez-la à votre pras.

Entrent Page, Shallow et Slender.

SHALLOW. — C'est vous, maître pasteur! Bonjour, bon sir Hugh! Voir un joueur loin de ses dés et un savant loin de ses livres, c'est merveilleux.

SLENDER, *soupirant*. — Ah! suave Anne Page!

PAGE. — Dieu vous garde, bon sir Hugh!

EVANS. — Qu'il vous pénisse tous en sa merci!

SHALLOW. — Quoi! l'épée et la parole! Vous possédez donc l'une et l'autre, maître pasteur?

PAGE. — Et vêtu comme un jouvenceau! en pourpoint et en haut-de-chausses par ce froid jour de rhumatismes!

EVANS. — Il y a des raisons et des causes pour ça.

PAGE. — Nous sommes venus à vous pour une bonne œuvre, maître pasteur.

EVANS. — Très pien. De quoi s'agit-il?

PAGE. — Il y a là-bas un très respectable gentleman qui, sans doute ayant reçu une offense de quelqu'un, foule aux pieds la gravité et la patience avec un emportement inouï.

SHALLOW. — J'ai vécu quatre-vingts ans et plus; mais je n'ai jamais vu un homme de sa profession, de sa gravité et de son savoir, perdre ainsi le respect de lui-même.

EVANS. — Qui est-ce?

PAGE. — Je crois que vous le connaissez : monsieur le docteur Caïus, le célèbre médecin français.

EVANS. — Vive Tieu et la passion de mon cœur! j'aimerais autant vous ouïr parler d'un plat de pouillie.

PAGE. — Pourquoi?

EVANS. — Il n'en sait pas plus long sur Hibbocrate et sur Galien, et puis c'est un coquin, le plus lâche coquin que vous puissiez désirer connaître.

PAGE, *à Shallow.* — Je vous garantis que c'est lui qui devait se battre avec le docteur.

SLENDER, *soupirant.* — Oh! suave Anne Page!

SHALLOW, *à Page.* — Ses armes le donnent à croire en effet... Retenez-les l'un et l'autre... Voici le docteur Caïus.

Entrent l'Hôte, Caïus et Rugby.

PAGE. — Ah! mon bon pasteur, rengainez votre épée.

SHALLOW. — Et vous la vôtre, mon bon docteur.

L'HÔTE. — Désarmons-les, et laissons-les discuter : qu'ils conservent leurs membres intacts, et qu'ils hachent notre anglais!

CAIUS, *à Evans.* — Ze vous prie, laissez-moi dire un mot à votre oreille. *(Bas.)* Pourquoi ne voulez-vous pas me rencontrer?

EVANS, *à Caïus.* — De grâce, ayez patience : le moment viendra.

CAIUS, *bas, à Evans.* — Palsambleu, vous êtes un couard, un chien de Zacquot, un sapazou de Zeannot.

EVANS, *bas, à Caïus.* — De grâce, ne servons pas de plastron à la risée puplique : je vous demande votre amitié, et je vous ferai réparation d'une façon ou d'une autre. *(Haut.)* Je vous casserai votre pot de chambre sur votre toupet de faquin pour vous apprendre à manquer à vos rendez-vous!

CAIUS. — *Diable!* Zack Rugby, mon hôte de la Zarretière, ne l'ai-ze pas attendu pour l'occire, lui? N'ai-ze pas attendu à l'endroit que z'avais indiqué?

EVANS. — Sur mon âme de chrétien, voici l'endroit indiqué, voyez-vous! J'en appelle à mon hôte de la Jarretière.

L'HÔTE. — Paix! Gallois et Gaulois, Français et Welche, médecin de corps et médecin d'âme!

CAIUS. — Ah! cela est très bon! excellent!

L'HÔTE. — Paix, dis-je! Écoutez mon hôte de la Jarretière. Suis-je politique? Suis-je subtil? Suis-je un Machiavel? Voudrais-je perdre mon docteur? Non : il me donne des potions et des lotions. Voudrais-je perdre mon pasteur? mon prêtre? mon sir Hugh? Non : il me donne le verbe et les proverbes... Donne-moi ta main, savant terrestre... Donne-moi ta main, savant céleste. Ainsi, ainsi! Enfants de la science, je vous ai trompés tous deux : je vous ai indiqué des rendez-vous différents. Vos cœurs sont grands, vos peaux sont intactes; que le vin chaud termine cette affaire! Allons mettre leurs épées en gage... Suis-moi, gars de paix! Suivez, suivez, suivez!

SHALLOW. — Sur ma foi, voilà un hôte assez fou!... Suivez, messieurs, suivez.

SLENDER, *soupirant.* — Oh! suave Anne Page! *(Sortent Shallow, Slender, Page et l'hôte.)*

CAIUS. — Ah! ze devine : vous avez fait des sots de nous deux! ah! ah!

EVANS. — C'est pon! Il a fait de nous ses jouets. Soyons amis, je vous le demande; et compinons nos deux cervelles pour nous venger de ce teigneux, de ce galeux, de ce coquin d'hôte de la Jarretière.

CAIUS. — Palsambleu, de tout mon cœur. Il m'a promis de me mener voir Anne Paze! Palsambleu, il se zoue de moi aussi!

EVANS. — Pien, je lui écraserai la poule... Suivez-moi, je vous prie. *(Ils sortent.)*

SCÈNE II

Les abords de la maison de Gué.

Entrent MISTRESS PAGE *et* ROBIN.

MISTRESS PAGE. — Allons, marchez devant, petit gaillard. Vous aviez coutume de suivre, et maintenant vous conduisez. Qu'aimez-vous mieux, diriger ma marche, ou marcher derrière votre maître?

ROBIN. — J'aime mieux, ma foi, aller devant vous comme un homme que le suivre comme un nain.

MISTRESS PAGE. — Oh! vous êtes un petit flatteur; maintenant je le vois, vous ferez un courtisan.

Entre Gué.

GUÉ. — Heureux de vous rencontrer, mistress Page! Où allez-vous?

MISTRESS PAGE. — Voir votre femme, monsieur. Est-elle chez elle?

GUÉ. — Oui, et aussi désœuvrée qu'elle peut l'être, faute de compagnie. Je crois que, si vos maris mouraient, vous vous marieriez l'une et l'autre.

MISTRESS PAGE. — Soyez-en sûr, à deux autres maris.

GUÉ, *montrant le page.* — Où avez-vous eu ce coq de clocher mignon?

MISTRESS PAGE. — Je ne saurais vous dire comment diable se nomme celui de qui mon mari l'a eu... Comment appelez-vous votre chevalier, l'ami?

ROBIN. — Sir John Falstaff.

GUÉ. — Sir John Falstaff!

MISTRESS PAGE. — Lui-même, lui-même! Je ne puis jamais attraper son nom... Il y a une telle camaraderie entre mon bonhomme et lui!... Votre femme est-elle chez elle, vraiment?

GUÉ. — Vraiment, elle y est.

MISTRESS PAGE, *saluant.* — Avec votre permission, monsieur! Je suis malade tant que je ne la vois pas. *(Sortent mistress Page et Robin.)*

GUÉ. — Page a-t-il sa tête ? a-t-il ses yeux ? a-t-il son bon sens ? Sûrement, tout cela dort; il n'en a plus l'usage. Mais ce garçon porterait une lettre à vingt milles, aussi facilement qu'un canon toucherait but à deux cent cinquante pas. Page se prête aux inclinations de sa femme; il donne à ses folies le concours et l'occasion; et la voilà qui va chez ma femme avec le page de Falstaff! Tout homme entendrait cet orage-là chanter dans le vent... Avec le page de Falstaff!... Beau complot!... C'est arrangé : nos femmes révoltées vont se damner ensemble. Bon! Je les surprendrai, je torturerai ma femme, j'arracherai à l'hypocrite mistress Page son voile de chasteté empruntée, je dénoncerai Page lui-même pour un Actéon complaisant et volontaire; et à ces mesures violentes tous mes voisins applaudiront. *(L'horloge sonne.)* L'horloge me donne le signal, et ma conviction me presse de faire les perquisitions. Je trouverai Falstaff là, et loin de me bafouer, on me louera pour ça. Car, aussi sûr que la terre est ferme, Falstaff est là : j'y vais.

Entrent Page, Shallow, Slender, l'hôte de la Jarretière, sir Hugh Evans, Caïus et Rugby.

TOUS. — Heureux de vous rencontrer, maître Gué!

GUÉ. — Bonne compagnie, sur ma parole! J'ai bonne chère à la maison : je vous en prie, venez tous chez moi.

SHALLOW. — Il faut que je m'excuse, maître Gué.

SLENDER. — Et moi aussi, monsieur : nous avons promis de dîner avec mistress Anne, et je ne voudrais pas lui faire faux bond pour plus d'argent que je ne pourrais dire.

SHALLOW. — Nous avons mis en avant un mariage entre Anne Page et mon neveu Slender, et c'est aujourd'hui que nous aurons notre réponse.

SLENDER. — J'espère avoir votre consentement, père Page.

PAGE. — Vous l'avez, maître Slender. Je suis entièrement pour vous. *(A Caïus.)* Mais ma femme, maître docteur, est pour vous tout à fait.

CAIUS. — Oui, palsambleu! Et la demoiselle m'aime; mon infirmière Quickly me le zure.

L'HÔTE. — Que dites-vous du jeune monsieur Fenton ? Il voltige, il danse, il a les yeux de la jeunesse, il écrit des vers, il parle en style de gala, il a un parfum d'avril et de mai. Il l'emportera, il l'emportera; les fleurs le lui annoncent; il l'emportera!

PAGE. — Ce ne sera pas avec mon consentement, je vous le promets. Ce monsieur n'a rien; il a été de la société de ce fou de prince et de Poins; il est de trop haute volée; il en sait trop long. Non, il ne nouera pas un nœud à sa destinée avec les doigts de ma fortune. S'il la prend, qu'il la prenne telle quelle! Ce que je possède est attaché à mon consentement, et mon consentement ne va pas de ce côté-là.

GUÉ. — J'insiste vivement pour que quelques-uns d'entre vous viennent dîner chez moi : outre la bonne chère, vous aurez de l'amusement; je vous ferai voir un monstre. Maître docteur, vous viendrez; et vous aussi, maître Page; et vous, sir Hugh!

SHALLOW. — Eh bien, adieu!... Nous n'en serons que plus à l'aise pour faire notre cour chez maître Page. *(Sortent Shallow et Slender.)*

CAIUS. — Retourne à la maison, Zohn Rugby. Ze reviendrai bientôt. *(Sort Rugby.)*

L'HÔTE. — Adieu, mes chers cœurs. Moi, je vais rejoindre mon honnête chevalier Falstaff, et boire du canaries avec lui.

GUÉ, *à part.* — Je pense qu'auparavant je lui servirai à boire avec certain chalumeau qui le fera danser. *(Haut.)* Voulez-vous venir, messieurs ?

TOUS. — Nous sommes à vous. Allons voir ce monstre. *(Ils sortent.)*

SCÈNE III

Dans la maison de Gué.

Entrent MISTRESS GUÉ *et* MISTRESS PAGE.

MISTRESS GUÉ. — Holà, John! Holà, Robert!

MISTRESS PAGE. — Vite, vite! le panier au linge sale!

MISTRESS GUÉ. — J'en réponds... Holà! Robin!

Entrent les domestiques avec un panier à linge.

MISTRESS PAGE. — Allons, allons, allons!

MISTRESS GUÉ. — Posez-le là.

MISTRESS PAGE. — Donnez vos ordres à vos gens : il faut nous dépêcher.

MISTRESS GUÉ. — Eh bien, comme je vous l'ai déjà dit, Jean et Robert, tenez-vous ici prêts dans la brasserie; et, aussitôt que je vous appellerai, arrivez, et, sans délai ni hésitation, chargez ce panier sur vos épaules; cela fait, emportez-le en toute hâte parmi les blanchisseuses, au pré Datchet, et là videz-le dans le fossé bourbeux, près du bord de la Tamise.

MISTRESS PAGE. — Vous ferez tout cela.

MISTRESS GUÉ. — Je le leur ai dit et redit; ils ont toutes les instructions nécessaires... Partez, et venez dès que vous serez appelés. *(Sortent les domestiques.)*

MISTRESS PAGE. — Voici le petit Robin.

Entre Robin.

MISTRESS GUÉ. — Eh bien, mon émouchet mignon, quelles nouvelles ?

ROBIN. — Mon maître, sir John, est à la porte de derrière, mistress Gué, et demande à vous voir.

MISTRESS PAGE. — Petit pantin, nous avez-vous été fidèle ?

ROBIN, *à mistress Page.* — Oui, je le jure : mon maître ne sait pas que vous êtes ici; et il m'a menacé d'une éternelle liberté, si je vous dis la chose; bref, il a juré qu'il me chasserait.

MISTRESS PAGE. — Tu es un bon garçon. Cette discrétion te servira de tailleur et te fera un haut-de-chausses et un pourpoint neufs. Je vais me cacher.

MISTRESS GUÉ. — C'est ça... Va dire à ton maître que je suis seule. *(Robin sort.)* Mistress Page, rappelez-vous votre rôle.

MISTRESS PAGE. — Je t'en réponds. Si je ne le joue pas bien, siffle-moi. *(Sort mistress Page.)*

MISTRESS GUÉ. — En avant donc! Nous allons traiter comme il faut cette humeur malsaine, ce gros melon d'eau! Nous lui apprendrons à distinguer les tourterelles des geais.

Entre Falstaff.

FALSTAFF.

T'ai-je donc attrapé, mon céleste bijou?

Ah! puissé-je mourir en ce moment! car j'ai assez vécu. Voici le comble de mon ambition. O heure bénie!

MISTRESS GUÉ. — O suave sir John!

FALSTAFF. — Mistress Gué, je ne sais pas enjôler, je ne sais pas babiller, mistress Gué. Je vais faire un souhait coupable : je voudrais que ton mari fût mort. Je suis prêt à le déclarer devant le lord suprême : je ferais de toi ma lady.

MISTRESS GUÉ. — Moi, votre lady, sir John! Hélas! je ferais une pitoyable lady.

FALSTAFF. — Que la cour de France m'en montre une pareille! Tes yeux, je le vois bien, rivaliseraient avec le diamant. Tu as ces beaux sourcils arqués en harmonie avec la coiffure en carène, la coiffure à voiles, avec la plus belle coiffure de Venise!

MISTRESS GUÉ. — Un simple mouchoir, sir John, voilà ce qui sied à mon front, et tout au plus encore.

FALSTAFF. — Tu es une traîtresse de parler ainsi. Tu ferais une femme de cour accomplie; et la fermeté rigide de ton pied donnerait une grâce parfaite à ta démarche dans le demi-cercle d'un vertugadin. Je vois ce que tu serais sans la fortune ennemie, la nature étant ton amie. Allons, tu ne saurais le nier.

MISTRESS GUÉ. — Croyez-moi, je n'ai rien de tout ça.

FALSTAFF. — Qu'est-ce qui m'a fait t'aimer ? Cela seul doit te convaincre qu'il y a en toi quelque chose d'extraordinaire. Va, je ne sais pas flatter, je ne sais pas te dire : Tu es ceci et ça! comme ces muguets susurrants qui ont des airs de femmes en habits d'hommes, et qui sentent comme le marché aux herbes à la saison des simples. Je ne le puis, moi; mais je t'aime, je n'aime que toi; et tu le mérites.

MISTRESS GUÉ. — Ne me trahissez pas, messire; j'en ai peur, vous aimez mistress Page.

FALSTAFF. — Tu ferais aussi bien de dire que j'aime à flâner devant la porte de la prison pour dettes, laquelle m'est aussi odieuse que la gueule d'un four à chaux.

MISTRESS GUÉ. — Ah! Dieu sait combien je vous aime, et vous en aurez la preuve un jour.

FALSTAFF. — Garde-moi cette inclination; j'en serai digne.

MISTRESS GUÉ. — Eh! vous en êtes digne, je dois vous le dire, sans quoi je ne l'aurais pas.

ROBIN, *de l'intérieur.* — Mistress Gué! mistress Gué! voici mistress Page à la porte, tout en nage, tout essoufflée, l'air effaré; elle tient à vous parler sur-le-champ.

FALSTAFF. — Elle ne me verra pas; je vais m'embusquer derrière la tapisserie.

MISTRESS GUÉ. — Faites, je vous en prie; c'est une femme si bavarde. *(Falstaff se cache.)*

Entrent mistress Page et Robin.

Eh bien! qu'y a-t-il ?

MISTRESS PAGE. — Ah! mistress Gué, qu'avez-vous fait ? Vous êtes déshonorée, vous êtes ruinée, vous êtes perdue pour toujours.

MISTRESS GUÉ. — Qu'y a-t-il, ma bonne mistress Page ?

MISTRESS PAGE. — Ah! miséricorde, mistress Gué! Ayant un honnête homme pour mari, lui donner un tel sujet de suspicion!

MISTRESS GUÉ. — Quel sujet de suspicion ?

MISTRESS PAGE. — Quel sujet de suspicion!... Fi de vous! Comme vous m'avez trompée!

MISTRESS GUÉ. — Mais, miséricorde! de quoi s'agit-il ?

MISTRESS PAGE. — Votre mari vient ici, femme, avec tous les magistrats de Windsor pour chercher un gentleman qui, dit-il, est maintenant ici dans la maison, avec votre consentement, pour prendre un avantage criminel de son absence. Vous êtes perdue!

MISTRESS GUÉ. — J'espère qu'il n'en est rien.

MISTRESS PAGE. — Fasse le ciel qu'il n'en soit rien et que vous n'ayez pas un homme ici! Mais ce qui est bien certain, c'est que votre mari vient pour l'y chercher, avec la moitié de Windsor à ses talons. Je viens en avant vous le dire. Si vous vous sentez innocente, eh bien, j'en suis fort aise; mais, si vous avez ici un ami, faites-le évader, faites-le évader. Ne soyez pas consternée; reprenez toute votre présence d'esprit; défendez votre réputation, ou dites pour jamais adieu à votre bonne vie.

MISTRESS GUÉ. — Que faire ? Il y a là un gentleman, mon ami cher; et je redoute moins ma honte que son danger. Je voudrais, dût-il m'en coûter mille livres, qu'il fût hors de la maison.

MISTRESS PAGE. — Par pudeur! laissez-là vos : *je voudrais, je voudrais*. Votre mari est à deux pas; songez à un moyen d'évasion; vous ne pouvez pas le cacher dans la maison... Oh! comme vous m'avez trompée!... Tenez, voici un panier. S'il est de stature raisonnable, il peut se fourrer dedans; vous jetterez sur lui du linge sale que vous aurez l'air d'envoyer à la lessive; et, comme c'est le moment du blanchissage, vous le ferez porter par vos deux valets au pré Datchet.

MISTRESS GUÉ. — Il est trop gros pour entrer là. Que faire ?

Rentre Falstaff.

FALSTAFF. — Voyons ça, voyons ça! Oh! voyons ça! J'entrerai, j'entrerai. Suivez le conseil de votre amie. J'entrerai!

MISTRESS PAGE, *bas*. — Quoi! sir John Falstaff! Voilà donc ce que valent vos lettres, chevalier ?

FALSTAFF, *bas, à mistress Page*. — Je t'aime, je n'aime que toi, sauve-moi. *(Haut.)* Fourrons-nous là-dedans. Jamais je ne... *(Il se fourre dans le panier. On le couvre de linge sale.)*

MISTRESS PAGE. — Aidez à couvrir votre maître, page... Appelez vos gens, mistress Gué... Hypocrite chevalier!

MISTRESS GUÉ. — Holà! John, Robert, John! *(Robin sort.)*

Les domestiques entrent.

Enlevez ce linge, vite! Où est la perche ? Comme

vous lambinez! Portez-le à la blanchisseuse au pré Datchet. Vite, allez.

Entrent Gué, Page, Caïus et sir Hugh Evans.

GUÉ. — Avancez, je vous prie. Si je soupçonne sans cause, eh bien, moquez-vous de moi, faites de moi votre risée, je le mérite... Eh bien! où portez-vous ça?

LES DOMESTIQUES. — A la blanchisseuse, pardine.

MISTRESS GUÉ. — Eh qu'avez-vous besoin de savoir où ils portent ça? Il ne vous manquerait plus que de vous occuper du lavage!

GUÉ. — Du lavage, du lavage! Ah! si je pouvais laver mon honneur! Je vous garantis qu'il y a une tache, une tache terrible; vous allez voir. *(Sortent les valets emportant le panier.)* Messieurs, j'ai rêvé cette nuit; je vous dirai mon rêve. Tenez, tenez, voici mes clefs; montez dans mes appartements, fouillez, cherchez, trouvez; je vous garantis que nous délogerons le renard... Laissez-moi d'abord fermer cette issue; maintenant, déterrez!

PAGE. — Mon cher monsieur Gué, contenez-vous : c'est vous faire trop de tort à vous-même.

GUÉ. — C'est vrai, monsieur Page... Montons, messieurs; vous allez rire tout à l'heure; suivez-moi, messieurs. *(Il sort.)*

EVANS. — Voilà des humeurs et des jalousies pien singulières.

CAIUS. — Palsambleu, ceci n'est pas la mode de France; on n'est pas zaloux en France.

PAGE. — Allons, suivez-le, messieurs; voyons l'issue de ces recherches. *(Evans, Page et Caïus sortent.)*

MISTRESS PAGE. — L'aventure n'est-elle pas doublement excellente?

MISTRESS GUÉ. — Je ne sais ce qui me plaît le plus : la déconvenue de mon mari, ou celle de sir John!

MISTRESS PAGE. — Dans quelles transes il devait être, quand votre mari a demandé ce qu'il y avait dans le panier!

MISTRESS GUÉ. — Je crains fort qu'il n'ait grand besoin de lessive; et c'est lui rendre service que de le jeter à l'eau.

MISTRESS PAGE. — Peste soit du déshonnête coquin! Je voudrais que tous ceux du même acabit fussent dans la même détresse.

MISTRESS GUÉ. — Je crois que mon mari se doutait particulièrement de la présence de Falstaff ici; car je ne l'ai jamais vu aussi brutal dans sa jalousie.

MISTRESS PAGE. — Je trouverai moyen d'approfondir cela; et nous jouerons de nouveaux tours à Falstaff. Son libertinage maladif ne cédera pas à cette simple médecine.

MISTRESS GUÉ. — Si nous lui envoyions cette folle carogne de mistress Quickly, pour le prier d'excuser son immersion et pour lui donner un nouvel espoir qui lui attire une nouvelle correction?

MISTRESS PAGE. — Oui; envoyons-le chercher demain à huit heures pour qu'il ait un dédommagement.

Rentrent Gué, Page, Caïus et sir Hugh Evans.

GUÉ. — Je ne puis le trouver. Le drôle a pu se vanter de ce qu'il n'a pu obtenir.

MISTRESS PAGE. — Avez-vous entendu ça?

MISTRESS GUÉ. — Oui, oui. Silence! Vous me traitez bien, maître Gué, n'est-ce pas?

GUÉ. — Oui, certes.

MISTRESS GUÉ. — Puisse le ciel vous faire meilleur que vos pensées!

GUÉ. — Amen!

MISTRESS PAGE. — Vous vous faites grand tort à vous-même, maître Gué.

GUÉ. — Oui, oui, j'en dois porter la peine.

EVANS. — S'il y a personne dans la maison, dans les champres, dans les coffres et dans les armoires, que le ciel me pardonne mes péchés au jour du jugement!

CAIUS. — Palsambleu, ni moi non plus. Il n'y a personne ici!

PAGE. — Fi, fi! maître Gué! N'avez-vous pas honte? Quel malin esprit, quel démon vous suggère ces idées? Je ne voudrais pas, pour toutes les richesses du château de Windsor, avoir une maladie de ce genre.

GUÉ. — C'est mon malheur, maître Page : j'en souffre.

EVANS. — Vous souffrez d'une mauvaise conscience : votre femme est une honnête femme, honnête comme j'voudrais en trouver une sur cinq mille, voire sur cinq cents.

CAIUS. — Palsambleu, ze vois que c'est une honnête femme.

GUÉ. — Bon!... Je vous ai promis à dîner. Venez, venez faire un tour dans le parc. Je vous en prie, pardonnez-moi : je vous expliquerai plus tard pourquoi j'ai agi ainsi. Allons, ma femme; allons, mistress Page; je vous en prie, pardonnez-moi; je vous en prie instamment, pardonnez-moi.

PAGE. — Allons, messieurs; mais, si vous m'en croyez, nous nous moquerons de lui. Je vous invite à déjeuner chez moi demain matin; après nous irons ensemble à la chasse à l'oiseau; j'ai un excellent faucon pour le bois. Est-ce dit?

GUÉ. — Comme vous voudrez.

EVANS. — S'il y en a un, je ferai le second de la compagnie.

CAIUS. — S'il y en a un ou deux, ze ferai le troisième.

GUÉ. — Passez, je vous prie, maître Page.

EVANS, *à Caïus*. — Je vous en prie, rappelez-vous demain ce galeux, ce pélître d'hôte de la Jarretière!

CAIUS. — C'est zuste! Palsambleu, de tout mon cœur.

EVANS. — Le galeux! le pélître! se permettre des railleries et des moqueries pareilles! *(Ils sortent.)*

SCÈNE IV

Chez maître Page.

Entrent FENTON *et* MISTRESS ANNE PAGE.

FENTON. — Je vois bien que je ne puis obtenir la sympathie de ton père, cesse donc de me renvoyer à lui, chère Nan.

ANNE. — Hélas! comment faire alors?

FENTON. — Eh bien, ose être toi-même. Il prétend que je suis de trop haute naissance, et qu'ayant largement entamé mon patrimoine par mes dépenses, je cherche à le restaurer avec sa fortune. Il m'objecte encore d'autres choses, mes désordres passés, mes folles liaisons, et il me dit qu'il est impossible que je t'aime autrement que comme un héritage.

ANNE. — Peut-être dit-il vrai!

FENTON. — Non. Je le jure par la faveur que j'attends du ciel! Il est vrai, je le confesse, que la fortune de ton père a été mon premier motif pour te faire la cour, Anne. Mais en te la faisant, je t'ai trouvée plus de valeur qu'à tout l'or monnayé, entassé dans des sacs scellés; et c'est aux trésors de ta personne que j'aspire désormais.

ANNE. — Cher monsieur Fenton, n'en recherchez pas moins la bienveillance de mon père; recherchez-la toujours, monsieur; si les démarches les plus opportunes et les plus humbles n'amènent rien, alors... Écoutez. *(Ils causent à part.)*

Entrent Shallow, Slender et mistress Quickly.

SHALLOW. — Interrompez leur colloque, mistress Quickly ; mon parent va parler pour lui-même.

SLENDER. — Je vais décocher une flèche ou deux. Rien qu'un coup d'essai!

SHALLOW. — Ne vous effrayez pas.

SLENDER. — Non, elle ne m'effraie pas; ce n'est pas ce qui m'inquiète, mais j'ai peur.

MISTRESS QUICKLY, *à Anne.* — Écoutez! Maître Slender voudrait vous dire un mot.

ANNE. — Je suis à lui. *(A part.)* C'est le choix de mon père. Oh! quels tas de vilains défauts trois cents livres par an embellissent!

MISTRESS QUICKLY. — Et comment va ce bon monsieur Fenton? Un mot, je vous prie! *(Elle prend Fenton à part.)*

SHALLOW, *à Slender.* — Elle vient; en avant, neveu! O mon gars, tu avais un père!

SLENDER. — J'avais un père, mistress Anne... Mon oncle peut vous conter de bonnes farces de lui... Oncle, dites donc, je vous prie, à mistress Anne la farce des deux oies que mon père vola un jour dans un poulailler, bon oncle.

SHALLOW. — Mistress Anne, mon neveu vous aime.

SLENDER. — Oui, c'est vrai; autant que j'aime aucune femme de Gloucestershire.

SHALLOW. — Il vous maintiendra comme une dame.

SLENDER. — Oui, aussi bien que n'importe quel mortel, huppé ou non, au-dessous du rang d'esquire.

SHALLOW. — Il vous assurera cent cinquante livres de préciput.

ANNE. — Cher monsieur Shallow, laissez-le faire lui-même sa cour.

SHALLOW. — Vraiment, je vous remercie; je vous remercie de ce bon encouragement. Elle vous appelle, neveu; je vous laisse ensemble.

ANNE. — Eh bien, maître Slender?

SLENDER. — Eh bien, ma bonne mistress Anne?

ANNE. — Quelles sont vos volontés?

SLENDER. — Mes volontés! Vive Dieu! voilà une jolie plaisanterie, vraiment! Je ne les ai pas arrêtées, grâce au ciel; je ne suis pas si malade, le ciel soit loué!

ANNE. — J'entends demander, maître Slender, ce que vous me voulez?

SLENDER. — Ma foi, pour ma part, je ne vous veux rien ou presque rien. Votre père et mon oncle ont fait une motion; si elle me réussit, bien! sinon, bonne chance au préféré! Ils peuvent vous dire mieux que moi où en sont les choses. Vous pouvez demander à votre père; le voici qui vient.

Entrent Page et mistress Page.

PAGE. — Allons, maître Slender! Aime-le, fille Anne. Eh bien, que fait ici maître Fenton? Il me déplaît fort, monsieur, que vous hantiez ainsi ma maison; je vous ai dit, monsieur, que j'avais disposé de ma fille.

FENTON. — Voyons, maître Page, ne vous impatientez pas.

MISTRESS PAGE. — Mon cher monsieur Fenton, renoncez à mon enfant.

PAGE. — Ce n'est pas un parti pour vous.

FENTON. — Monsieur, écoutez-moi.

PAGE. — Non, cher monsieur Fenton. Venez, maître Shallow. Venez, fils Slender. Connaissant mes idées, vous m'offensez, maître Fenton. *(Sortent Page, Shallow et Slender.)*

MISTRESS QUICKLY, *à Fenton.* — Parlez à mistress Page.

FENTON. — Bonne mistress Page, j'ai pour votre fille la plus pure affection; et, en dépit des obstacles et des rebuffades de toutes sortes, j'aurai la force d'arborer les couleurs de mon amour; je ne me retirerai pas : accordez-moi votre consentement.

ANNE. — Bonne mère, ne me mariez pas à cet imbécile là-bas.

MISTRESS PAGE. — Ce n'est pas mon intention; je vous cherche un meilleur mari.

MISTRESS QUICKLY. — C'est mon maître, monsieur le docteur.

ANNE. — Hélas! j'aimerais mieux être enterrée vive et lapidée avec des navets!

MISTRESS PAGE. — Allons, ne vous troublez pas. Cher monsieur Fenton, je ne serai ni votre amie ni votre ennemie. Je saurai de ma fille jusqu'à quel point elle vous aime; et ses sentiments détermineront mes dispositions; jusque-là, adieu, monsieur!... Il faut qu'elle rentre, son père se fâcherait.

FENTON. — Adieu, chère madame! Adieu, Nan! *(Sortent mistress Page et Anne.)*

MISTRESS QUICKLY, *à Fenton.* — Eh bien, voilà mon ouvrage : *Madame*, ai-je dit, *allez-vous jeter votre enfant à ce niais ou à ce médecin? Prenez maître Fenton.* Voilà mon ouvrage.

FENTON. — Je te remercie. Ah! je t'en prie, ce soir, remets cet anneau à ma chère Nan. Voici pour ta peine. *(Il sort.)*

MISTRESS QUICKLY. — Que le ciel t'envoie une bonne chance!... Il a un bon cœur; une femme irait à travers l'eau et le feu pour un si bon cœur. N'importe!

je voudrais que mon maître eût mistress Anne; ou je voudrais que maître Slender l'eût; ou, ma foi, je voudrais que maître Fenton l'eût : je ferai tout ce que je pourrai pour eux trois; car je l'ai promis, et je tiendrai ma parole; mais spécieusement pour maître Fenton... Eh mais! je suis chargée par mes deux maîtresses d'une autre commission pour sir John Falstaff. Quelle bête je suis de flâner ainsi! *(Elle sort.)*

SCÈNE V

L'auberge de la Jarretière.

Entrent FALSTAFF *et* BARDOLPHE.

FALSTAFF. — Bardolphe! allons donc!

BARDOLPHE. — Voilà, monsieur!

FALSTAFF. — Va me chercher une pinte de vin d'Espagne; mets-y une rôtie. *(Sort Bardolphe.)* Ai-je donc vécu pour être emporté dans un panier, comme le rebut d'une boucherie, et jeté à la Tamise? Ah! si jamais je me laisse jouer encore pareil tour, je veux qu'on m'enlève la cervelle pour l'assaisonner au beurre, et qu'on la donne à un chien pour ses étrennes. Les marauds m'ont versé dans la rivière avec aussi peu de remords que s'ils avaient noyé les quinze aveugles petits d'une chienne! Et vous pouvez voir par ma corpulence que j'ai une certaine propension à enfoncer; quand le fond eût atteint jusqu'à l'enfer, j'y serais dégringolé. J'aurais été noyé si la rivière n'avait été basse et pleine d'écueils... Une mort que j'abhorre! car l'eau enfle un homme. Et quelle figure j'aurais faite, ainsi enflé! j'aurais été une momie-montagne.

Rentre Bardolphe avec du vin.

BARDOLPHE. — Monsieur, voici mistress Quickly qui voudrait vous parler.

FALSTAFF. — Allons! versons un peu de vin dans l'eau de la Tamise. J'ai le ventre glacé comme si j'avais avalé des boules de neige en guise de pilules pour me rafraîchir les entrailles... Faites-la entrer.

BARDOLPHE. — Entrez, la femme!

Entre mistress Quickly.

MISTRESS QUICKLY. — Avec votre permission... Je vous demande pardon... Je souhaite le bonjour à Votre Révérence.

FALSTAFF, *à Bardolphe.* — Emporte ces calices; et va bellement me préparer un pot de vin chaud.

BARDOLPHE. — Avec des œufs, monsieur?

FALSTAFF. — Sans mélange : je ne veux pas de germe de poulet dans mon breuvage. *(Sort Bardolphe.)* Eh bien?

MISTRESS QUICKLY. — Ma foi, monsieur, je viens trouver Votre Révérence de la part de mistress Gué.

FALSTAFF. — Mistress Gué! J'en ai eu assez, de gué! J'ai été jeté dans le gué! J'ai du gué plein le ventre!

MISTRESS QUICKLY. — Hélas! le cher cœur, ce n'est pas sa faute; elle est si furieuse contre ses gens! Ils se sont trompés dans leur érection.

FALSTAFF. — Comme moi, quand je me fondais sur la promesse d'une folle!

MISTRESS QUICKLY. — Ah! monsieur, elle s'en désole, que ça vous fendrait le cœur de la voir. Son mari va ce matin chasser à l'oiseau; elle vous prie encore une fois de venir la voir entre huit et neuf. Il faut que je lui rapporte la réponse au plus vite. Elle vous dédommagera, je vous le garantis.

FALSTAFF. — C'est bon, je lui ferai visite. Dis-le-lui, et fais-lui bien comprendre ce que c'est que l'homme; qu'elle considère la fragilité humaine, et qu'alors elle juge de mon mérite!

MISTRESS QUICKLY. — Je le lui dirai.

FALSTAFF. — Fais-le. Entre neuf et dix, dis-tu?

MISTRESS QUICKLY. — Entre huit et neuf, monsieur.

FALSTAFF. — C'est bien! pars : je ne la manquerai pas.

MISTRESS QUICKLY. — Que la paix soit avec vous, monsieur! *(Elle sort.)*

FALSTAFF. — Je m'étonne de ne pas voir maître Fontaine; il m'a envoyé dire de rester ici. J'aime fort son argent. Oh! le voici qui vient.

Entre Gué.

GUÉ. — Dieu vous bénisse, monsieur!

FALSTAFF. — Eh bien, maître Fontaine, vous venez savoir ce qui s'est passé entre moi et la femme de Gué?

GUÉ. — C'est, en effet, mon but, sir John.

FALSTAFF. — Maître Fontaine, je ne veux pas vous faire de mensonge. J'étais chez elle à l'heure qu'elle m'avait fixée.

GUÉ. — Et vous avez réussi, monsieur?

FALSTAFF. — Fort mal, maître Fontaine.

GUÉ. — Comment ça, monsieur? Aurait-elle changé de détermination?

FALSTAFF. — Non, maître Fontaine. Mais son misérable cornard de mari, maître Fontaine, étant dans une continuelle alarme de jalousie, nous est arrivé à l'instant même de notre rencontre, après le premier moment d'embrassades, de baisers, de protestations, quand nous terminions, pour ainsi dire, le prologue de notre comédie. Il était suivi d'une bande de ses amis, qui, provoqués et ameutés par sa fureur, venaient, morbleu! fouiller sa maison pour découvrir l'amant de sa femme.

GUÉ. — Quoi! tandis que vous étiez là?

FALSTAFF. — Tandis que j'étais là.

GUÉ. — Et il vous a cherché sans pouvoir vous trouver?

FALSTAFF. — Vous allez voir. Par bonheur est arrivée une certaine mistress Page; elle a donné avis de l'approche de Gué; et, à sa suggestion, la femme de Gué ayant perdu la tête, on m'a emmené dans un panier à linge.

GUÉ. — Un panier à linge!

FALSTAFF. — Oui, un panier à linge. On m'a entassé avec chemises et cotillons sales, chaussettes et bas sales, serviettes crasseuses. Le tout, maître Fontaine, faisait le plus puant mélange d'odeurs nauséabondes qui ait jamais offensé les narines.

GUÉ. — Et combien de temps êtes-vous resté là?

FALSTAFF. — Eh bien, vous allez voir, maître Fontaine, ce que j'ai souffert afin d'amener cette femme à mal pour votre bien. A peine étais-je empilé dans le panier que deux coquins de valets de Gué ont été appelés par leur maîtresse pour me transporter comme linge sale au pré Datchet; ils m'ont chargé sur leurs épaules, et ont rencontré à la porte le coquin de jaloux, leur maître, qui leur a demandé une fois ou deux ce qu'ils avaient dans leur panier; je tremblais de peur que ce coquin de lunatique ne fît une fouille; mais la destinée, ayant ordonné qu'il serait cocu, a retenu sa main. Bon! Il est parti pour sa perquisition, et moi, je suis parti pour linge sale. Mais remarquez la suite, maître Fontaine. J'ai enduré les angoisses de trois différentes morts : d'abord, l'intolérable frayeur d'être découvert par cet infect bélier jaloux; puis le tourment d'être courbé, comme une bonne lame de Bilbao, dans la circonférence d'un dé, la poignée contre la pointe, la tête contre les talons; et enfin la torture d'être enfermé, comme pour une violente distillation, avec des hardes puantes fermentant dans leur crasse! Pensez à ça!... Un homme de ma trempe! Pensez à ça!... Moi, sur qui la chaleur agit comme sur du beurre! Un homme en incessante dissolution, en dégel continu! C'est miracle que j'aie échappé à la suffocation. Et au plus fort de ce bain, quand j'étais plus qu'à moitié cuit dans la graisse, comme un plat hollandais, être jeté à la Tamise, et, tout rouge de chaleur, refroidi dans cette eau, ainsi qu'un fer à cheval! Pensez à ça!... Tout chaud, tout bouillant!... Pensez à ça, maître Fontaine.

GUÉ. — Sérieusement, monsieur, je suis fâché que pour moi vous ayez souffert tout cela. Ainsi je n'ai plus d'espoir : vous ne ferez plus de tentative auprès d'elle?

FALSTAFF. — Maître Fontaine, je veux être jeté dans l'Etna, comme je l'ai été dans la Tamise, plutôt que de renoncer à elle ainsi. Son mari est allé ce matin chasser à l'oiseau; j'ai reçu d'elle un message pour un autre rendez-vous : ce sera entre huit et neuf heures, maître Fontaine.

GUÉ. — Il est déjà passé huit heures, monsieur.

FALSTAFF. — Vraiment? Je vais donc me préparer pour mon rendez-vous. Venez me voir à l'heure qui vous conviendra, vous saurez mon succès; et en conclusion, pour couronner la chose, vous la posséderez. Adieu! Elle sera à vous, maître Fontaine. Fontaine, vous ferez cocu le Gué. *(Il sort.)*

GUÉ. — Humph! Hein! Est-ce une vision? Est-ce un rêve? Suis-je endormi? Maître Gué, éveillez-vous; éveillez-vous, maître Gué; il y a un accroc à votre plus belle cotte, maître Gué. Voilà ce que c'est que d'être marié! Voilà ce que c'est que d'avoir du linge et des paniers à lessive!... Soit! Je veux me proclamer ce que je suis. Je vais enfin surprendre le paillard : il est chez moi; il ne peut m'échapper; c'est impossible. Il ne peut pas se fourrer dans une bourse d'un sou, ni dans une poivrière; mais, de peur que le diable qui le guide ne l'assiste, je veux fouiller les plus impossibles endroits. Bien que je ne puisse éviter mon sort, un sort qui m'est odieux ne me trouvera pas docile. Si j'ai des cornes à me rendre furieux, j'entends justifier le proverbe : je serai furieux comme une bête à cornes.

ACTE IV

SCÈNE PREMIÈRE

Une avenue.

Entrent MISTRESS PAGE, MISTRESS QUICKLY *et* WILLIAM PAGE.

MISTRESS PAGE. — Crois-tu qu'il soit déjà chez maître Gué?

MISTRESS QUICKLY. — Pour sûr, il y est déjà; ou il y sera dans un moment. Mais il est fièrement en colère d'avoir été ainsi jeté à l'eau! Mistress Gué vous prie de venir immédiatement.

MISTRESS PAGE. — Je serai chez elle tout à l'heure; il faut d'abord que je mène mon petit homme à l'école. Tenez, voici justement son maître qui vient; c'est jour de congé, je le vois.

Entre sir Hugh Evans.

Eh bien, sir Hugh? Pas d'école aujourd'hui?

EVANS. — Non : maître Slender a optenu pour les enfants la permission de jouer.

MISTRESS QUICKLY. — Béni soit-il!

MISTRESS PAGE. — Sir Hugh, mon mari dit que mon fils ne fait aucun progrès dans ses études. Je vous en prie, faites-lui quelques questions sur ses rudiments.

EVANS. — Approchez, William; levez la tête; allons!

MISTRESS PAGE. — Allons, marmouset! levez la tête; répondez à votre maître; n'ayez pas peur.

EVANS. — William, compien y a-t-il de nompres dans les noms?

WILLIAM. — Deux.

MISTRESS QUICKLY. — Vraiment, je croyais qu'il y en avait un de plus, puisqu'on parle toujours du nombre impair.

EVANS. — Cessez votre papil... Comment se dit *beau*, William?

WILLIAM. — *Pulcher*.

MISTRESS QUICKLY. — *Poules chères!* Il y a quelque chose de plus beau que des poules chères, bien sûr.

EVANS. — Vous êtes un' femme pien simple! Paix, je vous prie!... Qu'est-ce que *lapis*, William?

WILLIAM. — Une pierre.

EVANS. — Et qu'est-ce qu'une pierre, William?

WILLIAM. — Un caillou.

EVANS. — Non, c'est *lapis*. Je vous en prie, mettez-vous ça dans la cervelle.

WILLIAM. — *Lapis*.

EVANS. — C'est pien, William. William, qu'est-ce qui fournit les articles?

WILLIAM. — Les articles sont empruntés au pronom, et se déclinent ainsi : singulier nominatif, *hic*, *haec*, *hoc*.

EVANS. — Nominatif, *hig*, *hag*, *hog*. Attention, je vous prie! Génitif, *hujus*. Pien, qu'est-ce que votre accusatif?

WILLIAM. — Accusatif, *hinc*.

EVANS. — Je vous prie, ayez ponne mémoire, enfant. Accusatif, *hunc*, *hanc*, *hoc*.

MISTRESS QUICKLY. — *Un grand coq!* C'est du latin pour le poulailler, bien sûr.

EVANS. — Cessez votre papil, femme! Qu'est-ce que le vocatif, William?

WILLIAM. — Oh! Vocatif, O!

EVANS. — Souvenez-vous pien, William, vocatif *caret*.

MISTRESS QUICKLY. — *Carotte!* Bonne racine!

EVANS. — Femme, taisez-vous!

MISTRESS PAGE. — Paix!

EVANS. — Qu'est-ce que c'est que votre cas génitif pluriel, William?

WILLIAM. — Le cas génitif?

EVANS. — Oui.

WILLIAM. — Génitif, *horum*, *harum*, *horum*.

MISTRESS QUICKLY. — C'est une horreur que le cas de Jenny! Fi! *Jenny pour homme!* N'en parle pas, enfant, si c'est une putain.

EVANS. — Par pudeur, la femme!

MISTRESS QUICKLY. — Vous avez tort d'apprendre à l'enfant tout ça... Il lui apprend le *hic*, qu'on sait toujours trop tôt! Il lui parle des filles qui sont pour hommes!... Honte à vous!

EVANS. — Femme, es-tu lunatique? As-tu pas l'intelligence des cas, des nompres et des genres? Tu es pien la plus sotte créature chrétienne qu'on puisse désirer.

MISTRESS PAGE. — Je t'en prie, tais-toi.

EVANS. — Maintenant, William, dites-moi quelques déclinaisons de vos pronoms.

WILLIAM. — Ma foi, j'ai oublié.

EVANS. — C'est *qui*, *quae*, *quod*. — Si vous oupliez votre code, vous aurez sur les doigts. Maintenant passez votre chemin et allez jouer.

MISTRESS PAGE. — Il est plus savant que je ne croyais.

EVANS. — Il a la mémoire pien vive. Au revoir, mistress Page!

MISTRESS PAGE. — Adieu, bon sir Hugh! *(Sort Evans.)* Rentrez à la maison, enfant. *(A mistress Quickly.)* Venez, nous tardons trop. *(Ils sortent.)*

SCÈNE II

Dans la maison de Gué.

Entrent FALSTAFF *et* MISTRESS GUÉ.

FALSTAFF. — Mistress Gué, vos regrets ont dévoré mes souffrances. Je vois combien votre amour est profond, et je m'engage à vous payer scrupuleusement de retour, non seulement, mistress Gué, dans le simple office de l'amour, mais dans tous ses accompagnements, dans tous ses compléments, dans toutes ses cérémonies. Mais êtes-vous sûre de votre mari maintenant?

MISTRESS GUÉ. — Il chasse à l'oiseau, suave sir John.

MISTRESS PAGE, *de l'intérieur du théâtre.* — Holà, commère Gué! Holà!

MISTRESS GUÉ. — Passez dans cette chambre, sir John. *(Sort Falstaff.)*

Entre mistress Page.

MISTRESS PAGE. — Eh bien, chère? Qui donc est ici avec vous?

MISTRESS GUÉ. — Mais, rien que mes gens.

MISTRESS PAGE. — Vraiment?

MISTRESS GUÉ. — Assurément. *(Bas.)* Parlez plus haut.

MISTRESS PAGE. — En vérité, je suis si contente que vous n'ayez personne ici!

MISTRESS GUÉ. — Pourquoi?

MISTRESS PAGE. — Eh! ma chère, votre mari a été repris par ses vieilles lunes : il est là-bas avec mon mari à déblatérer; il tempête contre toute l'humanité mariée; il maudit toutes les filles d'Ève, de n'importe quelle couleur; il se frappe le front en criant : *Percez! percez donc!* Je n'ai jamais vu de démence qui ne fût la douceur, la civilité et la patience même, à côté de sa frénésie. Je suis bien aise que le gros chevalier ne soit pas ici.

MISTRESS GUÉ. — Quoi! Est-ce qu'il parle de lui?

MISTRESS PAGE. — Rien que de lui; et il jure que, lorsqu'il a fait la dernière perquisition, sir John a été emporté dans un panier; il déclare à mon mari qu'il est ici maintenant; et il l'a arraché à la chasse, ainsi que le reste de la société, pour faire une nouvelle expérience à l'appui de ses soupçons. Mais je suis bien aise que le chevalier ne soit pas ici. Maintenant il va voir lui-même sa folie.

MISTRESS GUÉ. — A quelle distance est-il, mistress Page?

MISTRESS PAGE. — Tout près, au bout de la rue; il va être ici à l'instant.

MISTRESS GUÉ. — Je suis perdue! Le chevalier est ici!

MISTRESS PAGE. — En ce cas, vous êtes complètement déshonorée; et lui, c'est un homme mort... Quelle femme êtes-vous donc!... Faites-le sortir, faites-le sortir. Mieux vaut un scandale qu'un meurtre.

MISTRESS GUÉ. — Par où sortira-t-il? Comment le sauver? Si je le mettais encore une fois dans le panier?

Rentre Falstaff.

FALSTAFF. — Non, je ne veux plus aller dans le panier. Est-ce que je ne peux pas sortir avant qu'il vienne?

MISTRESS PAGE. — Hélas! trois des frères de maître Gué veillent à la porte avec des pistolets, afin que nul ne sorte. Sans quoi, vous pourriez vous esquiver avant qu'il vienne. Mais que faites-vous ici?

FALSTAFF. — Que faire? Je vais grimper dans la cheminée.

MISTRESS GUÉ. — C'est par là qu'ils ont l'habitude de décharger leurs fusils de chasse. Glissez-vous dans le four.

FALSTAFF. — Où est-il?

MISTRESS GUÉ. — Non, il vous y chercherait, sur ma parole. Il n'y a pas d'armoire, de coffre, de caisse, de malle, de puits, de caveau, dont il n'ait l'inventaire pour fixer son souvenir, et il en fait la visite, sa note à la main. Nul moyen de vous cacher dans la maison.

FALSTAFF. — Eh bien, je vais sortir.

MISTRESS PAGE. — Si vous sortez tel que vous êtes, vous êtes mort, sir John... A moins que vous ne sortiez déguisé.

MISTRESS GUÉ. — Comment pourrions-nous le déguiser?

MISTRESS PAGE. — Hélas! je ne sais pas. Il n'y a pas une robe de femme assez ample pour lui; autrement il aurait pu mettre un chapeau, une mentonnière et une coiffe, et s'échapper ainsi.

FALSTAFF. — Chers cœurs, trouvez un moyen : toute extrémité plutôt qu'un malheur!

MISTRESS GUÉ. — La tante de ma chambrière, la grosse femme de Brentford, a laissé une robe là-haut.

MISTRESS PAGE. — Sur ma parole, ça lui ira : elle est aussi grosse que lui; et il y a là également son chapeau d'étamine et sa mentonnière. Montez vite, sir John.

MISTRESS GUÉ. — Allez, allez, suave sir John; mistress Page et moi nous chercherons quelque linge pour votre tête.

MISTRESS PAGE. — Vite, vite! nous allons vous attifer sur-le-champ : passez la robe en attendant. *(Sort Falstaff.)*

MISTRESS GUÉ. — Je voudrais que mon mari le rencontrât sous ce déguisement : il ne peut pas souffrir la vieille femme de Brentford; il jure qu'elle est sorcière; il lui a interdit ma maison, en la menaçant de la battre.

MISTRESS PAGE. — Que le ciel le mène sous le bâton de ton mari; et qu'ensuite le diable mène le bâton!

MISTRESS GUÉ. — Mais est-ce que mon mari arrive?

MISTRESS PAGE. — Oui, très sérieusement. Il parle même de l'aventure du panier, qu'il a sue je ne sais comment.

MISTRESS GUÉ. — Nous tirerons ça au clair; car je vais dire à mes gens d'emporter le panier encore une fois, et de faire en sorte qu'ils le rencontrent à la porte comme la dernière fois.

MISTRESS PAGE. — Mais il va être ici tout de suite. Allons habiller l'autre comme la sorcière de Brentford.

MISTRESS GUÉ. — Je vais d'abord indiquer à mes gens ce qu'ils doivent faire du panier. Montez, j'apporte du linge pour lui dans un moment. *(Elle sort.)*

MISTRESS PAGE. — Peste soit de ce déshonnête coquin! Nous ne saurions trop le malmener.

Nous prouverons, par ce que nous allons faire,
Que des Epouses peuvent être Joyeuses en restant ver-
[tueuses.
Nous ne faisons pas le mal, nous qui souvent rions et
[plaisantons.
Le proverbe dit vrai : Il n'est pire eau que l'eau qui
[dort. (Elle sort.)

Rentre mistress Gué, avec deux valets.

MISTRESS GUÉ. — Allons, mes amis, chargez ce panier encore une fois sur vos épaules; votre maître est presque à la porte; s'il vous dit de le mettre à terre, obéissez-lui. Vite! dépêchez. *(Elle sort.)*

PREMIER VALET. — Allons, allons, enlève.

DEUXIÈME VALET. — Fasse le ciel que cette fois il ne soit pas rempli du chevalier!

PREMIER VALET. — J'espère que non; j'aimerais autant porter une masse égale de plomb.

Entrent Gué, Page, Shallow, Caïus et sir Hugh Evans.

GUÉ. — Oui. Mais si le fait est prouvé, maître Page, quelle réparation m'offrirez-vous pour toutes vos railleries?... Mets bas ce panier, coquin! Qu'on appelle ma femme!... Damoiseau du panier!... Oh! misérables ruffians! Il y a une clique, une bande, une meute de gens conjurés contre moi! Mais le diable va être confondu... Allons, femme! viendrez-vous?... Sortez, sortez de là!... Voyez l'honnête linge que vous envoyez au blanchissage!

PAGE. — Ah! ceci passe les bornes, maître Gué : on ne doit pas vous laisser en liberté plus longtemps; il faudra vous attacher.

EVANS. — Eh! c'est un lunatique! C'est enragé comme un chien enragé.

SHALLOW. — Vraiment, maître Gué, ce n'est pas bien; vraiment.

GUÉ. — C'est ce que je dis, monsieur.

Entre mistress Gué.

Approchez, mistress Gué; mistress Gué, l'honnête femme, la chaste épouse, la vertueuse créature qui a pour mari un bélître de jaloux!... Je soupçonne sans cause, madame, n'est-ce pas?

MISTRESS GUÉ. — Oui, le ciel m'en est témoin, si vous me soupçonnez de quelque déshonnêteté.

GUÉ. — Bien dit, front bronzé! Persistez ainsi!...

Sortez de là, coquin! *(Il arrache le linge du panier.)*

PAGE. — Ceci passe les bornes.

MISTRESS GUÉ. — N'avez-vous pas honte? Laissez là ce linge.

GUÉ. — Je vais vous y prendre!

EVANS. — C'est déraisonnable! Allez-vous relever le linge de votre femme? Laissez ça.

GUÉ. — Videz le panier, vous dis-je.

MISTRESS GUÉ. — Voyons, mon homme, voyons!

GUÉ. — Maître Page, comme il est vrai que je suis un homme, quelqu'un a été emmené de ma maison hier dans ce panier : pourquoi n'y serait-il pas encore? Je suis sûr qu'il est dans ma maison; mes renseignements sont exacts; ma jalousie est raisonnable. Enlevez-moi tout ce linge.

MISTRESS GUÉ. — Si vous trouvez un homme là, qu'il meure comme une puce!

PAGE. — Il n'y a pas d'homme là.

SHALLOW. — Par ma fidélité, ce n'est pas bien, maître Gué; ceci vous fait tort.

EVANS. — Maître Gué, vous ferez pien de prier, et de ne pas suivre les imaginations de votre cœur : c'est des jalousies.

GUÉ. — Allons! celui que je cherche n'est pas là!

PAGE. — Non, ni là, ni ailleurs que dans votre cervelle.

GUÉ. — Aidez-moi, cette fois encore, à fouiller ma maison. Si je ne trouve pas ce que je cherche, n'ayez pas de ménagement pour mon extravagance; que je sois pour toujours l'amusement de votre table! qu'on dise de moi : *aussi jaloux que Gué, qui cherchait l'amant de sa femme dans le creux d'une noix*. Accordez-moi encore cette satisfaction; encore une fois fouillez avec moi.

MISTRESS GUÉ. — Holà! mistress Page! descendez, vous, et la vieille femme. Mon mari va aller dans la chambre.

GUÉ. — La vieille femme! Quelle vieille femme est-ce là?

MISTRESS GUÉ. — Eh! la vieille de Brentford, la tante de ma chambrière.

GUÉ. — Une sorcière, une gouine, une vieille coquine de gouine! Est-ce que je ne lui ai pas interdit ma maison? Elle vient pour des commissions, n'est-ce pas? Que les hommes sont simples! Nous ne savons pas ce qui se fait sous couleur de dire la bonne aventure. Elle agit par des charmes, des sortilèges, des chiffres et d'autres artifices du même genre qui dépassent notre portée; nous n'y connaissons rien... Descendez, sorcière, stryge; descendez, vous dis-je.

MISTRESS GUÉ. — Voyons, mon bon, mon bien-aimé mari! Chers messieurs, ne le laissez pas frapper la vieille femme.

Entre Falstaff habillé en femme, conduit par mistress Page.

MISTRESS PAGE. — Venez, mère Prat, venez, donnez-moi la main.

GUÉ. — Je vais la pratiquer, moi! *(Il bat Falstaff.)* Hors de chez moi, sorcière, guenille, bagasse, fouine, carogne! Dehors! dehors! Je vais vous conjurer! Je vais vous dire la bonne aventure, moi! *(Sort Falstaff.)*

MISTRESS PAGE. — N'avez-vous pas honte? Je crois que vous avez tué la pauvre femme.

MISTRESS GUÉ. — Oui, il la tuera... Ça vous fait grand honneur.

GUÉ. — A la potence, la sorcière!

EVANS. — Par oui et par non, je crois que la femme est vraiment une sorcière; je n'aime pas qu'une femme ait une grande parpe; j'ai vu une grande parpe sous sa mentonnière.

GUÉ. — Voulez-vous me suivre, messieurs! Je vous en supplie, suivez-moi; voyons seulement le résultat de ma jalousie. Si mon cri ne vous a pas mis sur une piste, ne vous fiez plus à moi.

PAGE. — Prêtons-nous encore un peu à son humeur. Venez, messieurs.

Sortent Gué, Page, Shallow, Caïus et Evans.

MISTRESS PAGE. — Ma foi, il l'a battu de la plus pitoyable façon.

MISTRESS GUÉ. — Non, par la messe, non ; il l'a battu, ce me semble, de la façon la plus impitoyable.

MISTRESS PAGE. — Je veux que le bâton soit consacré et suspendu au-dessus de l'autel : il a fait un service méritoire.

MISTRESS GUÉ. — Quelle est votre opinion ? Pouvons-nous, avec la réserve féminine et l'appui d'une bonne conscience, pousser plus loin notre vengeance contre lui ?

MISTRESS PAGE. — L'esprit du libertinage est à coup sûr expulsé de lui. S'il n'appartient pas au diable en fief inaliénable, il ne fera plus, je crois, aucune tentative à notre détriment.

MISTRESS GUÉ. — Dirons-nous à nos maris comme nous l'avons traité ?

MISTRESS PAGE. — Oui, sans doute, quand ce ne serait que pour ôter du cerveau de votre mari toutes ses visions. S'ils décident en conscience que ce pauvre gros libertin de chevalier doit subir un surcroît de punition, nous nous en chargerons encore.

MISTRESS GUÉ. — Je garantis qu'ils voudront le confondre publiquement ; et il me semble que la farce ne serait pas complète, s'il n'était pas publiquement confondu.

MISTRESS PAGE. — Allons ! forgeons vite la chose ; battons le fer tandis qu'il est chaud. *(Elles sortent.)*

SCÈNE III

L'auberge de la Jarretière.

Entrent L'HÔTE *et* BARDOLPHE.

BARDOLPHE. — Monsieur, les Allemands désirent avoir trois de vos chevaux ; le duc en personne doit être demain à la cour, et ils vont au-devant de lui.

L'HÔTE. — Quel peut être ce duc qui arrive si secrètement ? Je n'entends rien dire de lui à la cour. Que je parle à ces messieurs ! Ils parlent anglais ?

BARDOLPHE. — Oui, monsieur. Je vais vous les envoyer.

L'HÔTE. — Ils auront mes chevaux; mais je les ferai payer; je les salerai. Ils ont eu, une semaine, ma maison à leur disposition; j'ai renvoyé mes autres hôtes. Il faudra qu'ils déboursent; je les salerai. Allons! *(Ils sortent.)*

SCÈNE IV

Chez Gué.

Entrent PAGE, GUÉ, MISTRESS PAGE, MISTRESS GUÉ *et* SIR HUGH EVANS.

EVANS. — C'est une des plus pelles idées de femme que j'aie jamais vues.

PAGE. — Et il vous a envoyé ces deux lettres en même temps?

MISTRESS PAGE. — Dans le même quart d'heure.

GUÉ. — Pardonne-moi, femme! Désormais fais ce que tu voudras. Je soupçonnerai plutôt le soleil de froideur que toi de légèreté. Désormais ton honneur, pour celui qui naguère était un hérétique, est une inébranlable foi.

PAGE. — C'est bon, c'est bon; en voilà assez. Ne soyez pas extrême dans la soumission comme dans l'offense. Mais donnons suite à notre complot. Qu'encore une fois nos femmes, pour nous donner un divertissement public, donnent à ce vieux gros gaillard un rendez-vous où nous puissions le surprendre et le honnir.

GUÉ. — Il n'y a pas de meilleur moyen que celui dont elles ont parlé.

PAGE. — Quoi! qu'elles lui assignent un rendez-vous dans le parc à minuit! Fi! fi! il n'ira jamais.

EVANS. — Vous dites qu'il a été jeté dans les rivières, et qu'il a été si rudement pattu, sous son costume de vieille femme. Il doit avoir de telles terreurs, ce me semble, qu'il ne voudrait pas venir. Sa chair est assez punie, ce me semple, pour qu'il n'ait plus de désirs.

PAGE. — C'est aussi ce que je pense.

MISTRESS GUÉ. — Avisez seulement à la manière dont vous le traiterez quand il sera venu, et nous, nous aviserons toutes deux au moyen de l'amener là.

MISTRESS PAGE. — Une vieille tradition raconte que Herne le chasseur, garde de la forêt de Windsor au temps jadis, revient, durant tout l'hiver, dans le calme de minuit, rôder autour d'un chêne, avec de grandes cornes au front; et alors il flétrit les arbres, il ensorcelle le bétail, il fait donner du sang aux vaches laitières, et secoue une chaîne de la manière la plus sinistre et la plus effroyable... Vous avez entendu parler de cet esprit; et vous savez fort bien que les vieillards superstitieux et crédules ont reçu et transmis comme vraie à notre génération cette légende de Herne le chasseur.

PAGE. — Eh mais! il y a encore nombre de gens qui ont peur de passer au milieu de la nuit près du chêne de Herne. Mais où voulez-vous en venir ?

MISTRESS GUÉ. — Eh bien, voici notre idée : que Falstaff vienne nous rencontrer près de ce chêne, sous le déguisement de Herne, avec de grandes cornes sur sa tête.

PAGE. — Soit! admettons qu'il y vienne, et sous ce déguisement. Quand vous l'aurez amené là, qu'en fera-t-on ? Quel est votre plan ?

MISTRESS PAGE. — Nous y avons songé, et voici : Nanette Page, ma fille, mon petit garçon, et trois ou quatre autres enfants de leur taille, auront été costumés par nous en lutins, en elfes et en fées, en vert et en blanc, avec des couronnes de flambeaux de cire sur la tête, et des crécelles à la main; soudain, dès que Falstaff, elle et moi, nous serons réunis, ils s'élanceront tous à la fois d'un fossé en entonnant des chants incohérents. A leur vue, nous fuirons toutes deux en grande épouvante. Alors il faudra que tous fassent un cercle autour de lui, et, en vrais lutins, pincent l'impur chevalier, lui demandant pourquoi, à cette heure de féeriques ébats, il ose pénétrer dans leurs sentiers sacrés sous ce déguisement profane.

MISTRESS GUÉ. — Et jusqu'à ce qu'il ait dit la vérité, il faudra que les prétendues fées le pincent solidement, et le brûlent avec leurs flambeaux.

MISTRESS PAGE. — La vérité une fois confessée, nous nous présenterons tous, nous désencornerons le revenant, et nous le ramènerons sous les rires à Windsor.

GUÉ. — Les enfants devront être parfaitement exercés à leur rôle; sinon, ils ne le rempliront pas.

EVANS. — J'apprendrai aux enfants leurs fonctions; et je serai moi-même en magot pour pouvoir prûler le chevalier avec mon flambeau.

GUÉ. — Ce sera excellent. Je vais acheter les masques.

MISTRESS PAGE. — Ma Nanette sera la reine des fées, magnifiquement vêtue de blanc.

PAGE. — Je vais acheter la soie. *(A part.)* Et à ce beau moment maître Slender enlèvera ma Nanette, pour aller l'épouser à Eton. *(Haut.)* Allons, envoyez vite chez Falstaff.

GUÉ. — Et moi, je vais encore une fois me présenter à lui sous le nom de Fontaine : il me dira tous ses projets... Il viendra, bien sûr.

MISTRESS PAGE. — N'en doutez pas... Allons chercher les toilettes et les parures pour nos fées.

EVANS. — A l'œuvre! C'est des plaisirs admirables et des malices pien honnêtes. *(Sortent Page, Gué et Evans.)*

MISTRESS PAGE. — Allons, mistress Gué, envoyez la Quickly chez sir John savoir sa décision. *(Sort mistress Gué.)* Moi, je vais chez le docteur : il a mes sympathies et nul autre que lui n'épousera Nanette Page. Ce Slender, avec toutes ses terres, n'est qu'un idiot, et c'est lui que mon mari préfère. Le docteur a de beaux écus et des amis puissants en cour : lui seul aura ma fille, quand vingt mille plus dignes la solliciteraient. *(Elle sort.)*

SCÈNE V

La cour de l'auberge de la Jarretière.

Entrent L'HÔTE *et* SIMPLE.

L'HÔTE. — Que veux-tu, rustaud ? Que veux-tu, cuir épais ? Parle, murmure, explique-toi; sois bref, prompt, leste, preste!

SIMPLE. — Eh bien, monsieur, je viens pour parler à sir John Falstaff de la part de maître Slender.

L'HÔTE. — Voilà sa chambre, sa maison, son château, son lit fixe et son lit roulant; tout autour est peinte fraîchement et à neuf l'histoire de l'Enfant prodigue. Va, frappe et appelle; il te répliquera comme un anthropophage. Frappe, te dis-je.

SIMPLE. — Il y a une vieille femme, une grosse femme, qui est montée dans sa chambre; je prendrai la liberté d'attendre qu'elle descende, monsieur; c'est à elle que je viens parler.

L'HÔTE. — Hein! une grosse femme! Le chevalier pourrait être volé! Je vais appeler... Immense chevalier! immense sir John! réponds de toute la force de tes poumons militaires. Es-tu là ? C'est ton hôte, ton Éphésien, qui appelle.

FALSTAFF, *paraissant à une fenêtre*. — Qu'y a-t-il, mon hôte ?

L'HÔTE. — Voici un Tartare-Bohémien qui attend que ta grosse femme vienne en bas. Fais-la descendre, immense, fais-la descendre. Mes chambres sont honorables. Fi! des privautés! fi!

Entre Falstaff.

FALSTAFF. — En effet, mon hôte, il y avait une vieille grosse femme tout à l'heure avec moi; mais elle est partie.

SIMPLE. — Monsieur, je vous prie, n'était-ce pas la devineresse de Brentford ?

FALSTAFF. — Oui, morbleu! c'était elle. Coquille de moule, que lui veux-tu ?

SIMPLE. — Mon maître, monsieur, maître Slender, l'ayant vue passer par les rues, m'a envoyé après elle pour savoir, monsieur, si un certain Nym, monsieur, qui lui a filouté une chaîne, a la chaîne ou non.

FALSTAFF. — J'ai parlé de ça à la vieille femme.

SIMPLE. — Et que dit-elle, je vous prie, monsieur ?

FALSTAFF. — Morbleu! elle dit que le même homme, qui a filouté à maître Slender sa chaîne, la lui a escroquée.

SIMPLE. — J'aurais voulu parler à la femme elle-même : j'avais encore d'autres choses à lui dire de la part de mon maître.

FALSTAFF. — Quelles sont-elles ? Voyons.

L'HÔTE. — Oui, allons vite!

SIMPLE. — Je ne puis les taire, monsieur.

L'HÔTE. — Tais-les, ou tu es mort.

SIMPLE. — Eh bien, monsieur, elles ont trait uniquement à mistress Anne Page : il s'agit de savoir si mon maître a, ou non, la chance de l'avoir.

FALSTAFF. — Oui, il a cette chance.

SIMPLE. — Laquelle?

FALSTAFF. — De l'avoir, ou non. Va, dis que la femme m'a dit ça.

SIMPLE. — Puis-je prendre la liberté de dire ça, monsieur?

FALSTAFF. — Oui, messire Claude. Quelle liberté!

SIMPLE. — Je remercie Votre Révérence. Je rendrai mon maître bien heureux avec ces nouvelles. *(Sort Simple.)*

L'HÔTE. — Tu es docte, tu es docte, sir John! Est-ce qu'il y avait une devineresse chez toi?

FALSTAFF. — Oui, il y en avait une, mon hôte, une qui m'a révélé plus de choses que je n'en avais appris dans toute ma vie; et je n'ai rien payé; c'est moi au contraire qui ai été payé pour apprendre!

Entre Bardolphe.

BARDOLPHE. — Merci de nous, monsieur! Filouterie! pure filouterie!

L'HÔTE. — Où sont mes chevaux ? Il faut m'en rendre bon compte, varletto.

BARDOLPHE. — Échappés avec les filous ! A peine étais-je arrivé au-delà d'Eton, en croupe derrière l'un d'eux, qu'ils m'ont renversé dans une fondrière ; puis ils ont piqué des deux et disparu, comme trois diables allemands, trois docteurs Faust.

L'HÔTE. — Ils sont allés tout bonnement à la rencontre du duc, maraud ; ne dis pas qu'ils se sont enfuis ; les Allemands sont d'honnêtes gens.

Entre sir Hugh Evans.

EVANS. — Où est mon hôte ?

L'HÔTE. — De quoi s'agit-il, monsieur ?

EVANS. — Ayez l'œil à vos pratiques : un mien ami, qui arrive à la ville, me dit qu'il y a trois cousins germains qui ont volé dans toutes les auperges de Reading, de Colebrook, et y ont piqué tous les chevaux. Je vous dis ça dans votre intérêt, voyez-vous ; vous êtes spirituel, plein de saillies et de mots piquants ; et il ne faut pas que vous soyez attrapé par ces cousins-là. Adieu ! *(Il sort.)*

Entre le docteur Caïus.

CAIUS. — Où être mon hôte de la Zarretière ?

L'HÔTE. — Ici, maître docteur, en grande perplexité et dans un embarrassant dilemme.

CAIUS. — Ze ne sais pas ce qui se passe. Mais z'ai appris que vous faites de grands préparatifs pour un duc de Zarmanie. Sur mon âme, on n'attend à la cour la venue d'aucun duc. Ze vous dis cela dans votre intérêt. Adieu ! *(Il sort.)*

L'HÔTE. — Haro ! haro ! Cours, coquin !... Assistez-moi, chevalier. Je suis ruiné ! Cours vite ! Crie : haro ! Coquin, je suis perdu ! *(Sortent l'Hôte et Bardolphe.)*

FALSTAFF. — Je voudrais que tout le monde fût mystifié ; car moi j'ai été mystifié, et de plus battu. Si l'on venait à savoir à la cour comment j'ai été métamorphosé, et comment, dans mes métamorphoses, j'ai été trempé et bâtonné, on me ferait suer ma graisse goutte à goutte pour en huiler les bottes des pêcheurs : je garantis que tous me fustigeraient de leurs bons mots, jusqu'à ce que je fusse aplati comme une poire tapée. Je n'ai jamais prospéré depuis que j'ai triché à la prime. Ah! si j'avais seulement assez de souffle pour dire mes prières, je me repentirais.

Entre mistress Quickly.

Allons! de quelle part venez-vous?

MISTRESS QUICKLY. — Eh! de la part des deux intéressées.

FALSTAFF. — Que le diable emporte l'une, et sa mère l'autre! et elles seront toutes deux bien loties! Pour l'amour d'elles j'ai souffert plus de choses, oui, plus que la misérable fragilité de la nature humaine n'en peut supporter.

MISTRESS QUICKLY. — Et est-ce qu'elles n'ont pas souffert? Oui, certes, je vous le garantis; spécieusement l'une d'elles : mistress Gué, ce cher cœur! est bleue et noire de coups, au point que vous ne lui trouveriez pas une place blanche.

FALSTAFF. — Que me parles-tu de bleu et de noir? J'ai été, moi, tellement battu que je suis de toutes les couleurs de l'arc-en-ciel; j'ai même failli être appréhendé au corps pour la sorcière de Brentford : si l'admirable présence d'esprit avec laquelle j'ai su contrefaire la démarche d'une bonne vieille ne m'avait sauvé, le coquin de constable m'aurait mis aux ceps, aux ceps publics, comme sorcière.

MISTRESS QUICKLY. — Monsieur, permettez que je vous parle dans votre chambre, vous apprendrez comment les choses s'arrangent; et je vous garantis que vous serez content. Voici une lettre qui vous dira quelque chose. Chers cœurs, que de mal on a à vous mettre en présence! Assurément, l'un de vous ne sert pas bien le ciel, pour que vous soyez ainsi traversés.

FALSTAFF. — Monte dans ma chambre. *(Ils sortent.)*

SCÈNE VI

Une autre chambre dans l'auberge.

Entrent FENTON *et* L'HÔTE.

L'HÔTE. — Maître Fenton, ne me parlez pas : j'ai le cœur gros; je renonce à tout.

FENTON. — Ecoutez-moi, cependant. Assistez-moi dans mon projet, et, foi de gentilhomme! je vous donnerai cent livres en or, plus que vous n'avez perdu.

L'HÔTE. — Je vous écoute, maître Fenton; et je m'engage, tout au moins, à vous garder le secret.

FENTON. — Je vous ai parlé plusieurs fois du tendre amour que je porte à la jolie Anne Page; elle a répondu à mon affection, autant qu'il lui est permis personnellement de le faire, et que je puis le désirer. J'ai une lettre d'elle dont le contenu vous émerveillera; il y a une plaisanterie si bien mêlée à mon secret que je ne puis révéler l'un sans expliquer l'autre. Le gros Falstaff doit y jouer un grand rôle; les détails de la farce, je vous les montrerai ici tout au long. *(Il lui montre une lettre.)* Écoutez, mon bon hôte. Cette nuit, entre minuit et une heure, au chêne de Herne, ma bien-aimée Nanette doit représenter la reine des fées. Pourquoi? vous le verrez ici. *(Il montre la lettre.)* Sous ce déguisement, tandis que les autres seront dans toute l'ardeur de leurs plaisanteries, son père lui a commandé de s'esquiver avec Slender, et d'aller avec lui à Eton pour se marier immédiatement; elle a consenti. D'un autre côté, sa mère, fortement opposée à cette union et entêtée du docteur Caïus, a décidé que celui-ci enlèverait Anne, pendant que les autres seraient préoccupés de leur jeu, et l'épouserait aussitôt au Doyenné, où un prêtre attend. Anne, feignant de se prêter à ce complot de sa mère, a également donné sa promesse au docteur. Maintenant, voici l'état des choses. Son père veut qu'elle soit tout en blanc, et que sous ce costume, au moment favorable où Slender la prendra par la main et lui dira de partir, elle parte avec lui. Sa mère entend, pour mieux la désigner au docteur (car tous doivent être masqués et travestis), qu'elle soit parée de vert, qu'elle ait une robe flottante, avec des rubans épars chatoyant tout autour de sa tête; et, quand le docteur verra l'occasion propice, il devra lui pincer la main, et, à ce signal, la jeune fille a consenti à partir avec lui.

L'Hôte. — Et qui compte-t-elle tromper? Son père, ou sa mère?

Fenton. — Tous deux, mon cher hôte, pour partir avec moi. Il ne faut plus qu'une chose : c'est que vous engagiez le vicaire à m'attendre à l'église entre minuit et une heure, et à unir solennellement nos cœurs selon la formule légale du mariage.

L'Hôte. — C'est bien, disposez tout pour votre projet; moi, je vais chez le vicaire; amenez la fille, le prêtre ne vous fera pas défaut.

Fenton. — Je t'en serai à jamais reconnaissant et je veux, au surplus, te récompenser dès à présent. *(Ils sortent.)*

ACTE V

SCÈNE PREMIÈRE

L'appartement de Falstaff.

Entrent FALSTAFF *et* MISTRESS QUICKLY.

FALSTAFF. — Je t'en prie, assez de bavardage! Pars, je serai exact. C'est la troisième fois; les nombres impairs portent bonheur, j'espère... En route, pars! On dit que les nombres impairs ont une vertu divine, soit pour la naissance, soit pour la fortune, soit pour la mort... En route!

MISTRESS QUICKLY. — Je vous procurerai une chaîne; et je ferai ce que je pourrai pour vous avoir une paire de cornes.

FALSTAFF. — Partez, vous dis-je; le temps se passe; relevez la tête, et trottez menu. *(Sort mistress Quickly.)*

Entre Gué.

Comment va, maître Fontaine? Maître Fontaine, l'affaire se conclura cette nuit, ou jamais. Soyez dans le parc vers minuit, au chêne de Herne, et vous verrez merveilles.

GUÉ. — Est-ce que vous n'êtes pas allé la voir hier, monsieur, selon la convention dont vous m'aviez parlé?

FALSTAFF. — Je suis allé chez elle, comme vous voyez, maître Fontaine, en pauvre vieux; mais je suis sorti de chez elle, maître Fontaine, en pauvre vieille. Ce coquin de Gué, son mari, maître Fontaine, est possédé du plus furieux démon de jalousie qui ait jamais gouverné un frénétique. Je vais vous dire la chose. Il m'a battu rudement sous ma forme de femme; car sous ma forme d'homme, maître Fontaine, avec le simple fuseau d'un tisserand, je ne craindrais pas Goliath; je sais d'ailleurs que la vie n'est qu'une navette. Je suis pressé, venez avec moi, et je vous dirai tout, maître Fontaine. Depuis le temps où je plumais les oies, où je faisais l'école buissonnière, et où je fouettais une toupie, je n'ai jamais su qu'hier ce que c'est que d'être battu. Accompagnez-moi; je vous dirai d'étranges choses de ce coquin de Gué; cette nuit je vais me venger de lui, et je remettrai sa femme dans vos mains... Venez; d'étranges choses se préparent, maître Fontaine! Venez. *(Ils sortent.)*

SCÈNE II

Les abords du parc de Windsor.

Entrent PAGE, SHALLOW *et* SLENDER.

PAGE. — Venez, venez; nous nous coucherons dans le fossé du château, jusqu'à ce que nous voyions la lumière de nos fées. Rappelle-toi bien ma fille, fils Slender.

SLENDER. — Oui, dame. Je lui ai parlé, et nous avons un mot d'ordre pour nous reconnaître l'un l'autre. J'irai à celle en blanc et je lui crierai : *Motus!* Elle criera : *Budget!* Et par ça nous nous reconnaîtrons.

SHALLOW. — C'est bien. Mais qu'avez-vous besoin de votre *motus* et de son *budget?* Le blanc vous la désignera suffisamment... Il est dix heures sonnées.

PAGE. — La nuit est sombre; la lumière et les apparitions n'en auront que plus d'effet. Que le ciel protège notre divertissement! Personne ne songe à mal, si ce n'est le diable, et nous le reconnaîtrons à ses cornes. Partons! suivez-moi. *(Ils sortent.)*

SCÈNE III

Le parc de Windsor.

Entrent MISTRESS PAGE, MISTRESS GUÉ *et* LE DOCTEUR CAIUS.

MISTRESS PAGE. — Maître docteur, ma fille est en vert. Quand vous verrez le moment propice, prenez-la par la main, emmenez-la au Doyenné, et finissez-en vite. Allez dans le parc en avant. Il faut que nous allions toutes deux seules ensemble.

CAIUS. — Ze sais ce que ze dois faire. Adieu!

MISTRESS PAGE. — Adieu, docteur! *(Sort Caïus.)* Mon mari éprouvera moins de plaisir à voir berner Falstaff que de colère à savoir sa fille mariée au docteur; mais n'importe : mieux vaut une petite gronderie qu'un grand crève-cœur.

MISTRESS GUÉ. — Où est Nanette avec sa troupe de fées? Et Hugh, le diable welche?

MISTRESS PAGE. — Ils sont tous tapis dans un fossé près du chêne de Herne, avec des lumières cachées; et, au moment où Falstaff sera réuni à nous, ils feront tout d'un coup leur déploiement dans la nuit.

MISTRESS GUÉ. — Ça ne peut pas manquer de l'effarer.

MISTRESS PAGE. — S'il n'est pas effaré, il sera bafoué; s'il est effaré, il sera bafoué de plus belle.

MISTRESS GUÉ. — Nous allons joliment le trahir!

MISTRESS PAGE. — Il n'y a pas de déloyauté à trahir des libertins pareils et leur paillardise.

MISTRESS GUÉ. — L'heure approche. Au chêne! au chêne! *(Elles sortent.)*

SCÈNE IV

Le parc de Windsor. Devant le chêne de Herne.

Entrent SIR HUGH EVANS *et* LES FÉES.

EVANS. — Filez, filez, fées, allons! et rappelez-vous pien vos rôles. De la hardiesse, je vous prie! Suivez-moi dans le fossé; et quand je donnerai le signal, faites comme je vous ai dit. Venez, venez, filez, filez. *(Ils se cachent.)*

SCÈNE V

Un autre endroit dans le parc.

Entre FALSTAFF, *déguisé, ayant des cornes de cerf sur la tête.*

FALSTAFF. — La cloche de Windsor a sonné minuit. La minute approche. Maintenant, que les dieux au sang ardent m'assistent!... Souviens-toi, Jupin, que tu fus un taureau pour ton Europe; l'amour t'imposa des cornes. Oh! puissance de l'amour qui, dans certains cas, fait d'une bête un homme, et, dans d'autres, d'un homme une bête!... Jupiter, vous fûtes cygne aussi pour l'amour de Léda. O omnipotent amour! Combien peu s'en est fallu que le dieu n'eût l'air d'une oie!... Première faute, commise sous la forme d'une bête à cornes, ô Jupin, faute bestiale! Seconde faute, sous les traits d'une volaille! Songes-y, Jupin, excès volage!... Quand les dieux ont l'échine si ardente, que peuvent faire les pauvres hommes? Pour moi, je suis un cerf de Windsor, et le plus gras, je pense, de la forêt. Rafraîchis pour moi la saison du rut, ô Jupin; sinon, qui pourra me blâmer de pisser mon suif?... Qui vient ici? Ma biche?

Entrent mistress Gué et mistress Page.

MISTRESS GUÉ. — Sir John! Es-tu là, mon cerf, mon mâle chéri?

FALSTAFF. — Ma biche au poil noir! Maintenant, que le ciel fasse pleuvoir des patates! Qu'il tonne sur l'air des *Manches vertes!* Qu'il grêle des dragées aphrodisiaques, et qu'il neige des érynges! Qu'une tempête de provocations éclate! Je m'abrite ici. *(Il l'embrasse.)*

MISTRESS GUÉ. — Mistress Page est venue avec moi, mon cher cœur.

FALSTAFF. — Partagez-moi comme un daim qu'on dépèce; chacune une hanche! Je garde mes côtes pour moi, mes épaules pour le garde du bois, et je lègue mes cornes à vos maris. Ne suis-je pas un veneur accompli? Hein! est-ce que je ne parle pas comme Herne le chasseur?... Allons, Cupidon est cette fois un garçon de conscience : il me dédommage. Foi de franc esprit, vous êtes les bienvenues. *(Bruit derrière le théâtre.)*

MISTRESS PAGE. — Miséricorde! quel est ce bruit?

MISTRESS GUÉ. — Le ciel nous pardonne nos péchés!

FALSTAFF. — Qu'est-ce que ça peut être?

MISTRESS PAGE et MISTRESS GUÉ. — Fuyons, fuyons. *(Elles se sauvent.)*

FALSTAFF. — Je crois que le diable ne veut pas que je sois damné, de peur que l'huile qui est en moi ne mette le feu à l'enfer; autrement il ne me contrarierait pas ainsi.

Entrent sir Hugh Evans, déguisé en satyre; Pistolet, représentant Hobgoblin; Anne Page, vêtue comme la reine des Fées, accompagnée de son frère et d'autres, déguisés en fées et portant sur la tête des flambeaux de cire allumés.

LA REINE DES FÉES. — Fées noires, grises, vertes et blanches, vous, joueuses du clair de lune, ombres de la nuit, vous, créatures orphelines de l'immuable destinée, faites votre office et votre devoir... Crieur Hobgoblin, faites l'appel des fées.

PISTOLET. — Elfes, écoutez vos noms. Silence,

espiègles aériens! Grillon, tu sauteras aux cheminées de Windsor; et là où le feu ne sera pas couvert, l'âtre pas balayé, tu pinceras les servantes et leur feras des bleus foncés comme la myrtille. Notre reine radieuse hait les gens sales et la saleté.

FALSTAFF. — Ce sont des fées! Quiconque leur parle est mort : je vais fermer les yeux et me coucher à terre. Nul être humain ne doit voir leurs œuvres. *(Il s'étend la face contre terre.)*

EVANS. — Où est Pède?... Allez, vous! et quand vous trouverez une fille qui, avant de dormir, ait dit trois fois ses prières, charmez en elle les organes de la rêverie; et qu'elle dorme du sommeil profond de l'insouciante enfance! Mais ceux qui s'endorment sans songer à leurs péchés, pincez-leur les pras, les jambes, le dos, les épaules, les côtes et les mollets.

LA REINE DES FÉES. — A l'œuvre! à l'œuvre! Fouillez le château de Windsor, elfes, au-dedans et au-dehors; semez la bonne chance, lutins, dans chacune de ces salles sacrées; que jusqu'au jugement dernier il reste debout, dans la plénitude de sa majesté; que toujours le château soit digne du châtelain, le châtelain du château! Ayez soin de frotter les fauteuils de l'ordre avec le suc embaumé des fleurs les plus rares : que chacune de ces belles stalles, chaque écu, chaque cimier, soient à jamais ornés d'un blason loyal! Et vous, fées des prairies, chantez pendant la nuit en formant un rond pareil au cercle de la Jarretière; que sous la trace de vos pas la verdure naisse plus épaisse et plus fraîche que dans tous les autres prés! puis écrivez *Honni soit qui mal y pense* en touffes émeraude, en fleurs pourpres, bleues et blanches, éclatantes comme les saphirs, les perles et les riches broderies, bouclés au-dessous des genoux fléchissants de la splendide chevalerie! Les fées ont pour lettres les fleurs. Allez, dispersez-vous. Mais jusqu'à une heure, n'oublions pas de danser notre ronde coutumière autour du chêne de Herne le chasseur.

EVANS. — Je vous en prie, mettez-vous en place, la main serrée dans la main; et vingt vers luisants nous serviront de lanternes pour guider notre mesure autour de l'arpre. Mais arrêtez! je sens un homme de la terre moyenne.

FALSTAFF. — Que les cieux me défendent de ce lutin welche! Il me métamorphoserait en un morceau de fromage.

PISTOLET. — Vil reptile, tu as été atteint dès ta naissance du mauvais œil.

LA REINE DES FÉES. — Qu'on me touche le bout de son doigt avec le feu de l'épreuve! S'il est chaste, la flamme descendra en arrière, sans lui faire de mal; mais s'il tressaille, c'est qu'il a la chair d'un cœur corrompu.

PISTOLET. — Une épreuve, allons!

EVANS. — Voyons! ce pois-là va-t-il prendre feu? *(Tous le brûlent avec leurs flambeaux.)*

FALSTAFF. — Oh! oh! oh!

LA REINE DES FÉES. — Corrompu, corrompu, souillé dans ses désirs! Entourez-le, fées, chantez-lui des vers méprisants, et, tout en courant, pincez-le en mesure.

CHANSON

Fi des pensées pécheresses!
Fi du vice et de la luxure!
La luxure n'est qu'un feu sanglant,
Allumé par d'impurs désirs,
Dont le foyer est au cœur et dont les flammes aspirent
Toujours, et toujours plus haut, sous le souffle des pensées.
Fées, pincez-le à l'envi;
Pincez-le pour sa vilenie;
Pincez-le, brûlez-le, et tournez autour de lui,
Jusqu'à ce que les flambeaux, la lumière des étoiles
Et le clair de lune soient éteints!

Durant ce chant, les fées pincent Falstaff. Le docteur Caïus arrive d'un côté et enlève une fée habillée de vert; Slender arrive d'un autre côté, et enlève une fée vêtue de blanc; puis Fenton arrive, et enlève Anne Page. Un bruit de chasse se fait entendre. Toutes les fées s'enfuient. Falstaff arrache sa tête de cerf, et se redresse.

Entrent Page, Gué, mistress Page et mistress Gué. Ils se saisissent de Falstaff.

PAGE. — Non, ne fuyez pas; je pense que nous vous avons dompté cette fois. Ne pouvez-vous donc réussir que sous la figure de Herne le chasseur?

MISTRESS PAGE. — Laissez-le, je vous prie; ne poussons pas plus loin la plaisanterie... Eh bien, bon sir John, comment trouvez-vous les dames de Windsor? *(Montrant les cornes de Falstaff.)* Voyez-vous ça, mon mari? Est-ce que ces belles ramures ne vont pas mieux à la forêt qu'à la ville?

GUÉ, *à Falstaff.* — Eh bien, messire, qui donc est cocu à présent?... Maître Fontaine, Falstaff est un drôle, un drôle de cocu; voici ses cornes, maître Fontaine. Ainsi, maître Fontaine, de ce qui appartient à Gué il n'a eu que son panier à linge sale, son gourdin, et vingt livres d'argent, lesquelles devront être remboursées à maître Fontaine. Ses chevaux sont saisis en nantissement, maître Fontaine.

MISTRESS GUÉ. — Sir John, nous n'avons pas eu de chance : nous n'avons jamais pu avoir de tête-à-tête. Allons, je ne veux plus vous prendre pour amant, mais vous serez toujours mon cher cerf.

FALSTAFF. — Je commence à m'apercevoir que j'ai été un âne.

GUÉ. — Oui, et un bœuf aussi : les preuves en existent.

FALSTAFF. — Ce ne sont donc pas des fées? J'ai eu trois ou quatre fois dans l'idée que ce n'en était pas; et pourtant mes remords de conscience, le brusque saisissement de mes facultés, m'ont aveuglé sur la grossièreté de la mascarade et fait croire fermement, en dépit de toute rime et de toute raison, que c'étaient des fées. Voyez maintenant à quel ridicule l'esprit s'expose, quand il est mal employé!

EVANS. — Sir John Falstaff, servez Tieu, et renoncez à vos convoitises, et les fées ne vous pinceront plus.

GUÉ. — Bien dit, fée Hugh!

EVANS, *à Gué.* — Et vous aussi, renoncez à vos jalousies, je vous prie.

GUÉ. — Je ne me méfierai désormais de ma femme que quand tu seras capable de lui faire la cour en bon anglais.

FALSTAFF. — Ai-je donc laissé dessécher ma cervelle au soleil, qu'il ne m'en reste plus assez pour me prémunir contre une si grossière duperie? Suis-je donc berné par un bouc gallois? Me laisserai-je coiffer d'un bonnet d'âne welche? Il ne me reste plus qu'à me laisser étrangler par un morceau de fromage grillé.

EVANS. — Le vromage ne se donne pas au peurre; et votre pedaine est tout de peurre.

FALSTAFF. — Vromage et peurre! Ai-je donc vécu pour être en butte aux railleries d'un être qui fait un hachis de l'anglais? En voilà assez pour mortifier, par tout le royaume, le libertinage et les rôdeurs nocturnes.

MISTRESS PAGE. — Allons, sir John, quand même nous aurions expulsé la vertu de nos cœurs par la tête et par les épaules, quand nous nous serions données sans scrupule à l'enfer, croyez-vous donc que jamais le diable vous eût fait agréer de nous?

GUÉ. — Quoi! un hochepot! un ballot de chanvre!

MISTRESS PAGE. — Un homme tuméfié!

PAGE. — Vieux, glacé, flétri, et d'intolérables intestins!

GUÉ. — Et aussi médisant que Satan!

PAGE. — Et pauvre comme Job!

GUÉ. — Et mauvais comme sa femme!

EVANS. — Et adonné aux fornications, et aux tavernes, et au xérès, et au vin, et à l'hydromel, et à la poisson, et aux jurements, et aux effronteries, et au patati et au patata!

FALSTAFF. — Fort bien, je suis votre plastron : vous avez l'avantage sur moi; je suis écrasé; je ne suis pas capable de répondre à de la flanelle welche. L'ignorance elle-même me toise. Traitez-moi à votre guise.

GUÉ. — Eh bien, monsieur, nous allons vous mener à Windsor à un certain maître Fontaine, à qui vous avez escroqué de l'argent, et dont vous deviez être l'entremetteur; entre toutes les mortifications que vous avez subies, la plus cuisante, je crois, ce sera de rembourser cet argent.

PAGE. — N'importe; sois gai, chevalier. Tu prendras ce soir chez moi un bon chaudeau; et je t'inviterai alors à rire de ma femme qui maintenant rit de toi : tu lui diras que maître Slender a épousé sa fille.

MISTRESS PAGE, *à part.* — Il y a des docteurs qui doutent de ça : s'il est vrai qu'Anne Page soit ma fille, elle est à cette heure la femme du docteur Caïus.

Entre Slender.

SLENDER. — Houhou! ho! ho! père Page!

PAGE. — Eh bien, fils ? eh bien, fils ? Est-ce expédié ?

SLENDER. — Expédié! Je défie le plus malin du comté de Gloucester de s'y reconnaître; et s'il le fait, là, je veux être pendu.

PAGE. — Qu'y a-t-il, fils ?

SLENDER. — Quand je suis arrivé là-bas à Eton pour épouser mistress Anne Page, elle s'est trouvée être un grand lourdaud de garçon. Si nous n'avions pas été dans l'église, je l'aurais étrillé, ou il m'aurait étrillé. Si je n'ai pas cru que ce fût Anne Page, je veux ne plus jamais bouger; eh bien, c'était un postillon!

PAGE. — Sur ma vie, alors vous vous êtes mépris.

SLENDER. — Qu'avez-vous besoin de me le dire ? Je le crois bien, puisque j'ai pris un garçon pour une fille. Il avait beau être habillé en femme, quand je l'aurais épousé, je n'aurais pas voulu de lui.

PAGE. — Eh! c'est une bêtise que vous avez faite. Ne vous avais-je pas dit que vous reconnaîtriez ma fille à ses vêtements ?

SLENDER. — Je suis allé à celle en blanc, et je lui ai crié *motus*, et elle m'a crié *budget*, comme Anne et moi nous en étions convenus; et pourtant ce n'était pas Anne, mais un postillon!

MISTRESS PAGE, *à Page.* — Mon bon Georges, ne vous fâchez pas : je savais votre projet; j'ai travesti ma fille en vert; et, en réalité, elle est maintenant avec le docteur au Doyenné, où on les marie. *(Entre Caïus.)*

CAIUS. — Où es mistress Paze! Palsambleu! Ze suis

zoué. Z'ai épousé un garçon, un *boy*, un paysan, palsambleu, un *boy!* Ce n'est pas Anne Paze. Palsambleu, ze suis zoué!

MISTRESS PAGE. — Mais avez-vous pris celle en vert?

CAIUS. — Oui, palsambleu, et c'était un garçon! Palsambleu, ze vais soulever tout Windsor. *(Sort Caïus.)*

GUÉ. — C'est étrange! Qui a donc la vraie Anne?

PAGE. — J'ai une appréhension au cœur : voici maître Fenton.

Entrent Fenton et Anne Page.

Qu'est-ce à dire, maître Fenton ?

ANNE. — Pardon, bon père! Ma bonne mère, pardon!

PAGE. — Eh bien, mistress! Comment se fait-il que vous ne soyez pas partie avec maître Slender ?

MISTRESS PAGE. — Pourquoi n'êtes-vous pas partie avec monsieur le docteur, donzelle ?

FENTON. — Vous l'accablez! Écoutez la vérité. Vous vouliez pour elle un mariage misérable, où les sympathies n'eussent pas été assorties. Le fait est qu'elle et moi, depuis longtemps fiancés, nous sommes désormais si fermement unis que rien ne peut nous séparer. Sainte est l'offense qu'elle a commise; et ce stratagème ne saurait être traité de fraude, de désobéissance, d'irrévérence, puisque par là elle évite et écarte les mille moments d'irréligieuse malédiction qu'allait lui imposer un mariage forcé.

GUÉ. — Ne restez pas ainsi consternés. Il n'y a pas de remède. En amour, le ciel exerce un empire souverain; les terres s'achètent par argent, les femmes s'acquièrent de par le sort!

FALSTAFF. — Je suis ravi de voir que, bien que vous eussiez pris position pour m'atteindre, votre flèche a porté contre vous.

PAGE. — Eh bien, quel remède? Fenton, que le ciel te tienne en joie! Ce qui ne peut être évité doit être accepté.

FALSTAFF. — Quand les chiens chassent de nuit, toute proie leur est bonne.

MISTRESS PAGE. — Soit, n'y pensons plus, maître Fenton! Que le ciel vous accorde maintes, maintes journées de bonheur! Mon cher mari, retournons tous à la maison, et allons achever cette plaisanterie autour d'un feu de campagne; sir John, comme les autres.

GUÉ. — Qu'il en soit ainsi!... Sir John, vous aurez encore tenu parole à maître Fontaine; car il couchera cette nuit avec mistress Gué. *(Ils sortent.)*

LE SOIR DES ROIS
OU
CE QUE VOUS VOUDREZ

NOTICE
SUR
LE SOIR DES ROIS
OU CE QUE VOUS VOUDREZ

La pièce a été publiée pour la première fois en 1623. Mais on sait par un témoignage contemporain qu'elle fut jouée à Londres en février 1602. Comme elle ne figure pas dans la liste des œuvres de Shakespeare dressée par Francis Meres dans son ouvrage intitulé *Palladis Tamia* et publié en septembre 1598, il faut donc qu'elle ait été composée entre ces deux dates. Quelques allusions à l'actualité ont permis aux spécialistes d'établir avec une raisonnable certitude que *le Soir des Rois* fut écrit aux alentours de 1600.

On connaît trois comédies italiennes inspirées de Plaute dont les thèmes sont semblables à ceux du *Soir des Rois*. La première d'entre elles, *Il'Ingannati*, pièce anonyme jouée à Sienne en 1531 et source des deux autres, fut traduite en français et en espagnol. Elle fut aussi adaptée en latin et jouée à Cambridge en 1595. On la trouve également narrée dans le recueil de Barnaby Rich, *Adieu à la carrière des armes* (1581). Quel fut le texte utilisé par Shakespeare ? Peut-être celui de Rich, où l'on voit une jeune fille déguisée en page porter les messages de celui qu'elle aime à la femme dont il est épris et devenir l'objet de l'amour de celle-ci. Parmi les autres sources possibles, on cite les *Histoires tragiques* de Belleforest (1570), les *Novelle* de Bandello et les *Hecatommithi* de Cinthio (1565), d'où Shakespeare tirera une partie de l'intrigue d'*Othello*.

Le titre de la pièce a suscité des commentaires. On s'accorde généralement pour dire qu'elle fut sans doute jouée à la Cour un 6 janvier, jour de l'Épiphanie. Pendant les douze jours qui précédaient celui-là, il était d'usage de faire représenter des « masques » et de s'adonner à des réjouissances placées sous le signe du désordre — lointain et innocent écho des Saturnales romaines. Le titre et le sous-titre seraient des allusions à ce moment particulier où les règles de la morale étaient suspendues.

D'ailleurs, le désordre des volontés et des désirs est un thème important de cette admirable comédie, la mieux équilibrée, la plus harmonieuse, la plus variée et la plus habilement conduite de Shakespeare. A l'exception de Viola déguisée en page et amoureuse du duc Orsino — la seule dont les désirs secrets s'accordent à la volonté consciente pour tendre vers un but que les convenances ne placent pas hors d'atteinte — tous les personnages actifs de la pièce s'attachent à des objets que, malgré leurs serments et leurs désirs du moment, ils ne veulent ou ne peuvent posséder. Et cet insolite conflit entre l'attachement volontaire et l'attachement instinctif — entre la profession de foi proclamée et les secrètes tendances de l'âme ou de la chair — constitue le principal ressort de l'action.

Le duc Orsino croit aimer Olivia pour toujours : « Tous les vrais amoureux sont tels que je suis, mobiles et capricieux en tout, hormis dans l'idée fixe de la créature aimée. » Mais c'est vers son page — ce faux garçon — que ses désirs secrets le portent. Et c'est Viola qu'il finira par épouser, c'est Viola qui déplacera dans son esprit cette image d'une autre femme qu'il croyait inoubliable.

Olivia, pour l'amour de son frère mort, « a abjuré, dit-on, la société et la vue des hommes ». Mais il suffit que Viola apparaisse sous son déguisement masculin pour que l'inconsolable comtesse reprenne goût à la vie et déclare son amour — pour que la décision dont elle s'était fait une règle soit oubliée... Et bien que Sébastien, frère et sosie de Viola, soit l'homme auquel elle s'unira pour l'heureuse conclusion de la pièce, quelle échappée sur la tyrannie des sens Shakespeare nous propose en agençant cette confusion des sexes et des partenaires! L'être qui désire ne sait pas ce qu'il désire, mais son désir le guide, malgré lui et malgré les lois morales, à la fois vers l'objet apparent et vers l'objet réel de sa concupiscence. Admirable imbroglio psychologique et scénique, et admirablement soutenu par les intrigues secondaires qui s'enlacent avec la principale, sur un mode trivial et grotesque, pour en rendre les rythmes plus nerveux et les significations plus profondes. Malvolio, le triste puritain qui prétend, parce qu'il est « vertueux », chasser de la vie la bière et les galettes, le voilà berné, ridiculisé, et rendu *transparent :* il révèle la complaisance qu'il nourrit envers lui-même, la bassesse de ses désirs — et, passant pour fou, endossant la folie que les autres lui imposent, il rend manifeste la sienne propre.

Quant à sir André Aguecheek, c'est aussi parce qu'il cherche, contre tout bon sens, à épouser Olivia, qu'il se laisse exploiter par son compère Tobie (« Envoie chercher de l'argent, Chevalier; si tu ne finis pas par avoir ma nièce, appelle-moi une rosse ») et qu'il doit affronter le faux Cesario en un vrai duel digne de la *Commedia dell'arte.* Seul, Feste, le bouffon d'Olivia, reste en marge de l'action : il est le fou mélancolique, le fou poétique, le fou sarcastique, le fou avide d'écus — commentateur lucide et inspiré des caractères. Serait-ce que les seules vérités, dans ce monde où rien n'est stable, soient la folie et l'argent? A moins que sir Tobie, irremplaçable parasite, entremetteur et bon vivant, ne représente une autre vérité, grotesque, exubérante et terrestre. Ces deux personnages inscrivent, dans le tissu changeant de la comédie, deux fils dont on pressent qu'ils sont plus solides que les autres : la forte réalité du sexe et de l'argent — de la concupiscence et de l'avidité. Voilà des mobiles tristement vrais, à quoi s'oppose le raffinement des amours nobles et des passions qui se croient éternelles — beaux mensonges mélancoliques que la lucidité dénonce, mais dont le cœur reste à jamais épris.

La musicalité de la pièce est un enchantement; il y a les accents suaves, douloureusement exquis dans leur affectation, du duc Orsino, qui parle de la musique en des vers dont aucune traduction ne rendra jamais la discrète poignance — comment faire sentir, à qui ne la connaîtrait pas, l'odeur des fleurs qui se fanent, des feuilles jaunissantes ou des fruits trop mûrs? —, il y a les admirables chansons de Feste, dont la profonde et virile tristesse semble surgie du fond des âges; il y a les dissonances, les bruits de cymbales ou de casseroles qui éclatent dans tout cela avec une pertinence qui tient du miracle. Et l'inoubliable Viola déguisée fait résonner, par moments, une corde qui n'appartient à aucun registre, mais où l'on reconnaît, comme si on en avait déjà la longue expérience, le timbre inimitable que font entendre les âmes pures quand elles se mêlent de participer à la vie.

R. M.

Sur *le Soir des Rois*, on consultera :

— l'introduction de Félix Carrère et Camille Chemin à leur édition de la pièce, Collection Bilingue des Classiques étrangers, Aubier, éditions Montaigne, Paris, 1956;

— l'introduction de Quiller Couch au *New (Cambridge) Shakespeare*, 1949;

— G. K. Hunter, *Shakespeare; The Later Comedies*, Writers and their Works, nº 143, 1962.

PERSONNAGES

ORSINO, duc d'Illyrie.
SIR TOBIE BELCH, oncle d'Olivia.
SIR ANDRÉ AGUECHEEK.
MALVOLIO, intendant d'Olivia.
FESTE, bouffon d'Olivia.
FABIEN, au service d'Olivia.
SÉBASTIEN, frère jumeau de Viola.
ANTONIO, capitaine de navire, ami de Sébastien.
VALENTIN, } seigneurs au service du duc.
CURIO, }
UN CAPITAINE DE NAVIRE, ami de Viola.

LA COMTESSE OLIVIA.
VIOLA, sœur jumelle de Sébastien, amoureuse du duc.
MARIA, suivante de la comtesse.

SEIGNEURS, PRÊTRES, MATELOTS, OFFICIERS, MUSICIENS, GENS DE SERVICE.

La scène est en Illyrie.

ACTE PREMIER

SCÈNE PREMIÈRE

Dans le palais ducal.

Entrent LE DUC, CURIO, DES SEIGNEURS; *un orchestre joue.*

LE DUC. — Si la musique est l'aliment de l'amour, jouez toujours, donnez-m'en à l'excès, que ma passion saturée en soit malade et expire! Cette mesure encore une fois! Elle avait une cadence mourante. Oh! elle a effleuré mon oreille comme le suave zéphyr qui souffle sur un banc de violettes, dérobant et emportant un parfum... Assez! pas davantage! Ce n'est plus aussi suave que tout à l'heure. O esprit d'amour, que tu es sensible et mobile! Quoique ta capacité soit énorme comme la mer, elle n'admet rien de si exquis et de si rare qui ne soit dégradé et déprécié au bout d'une minute, tant est pleine de caprices la passion, cette fantaisie suprême!

CURIO. — Voulez-vous venir chasser, monseigneur?

LE DUC. — Quoi, Curio?

CURIO. — Le cerf.

LE DUC. — Eh! c'est le plus noble élan qui m'entraîne en ce moment. Oh! quand mes yeux virent Olivia pour la première fois, il me semblait qu'elle purifiait l'air empesté; dès cet instant je devins une proie, et mes désirs, limiers féroces et cruels, n'ont pas cessé de me poursuivre.

Entre Valentin.

Eh bien? quelles nouvelles d'elle?

VALENTIN. — N'en déplaise à mon seigneur, je n'ai pu être admis; mais je rapporte la réponse que m'a transmise sa servante : le ciel, avant sept étés révolus, ne verra pas son visage à découvert, mais, comme une religieuse cloîtrée, elle ne marchera que voilée, et chaque jour elle arrosera sa chambre de larmes amères, cédant en tout cela à son affection pour un frère mort, affection qu'elle veut garder vivace et durable dans sa mémoire attristée.

LE DUC. — Oh! celle qui a un cœur de cette délicatesse, celle qui paie à un frère une telle dette d'amour, combien elle aimera quand le splendide trait d'or aura tué le troupeau de toutes les affections secondaires qui vivent en elle; quand son sein, son cerveau, son cœur, trônes souverains, seront occupés et remplis par un roi unique, son tendre complément! Allons errer vers les doux lits de fleurs : les rêves d'amour sont splendidement bercés sous un dais de ramures. *(Ils sortent.)*

SCÈNE II

Au bord de la mer.

Entrent VIOLA, UN CAPITAINE DE NAVIRE, ET DES MARINS.

VIOLA. — Amis, quel est ce pays ?

LE CAPITAINE. — L'Illyrie, madame.

VIOLA. — Et qu'ai-je à faire en Illyrie ? Mon frère est dans l'Elysée... Peut-être n'est-il pas noyé! qu'en pensez-vous, matelots ?

LE CAPITAINE. — C'est par une heureuse chance que vous avez été sauvée vous-même.

VIOLA. — O mon pauvre frère! mais il se pourrait qu'il eût été sauvé, lui aussi, par une heureuse chance.

LE CAPITAINE. — C'est vrai, madame; et, pour augmenter ce rassurant espoir, je puis vous affirmer que, quand notre vaisseau s'est ouvert, au moment où vous-même, avec le petit nombre des sauvés, vous vous cramponniez à notre chaloupe, j'ai vu votre frère, plein de prévoyance dans le péril, s'attacher (expédient que lui suggéraient le courage et l'espoir) à un grand mât qui surnageait sur la mer; alors, comme Arion sur le dos du dauphin, je l'ai vu tenir tête aux vagues, tant que j'ai pu l'apercevoir.

VIOLA. — Pour ces paroles, voilà de l'or. Mon propre bonheur laisse entrevoir à mon espoir, qui s'autorise d'ailleurs de ton langage, un bonheur égal pour lui. Connais-tu ce pays ?

LE CAPITAINE. — Oui, madame, très bien; car le lieu où je suis né et où j'ai été élevé n'est pas à trois heures de marche de distance.

VIOLA. — Qui gouverne ici ?

LE CAPITAINE. — Un duc, aussi noble de cœur que de nom.

VIOLA. — Quel est son nom ?

LE CAPITAINE. — Orsino.

VIOLA. — Orsino! Je l'ai entendu nommer par mon père. Il était célibataire alors.

LE CAPITAINE. — Et il l'est encore, ou l'était tout dernièrement; car il n'y a pas un mois que j'ai quitté le pays; et c'était alors un bruit tout frais (vous savez, les petits veulent toujours jaser des faits et gestes des grands) qu'il recherchait l'amour de la belle Olivia.

VIOLA. — Qui est-elle ?

LE CAPITAINE. — Une vertueuse vierge, la fille d'un comte, mort il y a à peu près un an, la laissant sous la protection d'un fils, son frère, qui est mort aussi tout récemment; et c'est par amour pour ce frère qu'elle a abjuré, dit-on, la société et la vue des hommes.

VIOLA. — Oh! je voudrais entrer au service de cette dame, et que mon rang restât inconnu du monde jusqu'au moment où j'aurais mûri mon dessein!

LE CAPITAINE. — Cela serait malaisé à obtenir; car elle ne veut écouter aucune proposition, non, pas même celle du duc.

VIOLA. — Tu as une bonne figure, capitaine; et, bien que souvent la nature revête le vice de beaux dehors, je crois que toi, tu as une âme d'accord avec ta bonne physionomie. Je te prie, et je t'en récompenserai généreusement, de cacher qui je suis, et de m'aider à prendre le déguisement qui siéra le mieux à la forme de mon projet. Je veux entrer au service de ce duc; tu me présenteras à lui en qualité d'eunuque; et tes démarches seront justifiées; car je sais chanter, et je pourrai m'adresser à lui sur des airs si variés qu'il me croira tout à fait digne de son service. Pour ce qui doit suivre, je m'en remets au temps; seulement règle ton silence sur ma prudence.

LE CAPITAINE. — Soyez son eunuque, et je serai votre muet : quand ma langue babillera, que mes yeux cessent de voir!

VIOLA. — Je te remercie. Conduis-moi. *(Ils sortent.)*

SCÈNE III

Chez Olivia.

Entrent SIR TOBIE BELCH *et* MARIA.

SIR TOBIE. — Que diantre a donc ma nièce à prendre ainsi la mort de son frère ? Je suis sûr, moi, que le chagrin est l'ennemi de la vie.

MARIA. — Sur ma parole, sir Tobie, vous devriez venir de meilleure heure le soir; votre nièce, madame, critique grandement vos heures indues.

SIR TOBIE. — Eh bien, mieux vaut pour elle critiquer qu'être critiquée.

MARIA. — Oui, mais vous devriez vous tenir dans les limites modestes de la régularité.

SIR TOBIE. — Me tenir! Je ne puis avoir meilleure tenue : ces habits sont assez bons pour boire, et ces bottes aussi; si elles ne le sont pas, qu'elles se pendent à leurs propres courroies!

MARIA. — Ces rasades et ces boissons-là vous perdront. J'entendais madame en parler hier encore, ainsi que de l'imbécile chevalier que vous avez amené ici un soir pour être son galant.

SIR TOBIE. — Qui ? Sir André Aguecheek ?

MARIA. — Lui-même.

SIR TOBIE. — C'est un homme aussi fort que qui que ce soit en Illyrie.

MARIA. — Qu'importe!

SIR TOBIE. — Eh! il a trois mille ducats par an.

MARIA. — Oui, mais il n'aura tous ces ducats-là qu'un an : c'est un vrai fou, un prodigue.

SIR TOBIE. — Fi! comment pouvez-vous dire ça? Il joue de la basse de viole, il parle trois ou quatre langues, mot à mot, sans livre, et il a tous les dons de la nature.

MARIA. — En effet, dans leur simplicité la plus naturelle. Car, outre que c'est un sot, c'est un grand querelleur; et, s'il n'avait le don de la couardise pour tempérer sa violence querelleuse, on croit parmi les sages qu'il aurait bien vite le don d'une bière.

SIR TOBIE. — Par cette main, ce sont des chenapans et des détracteurs, ceux qui parlent ainsi de lui. Qui sont-ils?

MARIA. — Ceux qui ajoutent, par-dessus le marché, qu'il se soûle tous les soirs dans votre compagnie.

SIR TOBIE. — A force de boire à la santé de ma nièce. J'entends boire à sa santé aussi longtemps qu'il y aura un passage dans mon gosier et de quoi boire en Illyrie. C'est un lâche et un capon que celui qui refusera de boire à ma nièce jusqu'à ce que la cervelle lui tourne comme une toupie de paysan. Allons, fillette, *Castiliano vulgo :* car voici venir sir André Ague-Face.

Entre sir André Aguecheek.

SIR ANDRÉ. — Sir Tobie Belch! Comment va, sir Tobie Belch?

SIR TOBIE. — Suave sir André!

SIR ANDRÉ, *à Maria.* — Dieu vous bénisse, jolie friponne!

MARIA. — Et vous aussi, monsieur!

SIR TOBIE. — Accoste, sir André, accoste.

SIR ANDRÉ. — Qu'est-ce que c'est?

SIR TOBIE. — La chambrière de ma nièce.

SIR ANDRÉ. — Bonne dame Accoste, je désire faire plus ample connaissance avec vous.

MARIA. — Mon nom est Marie, monsieur.

SIR ANDRÉ. — Bonne dame Marie Accoste...

SIR TOBIE. — Vous vous méprenez, chevalier. Je vous dis de l'accoster, c'est-à-dire de l'affronter, de l'aborder, de la courtiser, de l'attaquer.

SIR ANDRÉ. — Sur ma parole, je ne voudrais pas l'entreprendre ainsi en compagnie. Est-ce là le sens du mot accoster?

MARIA. — Adieu, messieurs.

SIR TOBIE. — Si tu la laisses partir ainsi, sir André, puisses-tu ne jamais tirer l'épée!

SIR ANDRÉ. — Si vous partez ainsi, petite dame, puissé-je ne jamais tirer l'épée! Ma belle, croyez-vous donc avoir des imbéciles sous la main?

MARIA. — Monsieur, je ne vous tiens pas par la main.

SIR ANDRÉ. — Morbleu, vous le pouvez : voici ma main.

MARIA. — Au fait, monsieur, la pensée est libre : je vous en prie, mettez votre main dans la baratte au beurre, et laissez-la s'humecter.

SIR ANDRÉ. — Pourquoi, cher cœur? Quelle est votre métaphore?

MARIA. — Votre main est si sèche, monsieur!

SIR ANDRÉ. — Je le crois certes bien; je ne suis pas assez âne pour ne pas savoir tenir mes mains sèches. Mais quelle est cette plaisanterie?

MARIA. — Une plaisanterie sèche, monsieur.

SIR ANDRÉ. — En avez-vous beaucoup comme ça?

MARIA. — Oui, monsieur; j'en ai qui me démangent au bout des doigts. Tiens! maintenant que j'ai lâché votre main, je n'en ai plus. *(Sort Maria.)*

SIR TOBIE. — Ah! chevalier, tu as besoin d'une coupe de canarie. Quand t'ai-je vu ainsi terrassé?

SIR ANDRÉ. — Jamais de votre vie, je crois, à moins que vous ne m'ayez vu terrassé par le canarie. Il me semble que parfois je n'ai pas plus d'esprit qu'un chrétien ou un homme ordinaire; mais je suis grand mangeur de bœuf, et je crois que ça fait tort à mon esprit.

SIR TOBIE. — Sans nul doute.

SIR ANDRÉ. — Si je le croyais, j'abjurerais le bœuf... Demain je monte à cheval et je retourne chez moi, sir Tobie.

SIR TOBIE. — *Why*, mon cher chevalier ?

SIR ANDRÉ. — Que signifie *why ?* Partez, ou ne partez pas ? Je voudrais avoir employé à l'étude des langues le temps que j'ai consacré à l'escrime, à la danse et aux combats d'ours. Oh ! que ne me suis-je adonné aux arts !

SIR TOBIE. — Tu aurais aujourd'hui un toupet parfait.

SIR ANDRÉ. — Quoi ! est-ce que mon toupet y aurait gagné ?

SIR TOBIE. — Sans doute ; car tu vois bien que tes cheveux ne frisent pas naturellement.

SIR ANDRÉ. — Mais ils me vont assez bien, n'est-ce pas ?

SIR TOBIE. — Parfaitement : ils pendent comme du chanvre à une quenouille ; j'espère même un jour voir une ménagère te prendre entre ses jambes pour les filer.

SIR ANDRÉ. — Ma foi, je retourne demain chez moi, sir Tobie. Votre nièce ne veut pas se laisser voir ; ou, si elle y consent, il y a quatre à parier contre un que ce ne sera pas par moi. Le duc lui-même, qui habite près d'ici, lui fait la cour.

SIR TOBIE. — Elle ne veut pas du duc ; elle n'épousera pas un homme au-dessus d'elle par le rang, l'âge ou l'esprit. Je l'ai entendue en faire le serment. Dame ! on peut s'y fier, mon cher.

SIR ANDRÉ. — Je resterai un mois de plus. Je suis un gaillard de la plus singulière disposition ; j'aime les mascarades et les bals énormément parfois.

SIR TOBIE. — T'entends-tu à ces frivolités, chevalier ?

SIR ANDRÉ. — Aussi bien qu'un homme en Illyrie, quel qu'il soit, pourvu qu'il ne soit pas du nombre de mes supérieurs ; pourtant je ne me compare pas à un vieillard !

SIR TOBIE. — De quelle force es-tu à la danse, chevalier ?

SIR ANDRÉ. — Ma foi, je sais découper la gigue.

Sir Tobie. — Et moi découper le gigot.

Sir André. — Et je me flatte d'être à la culbute simplement aussi fort que qui que ce soit en Illyrie.

Sir Tobie. — Pourquoi tout ça reste-t-il caché? Pourquoi tenir ces talents derrière le rideau ? Risquent-ils de prendre la poussière comme le portrait de mistress Mall ? Pourquoi ne vas-tu pas à l'église en une gaillarde, et ne reviens-tu pas en une courante ? Si j'étais de toi, mon pas ordinaire serait une gigue; je ne voudrais jamais lâcher de l'eau qu'en cinq temps. Que prétends-tu ? Vivons-nous dans un monde où il faille cacher les mérites ? Je croirais, à voir l'excellente constitution de ta jambe, qu'elle a été formée sous l'étoile d'une gaillarde.

Sir André. — Oui, elle est solide, et elle a assez bon air dans un bas couleur flamme. Improviserons-nous quelque divertissement ?

Sir Tobie. — Que faire de mieux ? Sommes-nous pas nés sous le signe du Taureau ?

Sir André. — Le Taureau ? Il agit sur les côtes et sur le cœur.

Sir Tobie. — Non, messire, sur les jambes et sur les cuisses. Que je te voie faire un entrechat! Ah! plus haut! Ha! ha! excellent! *(Ils sortent.)*

SCÈNE IV

Dans le palais ducal.

Entrent Valentin *et* Viola *habillée en page.*

Valentin. — Si le duc vous continue ses faveurs, Césario, vous êtes appelé à un haut avancement : il ne vous connaît que depuis trois jours, et déjà vous n'êtes plus un étranger pour lui.

Viola. — Vous craignez donc son caprice ou ma négligence, que vous mettez en question la continuation de sa bienveillance ? Est-ce qu'il est inconstant, monsieur, dans ses affections ?

VALENTIN. — Non, croyez-moi.

Entrent le duc, Curio et les gens de la suite.

VIOLA, *à Valentin.* — Merci... Voici venir le duc.

LE DUC. — Qui a vu Césario ? Holà!

VIOLA. — Le voici, monseigneur, à vos ordres.

LE DUC, *aux gens de sa suite.* — Éloignez-vous un moment. *(A Viola.)* Césario, tu sais tout; je t'ai ouvert le livre à fermoir de mes pensées secrètes. Ainsi, bon jouvenceau, dirige tes pas vers elle; ne te laisse pas renvoyer, reste à sa porte, et dis à ses gens que tes pieds seront enracinés là jusqu'à ce que tu aies obtenu audience.

VIOLA. — Sûrement, mon noble seigneur, si elle s'est abandonnée à sa douleur autant qu'on le dit, elle ne m'admettra jamais.

LE DUC. — Fais du bruit, franchis toutes les bornes de la civilité, plutôt que de revenir sans résultat.

VIOLA. — Supposons que je puisse lui parler, monseigneur, que lui dirai-je ?

LE DUC. — Oh! alors révèle-lui ma passion; étonne-la du récit de mon profond attachement. Tu représenteras mes souffrances à merveille : elle les entendra mieux de la bouche de ta jeunesse que de celle d'un nonce de plus grave aspect.

VIOLA. — Je ne le crois pas, monseigneur.

LE DUC. — Crois-le, cher enfant; car ce serait mentir à ton heureux âge que de t'appeler un homme : les lèvres de Diane ne sont pas plus douces ni plus vermeilles; ta petite voix est comme l'organe d'une jeune fille, flûtée et sonore, et tu jouerais parfaitement un rôle de femme. Je sais que ton étoile t'a prédestiné pour cette affaire... Que quatre ou cinq d'entre vous l'accompagnent! tous, si vous voulez; car, pour moi, je ne suis jamais mieux que quand je suis seul. Réussis dans ce message, et tu vivras aussi indépendant que ton maître; tu pourras appeler tienne sa fortune.

VIOLA. — Je ferai de mon mieux ma cour à votre dame. *(A part.)* Lutte pénible! Faire ma cour ailleurs, et vouloir être sa femme! *(Ils sortent.)*

SCÈNE V

Chez Olivia.

Entrent MARIA *et* FESTE.

MARIA. — Allons, dis-moi où tu as été, ou je n'ouvrirai pas mes lèvres de la largeur d'un crin pour t'excuser. Madame va te faire pendre pour t'être absenté.

FESTE. — Qu'elle me fasse pendre! Celui qui est bien pendu en ce monde n'a plus à craindre les couleurs.

MARIA. — Explique-toi.

FESTE. — Il ne voit plus rien à craindre.

MARIA. — Lestement répondu! Je puis te dire où est né ton mot : *Je ne crains pas les couleurs.*

FESTE. — Où ça, bonne dame Marie ?

MARIA. — A la guerre; vous pouvez hardiment le dire dans vos folies.

FESTE. — Bien! Que Dieu accorde de l'esprit à ceux qui en ont; et quant aux imbéciles, qu'ils usent de leurs talents!

MARIA. — Vous n'en serez pas moins pendu pour vous être absenté si longtemps; ou vous serez chassé; et pour vous, ça n'équivaut-il pas à être pendu ?

FESTE. — Une bonne pendaison empêche souvent un mauvais mariage; et, quant à être chassé, l'été y pourvoira.

MARIA. — Vous êtes donc bien résolu ?

FESTE. — Non ; mais je suis résolu sur deux points.

MARIA. — Deux pointes d'aiguillettes! Si l'une se rompt, l'autre tiendra; ou, si toutes deux se rompent, à bas les culottes!

FESTE. — Bon, ma foi, très bon!... Allons, va ton chemin; du jour où sir Tobie cessera de boire, tu seras le plus spirituel morceau de la chair d'Ève qu'il y ait en Illyrie.

MARIA. — Paix, chenapan! En voilà assez. Voici

madame qui vient; faites prudemment vos excuses, je vous le conseille. *(Elle sort.)*

Entrent Olivia et Malvolio.

FESTE. — Esprit, si c'est ton bon plaisir, mets-moi en folle verve. Les beaux esprits, qui croient te posséder, ne sont souvent que des sots; et moi, qui suis sûr de ne pas te posséder, je puis passer pour spirituel. Car que dit Quinapalus ? Mieux vaut un fou d'esprit qu'un sot bel esprit. Dieu te bénisse, ma dame!

OLIVIA. — Qu'on l'emmène! Plus de folle ici!

FESTE. — Vous entendez, marauds ? Emmenez madame : plus de folle ici!

OLIVIA. — Allons, vous êtes un bien maigre fou; je ne veux plus de vous; en outre, vous devenez malhonnête.

FESTE. — Deux défauts, madone, que la bonne chère ou les bons conseils amenderont : car nourrissez bien le fou, et le fou ne sera plus maigre; dites à l'homme malhonnête de s'amender; s'il s'amende, il n'est plus malhonnête; s'il ne s'amende pas, que le ravaudeur le ramende! Tout ce qui est amendé n'est en réalité que rapiécé. La vertu, qui dévoie, est rapiécée de vice; le vice, qui s'amende, est rapiécé de vertu. Si ce simple syllogisme peut passer, tant mieux; si non, quel remède ? Comme il n'y a de vrai cocuage que le malheur, de même la beauté est une fleur... Madame dit qu'elle ne veut plus de folle ici; conséquemment je le répète : qu'on emmène madame!

OLIVIA. — Monsieur, c'est vous que j'ai dit d'emmener.

FESTE. — Méprise au premier chef!... Madame, *cucullus non facit monachum*, ce qui revient à dire que je n'ai pas de marotte dans ma cervelle. Bonne madone, permettez-moi de vous prouver que vous êtes folle.

OLIVIA. — Pourriez-vous le prouver ?

FESTE. — Lestement, bonne madone.

OLIVIA. — Faites votre preuve.

FESTE. — Je dois pour ça vous interroger comme au catéchisme, madone. Ma bonne petite souris de vertu, répondez-moi.

OLIVIA. — Soit, monsieur! à défaut d'autre passe-temps, j'affronterai votre preuve.

FESTE. — Bonne madone, pourquoi es-tu désolée ?

OLIVIA. — Bon fou, à cause de la mort de mon frère.

FESTE. — Son âme est en enfer, je pense, madone.

OLIVIA. — Je sais que son âme est au ciel, fou.

FESTE. — Vous êtes donc bien folle, madone, de vous désoler de ce que l'âme de votre frère est au ciel... Qu'on l'emmène! Plus de folle ici, messieurs!

OLIVIA. — Que pensez-vous de ce fou, Malvolio ? Est-ce qu'il ne s'amende pas ?

MALVOLIO. — Si fait, et il s'amendera de la sorte jusqu'à ce que les affres de la mort le secouent. L'infirmité, qui ruine le sage, améliore toujours le fou.

FESTE. — Que Dieu vous envoie, monsieur, une prompte infirmité pour perfectionner votre folie! Sir Tobie est prêt à jurer que je ne suis pas un renard; mais il ne parierait pas deux sous que vous n'êtes pas un sot.

OLIVIA. — Que dites-vous à ça, Malvolio ?

MALVOLIO. — Je m'étonne que Votre Excellence se plaise dans la société d'un si chétif coquin; je l'ai vu écraser l'autre jour par un méchant fou qui n'a pas plus de cervelle qu'un caillou. Voyez donc, il est déjà tout décontenancé; dès que vous ne riez plus et que vous ne lui fournissez plus matière, il est bâillonné. Sur ma parole, je considère les gens sensés qui s'extasient si fort devant des fous de cette espèce comme ne valant pas mieux que la marotte même de ces fous.

OLIVIA. — Oh! vous avez la maladie de l'amour-propre, Malvolio, et vous avez le goût d'un appétit dérangé. Quand on est généreux, sans remords et de franche nature, on prend pour des flèches à moineau ce que vous tenez pour des boulets de canon. Il n'y a rien de malveillant dans un bouffon émérite qui ne fait que plaisanter, comme il n'y a rien de plaisant dans un sage prétendu discret qui ne fait que censurer.

FESTE. — Que Mercure te donne le talent de mentir pour avoir dit tant de bien des fous!

Rentre Maria.

MARIA. — Madame, il y a à la porte un jeune gentilhomme qui désire fort vous parler.

OLIVIA. — Est-ce de la part du duc Orsino ?

MARIA. — Je ne sais pas, madame; c'est un beau jeune homme et bien accompagné.

OLIVIA. — Quel est celui de mes gens qui le retient là-bas ?

MARIA. — Sir Tobie, madame, votre parent.

OLIVIA. — Éloignez-le, je vous prie. Il parle comme un fou! fi de lui! *(Maria sort.)* Vous, Malvolio, allez; si c'est un message du duc, je suis malade, ou sortie, tout ce que vous voudrez, pour m'en débarrasser. *(Malvolio sort.)* Eh bien, monsieur, vous voyez comme vos bouffonneries vieillissent, et comme elles déplaisent aux gens.

FESTE. — Tu as parlé pour nous, madone, comme si tu avais un fils aîné fou. Que Jupiter lui bourre le crâne de cervelle, car voici venir un de tes parents qui a une bien faible pie-mère!

Entre sir Tobie Belch.

OLIVIA. — Sur mon honneur, à moitié ivre!... Qui donc est à la porte, mon oncle ?

SIR TOBIE. — Un gentilhomme.

OLIVIA. — Un gentilhomme! Quel gentilhomme ?

SIR TOBIE. — C'est un gentilhomme ici... Peste soit de ces harengs marinés! *(A Feste.)* Eh bien, sot ?

FESTE. — Bon sir Tobie...

OLIVIA. — Mon oncle, mon oncle, comment de si bonne heure avez-vous tant d'indolence ?

SIR TOBIE. — Insolence! Je brave l'insolence!... Il y a quelqu'un à la porte.

OLIVIA. — Oui, en effet. Qui est-ce ?

SIR TOBIE. — Qu'il soit le diable, s'il veut, je ne m'en soucie guère; croyez-m'en sur parole. Oui, ça m'est bien égal. *(Il sort.)*

OLIVIA. — A quoi ressemble un homme ivre, fou ?

FESTE. — A un noyé, à un imbécile et à un fou : une rasade de trop en fait un imbécile; une seconde le rend fou; une troisième le noie.

OLIVIA. — Va donc chercher le coroner, qu'il tienne

enquête sur mon oncle! car il en est au troisième degré de l'ivresse, il est noyé. Va, veille sur lui.

FESTE. — Il n'est encore que fou, madone; et le bouffon va veiller sur le fou. *(Il sort.)*

Rentre Malvolio.

MALVOLIO. — Madame, le jeune drôle de là-bas jure qu'il vous parlera. Je lui ai dit que vous étiez malade; il prétend qu'il le savait, et partant il vient pour vous parler; je lui ai dit que vous dormiez; il prétend en avoir eu prescience également, et partant il vient pour vous parler. Que faut-il lui dire, madame ? Il est fortifié contre tous les refus.

OLIVIA. — Dites-lui qu'il ne me parlera pas.

MALVOLIO. — C'est ce qui lui a été dit; et il répond que, dût-il s'installer à votre porte comme le poteau d'un shériff, s'y faire support de banquette, il vous parlera.

OLIVIA. — Quelle espèce d'homme est-ce ?

MALVOLIO. — Mais, de l'espèce humaine.

OLIVIA. — Quelle manière d'homme ?

MALVOLIO. — Il est de fort mauvaise manière : il prétend vous parler, que vous le veuilliez ou non.

OLIVIA. — Quel genre de personne ? Quel âge ?

MALVOLIO. — Il n'est pas assez âgé pour un homme, ni assez jeune pour un garçon : ce qu'est la cosse avant de renfermer le pois, ce qu'est la pomme quand elle est presque formée; il est juste à la morte-eau entre l'enfance et la virilité. Il a fort bonne mine, et il parle fort impertinemment : on croirait qu'il est à peine sevré du lait de sa mère.

OLIVIA. — Qu'il entre! Appelez ma suivante.

MALVOLIO. — Suivante, madame vous appelle.

Rentre Maria.

OLIVIA. — Donne-moi mon voile; allons, jette-le sur mon visage; nous allons entendre encore une fois l'ambassade d'Orsino.

Entre Viola.

VIOLA. — L'honorable maîtresse de la maison, quelle est-elle ?

OLIVIA. — Parlez-moi, je répondrai pour elle. Que voulez-vous ?

VIOLA. — Très radieuse, parfaite et incomparable beauté, dites-moi, je vous prie, si je suis devant la maîtresse de la maison; car je ne l'ai jamais vue. Je répugnerais à perdre ma harangue; car, outre qu'elle est admirablement bien tournée, je me suis donné beaucoup de peine pour l'apprendre par cœur. Aimables beautés, ne me faites pas essuyer de dédain; car je suis sensible au moindre mauvais procédé.

OLIVIA. — De quelle part venez-vous, monsieur ?

VIOLA. — Je ne saurais guère dire que ce que j'ai étudié et cette question est en dehors de mon rôle. Aimable dame, déclarez-moi en toute modestie si vous êtes la maîtresse de la maison, afin que je puisse procéder à ma harangue.

OLIVIA. — Êtes-vous comédien ?

VIOLA. — Non, je le dis du fond du cœur; et pourtant, par les griffes mêmes de la malice, je jure que je ne suis pas ce que je représente. Êtes-vous la maîtresse de la maison ?

OLIVIA. — Si je ne commets pas d'usurpation sur moi-même, je la suis.

VIOLA. — Si vous l'êtes, vous en commettez une; car ce que vous possédez pour le donner, vous ne le possédez pas pour le garder. Mais ceci est en dehors de ma mission. Je vais dire ma harangue à votre louange, et vous ouvrir le cœur de mon message.

OLIVIA. — Arrivez à l'important : je vous dispense de l'éloge.

VIOLA. — Hélas! j'ai pris tant de peines à l'étudier, et il est si poétique!

OLIVIA. — Il n'en a que plus de chance d'être fictif : je vous en prie, gardez-le pour vous. J'ai appris que vous avez été fort impertinent à ma porte; et j'ai autorisé votre admission plutôt par curiosité de vous voir que par envie de vous entendre. Si vous n'êtes qu'un fou, retirez-vous; si vous avez votre raison, soyez bref : je ne suis pas dans une lune à figurer en un dialogue aussi décousu.

MARIA. — Voulez-vous mettre à la voile, monsieur ? Voilà votre chemin.

VIOLA. — Non, bon mousse; je compte rester en panne ici un peu plus longtemps. *(Montrant Maria à Olivia.)* Modérez un peu votre géant, chère dame.

OLIVIA. — Dites-moi ce que vous voulez.

VIOLA. — Je suis un messager...

OLIVIA. — Sûrement vous devez avoir quelque effroyable chose à révéler, pour que votre début soit si craintif. Expliquez votre message.

VIOLA. — Il n'est fait que pour votre oreille. Je n'apporte ni déclaration de guerre, ni réclamation d'hommage; je tiens l'olivier à ma main : mes paroles sont toutes de paix.

OLIVIA. — Pourtant votre préambule a été rude. Qui êtes-vous ? Que désirez-vous ?

VIOLA. — La rudesse que j'ai montrée était un jeu de scène appris par moi. Ce que je suis, comme ce que je désire, est chose aussi secrète qu'une virginité; verbe sacré pour votre oreille, profane pour toute autre.

OLIVIA, *à Maria.* — Laisse-nous seuls; nous voulons entendre ce verbe sacré. *(Sort Maria.)* Maintenant, monsieur, quel est votre texte ?

VIOLA. — Très charmante dame...

OLIVIA. — Doctrine consolante et sur laquelle il y a beaucoup à dire! Où est votre texte ?

VIOLA. — Dans le cœur d'Orsino.

OLIVIA. — Dans son cœur ? Dans quel chapitre de son cœur ?

VIOLA. — Pour répondre méthodiquement, dans le premier chapitre de son âme.

OLIVIA. — Oh! je l'ai lu : c'est de l'hérésie pure. Est-ce que vous n'avez rien de plus à dire ?

VIOLA. — Bonne madame, que je voie votre visage!

OLIVIA. — Avez-vous mission de votre maître pour négocier avec mon visage ? Vous voilà maintenant loin de votre texte; mais nous allons tirer le rideau, et vous montrer le portrait. *(Se dévoilant.)* Regardez, monsieur : voilà ce que je suis actuellement. N'est-il pas bien fait ?

VIOLA. — Excellemment, si c'est Dieu qui a tout fait.

OLIVIA. — C'est dans le grain, monsieur; ça résistera au vent et à la pluie.

VIOLA. — C'est de la beauté admirablement fondue; ce rouge et ce blanc ont été mis là par la main exquise et savante de la nature elle-même. Madame, vous êtes la plus cruelle des vivantes, si vous emportez toutes ces grâces au tombeau, sans en laisser copie au monde.

OLIVIA. — Oh! monsieur, je n'aurai pas le cœur si dur : je ferai divers legs de ma beauté; elle sera inventoriée, et chaque particularité, chaque détail, sera étiqueté dans mon testament : par exemple, *item*, deux lèvres passablement rouges; *item*, deux yeux gris avec leurs paupières; *item*, un cou, un menton... et ainsi de suite. Avez-vous été envoyé ici pour m'estimer ?

VIOLA. — Je vois ce que vous êtes : vous êtes trop fière. Mais quand vous seriez le diable, vous êtes jolie. Mon seigneur et maître vous aime. Oh! un tel amour devrait être récompensé, quand vous seriez couronnée la beauté sans pareille!

OLIVIA. — Comment m'aime-t-il ?

VIOLA. — Avec adoration, avec des larmes fécondes, avec des sanglots qui fulminent l'amour, avec des soupirs de feu.

OLIVIA. — Votre maître connaît ma pensée : je ne puis l'aimer. Pourtant je le suppose vertueux, je le sais noble, de grande maison, d'une jeunesse fraîche et sans tache, bien famé, généreux, instruit, vaillant, et, par la tournure et les dehors, une gracieuse personne. Néanmoins je ne puis l'aimer; il y a longtemps qu'il devrait se le tenir pour dit.

VIOLA. — Si je vous aimais avec la flamme de mon maître, avec de telles souffrances, une vie si meurtrière, je ne trouverais pas de sens à votre refus, je ne le comprendrais pas.

OLIVIA. — Eh! que feriez-vous ?

VIOLA. — Je me bâtirais à votre porte une hutte de saule, et je redemanderais mon âme à votre maison;

j'écrirais de loyales cantilènes sur mon amour dédaigné, et je les chanterais bien haut dans l'ombre de la nuit; je crierais votre nom aux échos des collines, et je forcerais la commère babillarde des airs à vociférer : *Olivia!* Oh! vous n'auriez pas de repos entre ces deux éléments, l'air et la terre, que vous n'eussiez eu pitié de moi.

OLIVIA. — Vous pourriez beaucoup. Quelle est votre naissance ?

VIOLA. — Supérieure à ma fortune, et pourtant ma fortune est suffisante : je suis gentilhomme.

OLIVIA. — Retournez près de votre maître; je ne puis l'aimer; qu'il cesse d'envoyer... à moins que par hasard vous ne reveniez pour me dire comment il prend la chose! Adieu! Je vous remercie : dépensez ceci pour moi. *(Elle lui offre une bourse.)*

VIOLA. — Je ne suis pas un messager à gages, madame : gardez votre bourse; c'est à mon maître, non à moi, qu'il faut une récompense. Puisse l'amour faire un cœur de roche à celui que vous aimerez, et puisse votre ferveur, comme celle de mon maître, n'être payée que de mépris!... Adieu, belle cruauté! *(Elle sort.)*

OLIVIA. — *Quelle est votre naissance? — Supérieure à ma fortune, et pourtant ma fortune est suffisante : je suis gentilhomme.* Je jurerais que tu l'es. Ton langage, ton visage, ta tournure, ta démarche, ton esprit, te donnent un quintuple blason... Pas si vite! Doucement! doucement!... Que le maître n'est-il le valet!... Eh quoi! Peut-on si vite attraper le fléau? Il me semble que je sens les perfections de ce jeune homme, par une invisible et subtile effraction, s'insinuer dans mes yeux. Eh bien, soit!... Holà, Malvolio!

Entre Malvolio.

MALVOLIO. — Me voici, madame, à votre service.

OLIVIA. — Cours après ce mutin messager, l'envoyé du duc : il a laissé cette bague ici malgré moi; dis-lui que je n'en veux pas. — Recommande-lui de ne pas donner d'illusion à son maître, de ne pas le bercer d'espérances; je ne suis point pour lui; si ce jeune homme veut repasser par ici demain, je lui expliquerai mes raisons. Hâte-toi, Malvolio.

MALVOLIO. — J'obéis, madame. *(Il sort.)*

OLIVIA. — Je ne sais plus ce que je fais; et je crains de m'apercevoir que mes yeux ont trop fasciné mon imagination. Destinée, montre ta force! Nous ne nous possédons pas nous-mêmes; ce qui est décrété doit être : eh bien, soit! *(Elle sort.)*

ACTE II

SCÈNE PREMIÈRE

Une habitation au bord de la mer.

Entrent ANTONIO *et* SÉBASTIEN.

ANTONIO. — Vous ne voulez pas rester plus longtemps ? Et vous ne voulez pas que j'aille avec vous ?

SÉBASTIEN. — Non, je vous en prie. Mon étoile jette sur moi une lueur sombre. La malignité de ma destinée pourrait peut-être attaquer la vôtre. Je vous conjure donc de me laisser seul porter mes malheurs : ce serait mal récompenser votre amitié que de les faire peser sur vous en partie.

ANTONIO. — Laissez-moi du moins savoir où vous vous rendez.

SÉBASTIEN. — Non, ma foi, monsieur. Mon itinéraire est la pure extravagance. Mais je remarque en vous ce tact exquis de la délicatesse : vous ne voulez pas m'arracher ce que je veux garder pour moi; et je n'en suis que plus impérieusement entraîné à m'ouvrir à vous. Sachez donc, Antonio, que je m'appelle Sébastien, bien que je prenne le nom de Roderigo. Mon père était ce Sébastien de Messaline dont vous avez, je suis sûr, entendu parler : il laissa après lui deux enfants, moi et une sœur, nés tous deux à la même heure. Plût au ciel que nous eussions fini ensemble une vie commencée ensemble! Mais vous, monsieur, vous en avez décidé autrement; car une heure environ avant que vous m'eussiez soustrait au gouffre de la mer, ma sœur était noyée.

ANTONIO. — Hélas! quel jour!

SÉBASTIEN. — Bien qu'elle passât pour me ressembler beaucoup, monsieur, elle était généralement réputée belle personne; et, bien que je ne puisse trop m'avancer sur la foi de ces merveilleux on-dit, je puis pourtant proclamer hardiment une chose, c'est qu'elle avait une âme que l'envie même était forcée de trouver belle. Hélas! elle a beau être noyée dans l'eau amère, il faut encore que je noie son souvenir dans une eau plus amère encore!

ANTONIO. — Pardonnez-moi, monsieur, ma chétive hospitalité.

SÉBASTIEN. — O bon Antonio, pardonnez-moi l'embarras que je vous ai donné.

ANTONIO. — Si vous ne voulez pas me blesser à mort dans mon affection, laissez-moi être votre serviteur.

SÉBASTIEN. — Si vous ne voulez pas défaire ce que vous avez fait, c'est-à-dire perdre celui que vous avez sauvé, n'insistez pas. Adieu, une fois pour toutes! Mon cœur est plein de sensibilité, et je touche encore de si près à ma mère par la tendresse qu'à la moindre occasion mes yeux sont prêts à me trahir. Je vais à la cour du duc Orsino : adieu!

ANTONIO. — Que la faveur de tous les dieux aille avec toi! *(Sort Sébastien.)* J'ai de nombreux ennemis à la cour d'Orsino; sans quoi je t'y rejoindrais bien vite... Mais advienne que voudra; je t'adore tellement que le danger me semblera un jeu, et j'irai.

(Il sort.)

SCÈNE II

Une rue.

Entre VIOLA. MALVOLIO *la suit.*

MALVOLIO. — N'étiez-vous pas, il n'y a qu'un moment, avec la comtesse Olivia ?

VIOLA. — Il n'y a qu'un moment, monsieur; en marchant d'un pas modéré, je n'ai eu que le temps de venir jusqu'ici.

MALVOLIO. — Elle vous renvoie cet anneau, monsieur. Vous auriez pu m'épargner ma peine en l'emportant vous-même. Elle vous fait dire en outre de donner à votre maître l'assurance désespérée qu'elle ne veut pas de lui; et, qui plus est, de ne plus vous permettre de revenir pour cette affaire, à moins que ce ne soit pour lui dire comment votre maître aura pris ce refus. Maintenant reprenez ceci.

VIOLA. — Elle a accepté l'anneau de moi : je n'en veux pas.

MALVOLIO. — Allons, monsieur, vous le lui avez impertinemment jeté, et sa volonté est qu'il vous soit rendu; s'il vaut la peine qu'on se baisse pour l'avoir, le voilà par terre sous vos yeux; sinon, qu'il appartienne à qui le trouvera! *(Il sort en jetant la bague aux pieds de Viola.)*

VIOLA, *la ramassant.* — Je ne lui ai pas laissé de bague : que prétend cette dame ? Ma tournure l'aurait-elle charmée ? Le sort veuille que non! Elle m'a beaucoup considérée, à tel point vraiment que ses yeux semblaient égarer sa langue, car elle parlait d'une façon incohérente et distraite. Elle m'aime assurément; c'est une ruse de sa passion qui me fait inviter par ce grossier messager. Elle ne veut pas de la bague de monseigneur! Mais il ne lui en a pas envoyé. Je suis le personnage!... Si cela est (et cela est), pauvre femme, elle ferait mieux de s'éprendre d'une vision. Déguisement, tu es, je le vois, une profanation, qu'exploite l'adroit ennemi du genre humain. Combien il est facile à de beaux trompeurs de faire impression sur le cœur de cire des femmes! Hélas! la faute en est à notre fragilité, non à nous. Car telles nous sommes faites, telles nous sommes. Comment ceci s'arrangera-t-il ? Mon maître l'aimetend rement, et moi, pauvre monstre, je suis profondément éprise de lui; et elle, dans sa méprise, paraît raffoler de moi. Qu'adviendra-t-il de tout ça ? Comme homme, je dois désespérer d'obtenir l'amour de mon maître. Comme femme ?

hélas! que d'inutiles soupirs j'arrache à la pauvre Olivia! O temps, c'est toi qui dois débrouiller ceci et non moi. Ce nœud est pour moi trop difficile à dénouer. *(Elle sort.)*

SCÈNE III

Chez Olivia.

Entrent SIR TOBIE BELCH *et* SIR ANDRÉ AGUECHEEK.

SIR TOBIE. — Approche, sir André. Ne pas être au lit après minuit, c'est être debout de bonne heure; et *diluculo surgere*, tu sais...

SIR ANDRÉ. — Non, ma foi, je ne sais pas; mais ce que je sais, c'est qu'être debout tard, c'est être debout tard.

SIR TOBIE. — Fausse conclusion, qui me répugne autant qu'un flacon vide! Être debout après minuit, et alors se coucher, c'est se coucher matin; en sorte qu'aller se coucher après minuit, c'est aller se coucher de bonne heure. Est-ce que notre existence n'est pas un composé des quatre éléments ?

SIR ANDRÉ. — Ma foi, on le dit; mais je crois plutôt que c'est un composé du boire et du manger!

SIR TOBIE. — Tu es un savant : donc mangeons et buvons... Marianne, holà! une cruche de vin!

Entre Feste.

SIR ANDRÉ. — Voici, ma foi, le fou qui vient.

FESTE. — Eh bien, mes cœurs! n'avez-vous jamais vu l'image de notre trio ?

SIR TOBIE. — Ane, sois le bienvenu. Maintenant, une ariette!

SIR ANDRÉ. — Sur ma parole, le fou a un excellent gosier. Je donnerais quarante shillings pour avoir la jambe et la douce voix qu'a le fou. En vérité, tu as été hier soir d'une bouffonnerie délicieuse, quand tu nous as parlé de Pigrogromitus, des Vapiens passant l'équinoxiale de Queubus; c'était fort bon, ma foi. Je t'ai envoyé six pence pour ta catin; les as-tu eus ?

FESTE. — J'ai empoché la gratification; car le nez de Malvolio n'est pas un manche de fouet; ma dame a la main blanche, et les Myrmidons ne sont pas des cabarets.

SIR ANDRÉ. — Excellent! voilà encore la meilleure bouffonnerie, après tout. Maintenant, une chanson!

SIR TOBIE. — Allons! voilà six pence pour vous; chantez-nous une chanson.

SIR ANDRÉ. — Tiens, voilà un teston de moi pardessus le marché! Quand un chevalier donne un...

FESTE. — Voulez-vous une chanson d'amour, ou une chanson morale ?

SIR TOBIE. — Une chanson d'amour, une chanson d'amour!

SIR ANDRÉ. — Oui, oui, je ne me soucie guère de la morale.

FESTE, *chantant.*

O ma maîtresse, où courez-vous?
Oh! arrêtez et écoutez; il arrive, votre amant fidèle,
Qui sait chanter haut et bas.
Ne trottez pas plus loin, douce mignonne;
Tout voyage s'arrête au rendez-vous d'amour.
Le fils du sage sait ça.

SIR ANDRÉ. — Excellent, ma foi!

SIR TOBIE. — Bien, bien!

FESTE.

Qu'est-ce que l'amour? Il n'est pas à venir;
La joie présente a le rire présent.
Ce qui est au futur est toujours incertain.
On ne gagne rien aux délais.
Viens donc me baiser, cent fois charmante;
La jeunesse est une étoffe qui ne peut durer.

SIR ANDRÉ. — Voix melliflue, foi de chevalier!

SIR TOBIE. — Haleine parfumée!

SIR ANDRÉ. — Suave et parfumée, en vérité!

SIR TOBIE. — A l'entendre du nez, c'est une harmonie de parfums. Mais si nous buvions à faire danser le ciel ? Ou bien si nous réveillions la chouette par un trio capable de ravir trois âmes de tisserand ? Que vous en semble ?

SIR ANDRÉ. — Si vous m'aimez, faisons-le. Je suis un limier pour attraper les airs.

FESTE. — Par Notre-Dame, messire, il y a des chiens qui attrapent bien.

SIR ANDRÉ. — Certainement. Chantons l'air : *Coquin, garde le silence.*

FESTE. — *Garde le silence, coquin*, chevalier ? Je serai donc forcé de t'appeler coquin, chevalier ?

SIR ANDRÉ. — Ce n'est pas la première fois que j'ai forcé quelqu'un à m'appeler coquin. Commence, fou; ça commence ainsi : *Garde le silence.*

FESTE. — Je ne commencerai jamais, si je garde le silence.

SIR ANDRÉ. — Bon, ma foi! Allons, commence. *(Ils chantent un trio.)*

Entre Maria.

MARIA. — Quel charivari faites-vous là! Si madame n'a pas appelé son intendant, Malvolio, pour lui dire de vous mettre à la porte, ne vous fiez plus à moi.

SIR TOBIE. — Madame est une Chinoise, nous sommes des hommes d'État, Malvolio est un aigrefin, et nous sommes trois joyeux compagnons. Ne suis-je pas un parent ? Ne suis-je pas du sang de madame ? Tarare, ma chère! *(Il chante.)*

Il était un homme à Babylone, dame, dame.

FESTE. — Malepeste! le chevalier est dans un admirable entrain.

SIR ANDRÉ. — Oui, il va assez bien quand il est disposé; et moi aussi. Il y met plus de grâce; moi, plus de simplicité.

SIR TOBIE, *chantant.*

Oh! le douzième jour de décembre.

MARIA. — Pour l'amour de Dieu, silence!

Entre Malvolio.

MALVOLIO. — Êtes-vous fous, mes maîtres ? ou bien qu'êtes-vous donc ? N'avez-vous ni raison, ni savoir-vivre, ni civilité, pour brailler comme des chaudronniers à cette heure de nuit ? Tenez-vous la maison de madame pour un cabaret, que vous hurlez ici vos airs de ravaudeurs sans ménagement ni remords de voix ? Ne respectez-vous ni lieu ni personne ? Avez-vous perdu toute mesure ?

SIR TOBIE. — Nous avons observé la mesure, monsieur, dans notre trio. Au diable!

MALVOLIO. — Sir Tobie, je dois être franc avec vous. Madame m'a chargé de vous dire que, bien qu'elle vous recueille comme son parent, elle n'est nullement alliée à vos désordres. Si vous pouvez vous séparer de vos déportements, vous serez le bienvenu à la maison; sinon, pour peu qu'il vous plaise de prendre congé d'elle, elle est toute disposée à vous faire ses adieux.

SIR TOBIE, *chantant.*

Adieu, cher cœur, puisqu'il faut que je parte.

MARIA. — Voyons, bon sir Tobie!

FESTE, *chantant.*

Ses yeux annoncent que ses jours sont presque finis.

MALVOLIO. — Est-il possible!

SIR TOBIE, *chantant.*

Mais je ne mourrai jamais.

FESTE. — Sir Tobie, en cela vous mentez.

MALVOLIO. — Voilà qui vous fait grand honneur!

SIR TOBIE, *chantant.*

Lui dirai-je de s'en aller?

FESTE, *chantant.*

Et quand vous le feriez?

SIR TOBIE, *chantant.*

Lui dirai-je de s'en aller, sans merci?

FESTE, *chantant.*

Oh! non, non, non, vous n'oseriez.

SIR TOBIE, *à Malvolio.* — Ah! nous détonnons, l'ami ? Vous mentez... Es-tu rien de plus qu'un intendant ? Crois-tu, parce que tu es vertueux, qu'il n'y aura plus ni ale ni galette ?

FESTE. — Si fait, par sainte Anne; et le gingembre aussi nous brûlera la bouche.

SIR TOBIE, *à Feste.* — Tu es dans le vrai. *(A Malvolio.)* Allez, monsieur, allez fourbir votre chaîne avec de la mie de pain... Une cruche de vin, Maria!

MALVOLIO. — Mademoiselle Marie, si vous faites le moindre cas de la faveur de madame, vous ne prêterez pas les mains à cette incivile conduite; elle sera informée de tout cela, je le jure. *(Il sort.)*

MARIA. — Allez secouer vos oreilles.

SIR ANDRÉ. — Un acte aussi louable que de boire quand on a faim, ce serait de lui donner un rendez-vous sur le terrain, puis de lui manquer de parole et de le mystifier.

SIR TOBIE. — Fais ça, chevalier; je te rédigerai un cartel, ou bien je lui signifierai de vive voix ton indignation.

MARIA. — Mon cher sir Tobie, prenez patience pour cette nuit : depuis la visite que le jeune page du duc a faite aujourd'hui à madame, elle est fort agitée. Quant à monsieur Malvolio, abandonnez-le-moi : si je ne fais pas de lui une dupe proverbiale, si je ne l'expose pas à la risée générale, croyez que je n'ai pas assez d'intelligence pour m'étendre tout de mon long dans mon lit. Je m'en charge.

SIR TOBIE. — Instruis-nous, instruis-nous; parle-nous de lui.

MARIA. — Eh bien, monsieur, cet homme est par moments une espèce de puritain.

SIR ANDRÉ. — Oh! si je croyais ça, je le battrais comme un chien.

SIR TOBIE. — Quoi! s'il était puritain! Quelle exquise raison as-tu pour ça, cher chevalier?

SIR ANDRÉ. — Je n'ai pas pour cela de raison exquise, mais j'ai des raisons suffisantes.

MARIA. — C'est un diable de puritain, ou à coup sûr ce n'est rien moins qu'un homme accommodant; un âne plein d'affectation qui, sans étude, sait la société par cœur, et débite ses maximes par grandes gerbes; tout féru de lui-même, et se croyant tellement bourré de perfections qu'il est fermement convaincu qu'on ne peut le voir sans l'aimer; c'est dans ce travers même que ma vengeance va trouver un notable sujet de s'exercer.

SIR TOBIE. — Que vas-tu faire?

MARIA. — Je vais laisser tomber sur son chemin une mystérieuse lettre d'amour, dans laquelle il se croira très clairement désigné par des allusions à la couleur de sa barbe, à la forme de sa jambe, à sa tournure, à l'expression de ses yeux, de son front, de sa physionomie. Mon écriture ressemble fort à celle de madame votre nièce; sur un sujet oublié nous pourrions à peine les distinguer.

SIR TOBIE. — Excellent! Je flaire la farce.

SIR ANDRÉ. — J'ai aussi le nez dessus.

SIR TOBIE. — Il croira, à la teneur de la lettre que tu auras laissée tomber, qu'elle vient de ma nièce, et qu'elle est amoureuse de lui.

MARIA. — Mon projet est effectivement un cheval de bataille de cette couleur.

SIR ANDRÉ. — Et ton cheval de bataille ferait de lui un âne.

MARIA. — Un âne, sans aucun doute.

SIR ANDRÉ. — Oh! ce sera admirable.

MARIA. — Plaisir royal, je vous le garantis! Je suis sûre que ma médecine opérera sur lui. Je vous posterai, en tiers avec le fou, à l'endroit où il devra trouver la lettre; vous prendrez note de ses commentaires. Pour ce soir, couchez-vous, et songez à l'événement. Adieu!

SIR TOBIE. — Bonsoir, Penthésilée! *(Sort Maria.)*

SIR ANDRÉ. — Sur ma foi, c'est une bonne fille.

SIR TOBIE. — C'est une bigle de race, et qui m'adore. Que t'en semble ?

SIR ANDRÉ. — J'ai été aussi adoré dans le temps.

SIR TOBIE. — Allons nous coucher, chevalier. Tu feras bien d'envoyer chercher encore de l'argent.

SIR ANDRÉ. — Si je ne puis obtenir votre nièce, je suis dans un rude embarras.

SIR TOBIE. — Envoie chercher de l'argent, chevalier; si tu ne finis pas par avoir ma nièce, appelle-moi rosse.

SIR ANDRÉ. — Si je m'y refuse, ne vous fiez plus à moi; traitez-moi comme vous voudrez.

SIR TOBIE. — Allons, viens; je vais faire chauffer du vin; il est trop tard pour aller au lit maintenant. Viens, chevalier; viens, chevalier. *(Ils sortent.)*

SCÈNE IV

Dans le palais ducal.

Entrent LE DUC, VIOLA, CURIO ET D'AUTRES.

LE DUC. — Qu'on me donne de la musique!... Ah! bonjour, amis! Allons, bon Césario, rien qu'un morceau de chant, ce chant vieux et antique que nous avons entendu la nuit dernière! Il m'a semblé qu'il soulageait ma passion beaucoup plus que tous ces airs légers et tous ces fredons rebattus à la mesure brusque et saillante. Allons, rien qu'un couplet!

CURIO. — N'en déplaise à Votre Seigneurie, celui qui pourrait le chanter n'est pas ici.

LE DUC. — Qui était-ce donc ?

CURIO. — Feste, le bouffon, milord; un fou qu'aimait fort le père de madame Olivia; il est quelque part dans le palais.

LE DUC. — Allez le chercher, et qu'on joue l'air en attendant! *(Sort Curio. — Musique. — A Viola.)* Approche, page. Si jamais tu aimes, dans tes douces angoisses souviens-toi de moi : car tous les vrais amoureux sont tels que je suis, mobiles et capricieux en tout, hormis dans l'idée fixe de la créature aimée. Que te semble de cet air ?

VIOLA. — Il trouve un écho dans les profondeurs mêmes où trône l'amour.

LE DUC. — Tu en parles magistralement; je jurerais, sur ma vie, que, jeune comme tu l'es, ton regard s'est déjà fixé avec complaisance sur quelque gracieux être; n'est-ce pas, page ?

VIOLA. — Un peu, n'en déplaise à Votre Grâce.

LE DUC. — Quel genre de femme est-ce ?

VIOLA. — De votre complexion.

LE DUC. — Elle n'est pas digne de toi, alors. Quel âge, en vérité ?

VIOLA. — A peu près votre âge, monseigneur.

LE DUC. — C'est trop vieux, par le ciel. Que la femme prenne toujours un plus âgé qu'elle! Elle n'en sera que mieux assortie, et que mieux en équilibre dans le cœur de son mari. Car, page, nous avons beau nous vanter, nos affections sont plus mobiles, plus instables, plus vives, plus vacillantes, plus tôt égarées et usées que celles des femmes.

VIOLA. — Je le crois, monseigneur.

LE DUC. — Ainsi, que ta bien-aimée soit plus jeune que toi-même! ou ton affection ne saurait garder le pli. Car les femmes sont comme les roses : leur fleur de beauté est à peine épanouie qu'elle s'étiole.

VIOLA. — Elles sont ainsi en effet. Hélas! pourquoi faut-il qu'elles soient ainsi, condamnées à dépérir alors même qu'elles atteignent la perfection ?

Rentre Curio avec Feste.

LE DUC, *à Feste.* — Allons, l'ami, la chanson que nous avons eue hier soir! Remarque-la bien, Césario, elle est vieille et simple; les tricoteuses et les fileuses, travaillant au soleil, les libres filles qui tissent avec la navette, ont coutume de la chanter; c'est une naïve et franche chanson, qui joue avec l'innocence de l'amour, comme au bon vieux temps.

FESTE. — Êtes-vous prêt, monsieur?

LE DUC. — Oui. Chante, je te prie.

FESTE, *chantant.*

Arrive, arrive, ô mort,
Et que je sois couché sous un triste cyprès!
Envole-toi, envole-toi, haleine!
Je suis tué par une belle fille cruelle;
Mon linceul blanc, tout décoré d'if,
Oh! préparez-le.
Dans la scène de la mort nul si vraiment
Ne joua son rôle.
Que pas une fleur, pas une fleur embaumée
Ne soit semée sur mon noir cercueil!
Que pas un ami, pas un ami ne salue
Mon pauvre corps, là où seront jetés mes os!
Pour m'épargner mille et mille sanglots,
Oh! mettez-moi quelque part
Où un triste amant ne puisse trouver ma tombe
Pour y pleurer!

LE DUC, *jetant une bourse à Feste.* — Voilà pour ta peine.

FESTE. — Aucune peine, monsieur; je prends plaisir à chanter, monsieur.

LE DUC. — Eh bien, je te paie ton plaisir.

FESTE. — Au fait, monsieur, le plaisir doit se payer tôt ou tard.

LE DUC. — Sur ce, laisse-moi te laisser.

FESTE. — Sur ce, que le dieu de la mélancolie te protège et que le tailleur te fasse ton pourpoint de taffetas changeant, car ton âme est une véritable opale!... Je voudrais voir les hommes d'une pareille constance s'embarquer sur la mer, ayant affaire partout, et n'ayant de but nulle part : ce serait là le vrai moyen de faire un bon voyage... pour rien!... Adieu! *(Il sort.)*

LE DUC. — Retirez-vous, vous autres. *(Sortent Curio et la suite. A Viola.)* Encore une fois, Césario, retourne auprès de cette cruelle souveraine; dis-lui que mon amour, plus noble que l'univers, ne fait aucun cas d'une quantité de terrains fangeux; ces biens dont l'a comblée la fortune, dis-lui que je les traite aussi légèrement que la fortune elle-même; mais ce qui attire mon âme, c'est cette merveille, cette perle-reine dont l'a parée la nature.

VIOLA. — Mais, monsieur, si elle ne peut vous aimer ?

LE DUC. — Je ne puis accepter cette réponse-là.

VIOLA. — D'honneur, il le faut bien. Supposons qu'une dame — comme cela peut être — éprouve pour l'amour de vous des peines de cœur aussi grandes que celles que vous cause Olivia; vous ne pouvez l'aimer, vous le lui dites : eh bien, ne faut-il pas qu'elle accepte cette réponse ?

LE DUC. — Le sein d'une femme ne saurait supporter les élans de la passion violente que l'amour m'a mise au cœur; nul cœur de femme n'est assez grand pour contenir tant d'émotions; nul n'est assez vaste. Hélas! leur amour peut bien s'appeler un appétit : ce qui est ému en elles, ce n'est pas le foie, c'est le palais, sujet à la satiété, à la répulsion, au dégoût. Mon cœur, au contraire, est affamé comme la mer et peut digérer autant qu'elle. Ne fais pas de comparaison entre l'amour que peut me porter une femme et celui que j'ai pour Olivia.

VIOLA. — Oui, mais je sais...

LE DUC. — Que sais-tu ?

VIOLA. — Trop bien quel amour les femmes peuvent avoir pour les hommes : en vérité, elles ont le cœur aussi généreux que nous. Mon père avait une fille qui aimait un homme, comme moi, par aventure, si j'étais femme, je pourrais aimer Votre Seigneurie.

LE DUC. — Et quelle est son histoire ?

VIOLA. — Un long effacement, monseigneur. Jamais elle n'avoua son amour; elle en laissa le secret, comme le ver dans le bourgeon, ronger les roses de ses joues; elle languit dans sa pensée; jaunie, verdie, par la mélancolie, elle s'inclina, comme la Résignation sur une tombe, souriant à la douleur. N'était-ce pas là de l'amour ? Nous autres hommes, nous pouvons parler davantage, jurer davantage; mais, en vérité, nos démonstrations outrepassent nos sentiments; car, en définitive, nous sommes fort prodigues de protestations, mais peu prodigues d'amour.

LE DUC. — Mais ta sœur est-elle morte de son amour, mon enfant ?

VIOLA. — Je suis toute la famille de mon père, à la fois toutes ses filles et tous ses fils... Et pourtant je ne sais... Monsieur, irai-je chez cette dame ?

LE DUC. — Oui. Voilà ce dont il s'agit. Vite chez elle ! Donne-lui ce bijou; dis-lui que mon amour ne peut ni céder la place ni supporter un refus. *(Ils sortent.)*

SCÈNE V

Une allée dans le parc d'Olivia.

Entrent SIR TOBIE BELCH, SIR ANDRÉ AGUECHEEK *et* FABIEN.

SIR TOBIE. — Arrive, arrive, signor Fabien.

FABIEN. — Certes, j'arrive; si je perds un scrupule de cette farce, que je sois bouilli à mort par la mélancolie !

SIR TOBIE. — Serais-tu pas bien aise de voir ce cuistre, ce coquin, ce fripon subir quelque mortification notoire ?

FABIEN. — J'en serais ravi, ma foi. Vous savez qu'il m'a fait perdre la faveur de madame, à l'occasion d'un combat d'ours ici.

SIR TOBIE. — Pour l'exaspérer, nous allons avoir un nouvel ours, et nous allons le berner jusqu'au noir, jusqu'au bleu... N'est-ce pas, sir André ?

SIR ANDRÉ. — Si nous ne le faisons pas, tant pis pour nous.

Entre Maria.

SIR TOBIE. — Voici venir la petite coquine... Comment va, mon ortie des Indes ?

MARIA. — Mettez-vous tous trois dans le fourré de buis. Malvolio descend cette allée; voilà une demi-heure qu'il est là-bas au soleil, apprenant des poses à son ombre. Observez-le pour l'amour de la drôlerie; car je suis sûre que cette lettre va faire de lui un idiot contemplatif. Au nom de la farce, rangez-vous. *(Les hommes se cachent. Elle jette la lettre.)* Toi, reste là; car voici venir la truite que nous allons attraper en la chatouillant. *(Sort Maria.)*

Entre Malvolio.

MALVOLIO. — Il ne faut qu'une chance; tout est chance. Elle a de la sympathie pour moi : Maria me l'a dit une fois, et je l'ai entendue elle-même avouer que, si elle aimait, ce serait quelqu'un de ma nature. D'ailleurs, elle me traite avec des égards plus marqués qu'aucun autre de ses gens. Que dois-je en penser ?

SIR TOBIE, *à part.* — Voilà un maroufle outrecuidant!

FABIEN, *à part.* — Oh! paix! La contemplation fait de lui un fier dindon : comme il se pavane en étalant ses plumes!

SIR ANDRÉ, *à part.* — Jour de Dieu! comme je vous rosserais le maroufle!

SIR TOBIE, *à part.* — Paix donc!

MALVOLIO. — Être comte Malvolio!

SIR TOBIE, *à part.* — Ah! maroufle!

SIR ANDRÉ, *à part.* — Canardons-le! canardons-le!

SIR TOBIE, *à part.* — Paix! paix!

MALVOLIO. — Il y a un exemple de ça : la dame de Strachy a épousé l'huissier de sa garde-robe!

SIR TOBIE, *à part.* — Fi de lui, par Jézabel!

FABIEN, *à part.* — Ah! paix! Le voilà enfoncé dans sa rêverie; voyez comme l'imagination le gonfle.

MALVOLIO. — L'ayant épousée depuis trois mois, assis sous mon dais...

SIR TOBIE, *à part.* — Oh! une arbalète pour le frapper dans l'œil!

MALVOLIO. — Appelant mes officiers autour de moi, dans ma simarre de velours à ramages, venant de quitter le lit de repos où j'ai laissé Olivia endormie...

SIR TOBIE, *à part.* — Feu et soufre!

FABIEN, *à part.* — Oh! paix! paix!

MALVOLIO. — Alors je prends un air de hauteur; et, après avoir gravement promené sur eux un regard qui veut dire que je connais ma position et que je désire qu'ils connaissent la leur, je demande mon parent Tobie.

SIR TOBIE, *à part.* — Fers et liens!

FABIEN, *à part.* — Paix donc, paix, paix! Attention, attention!

MALVOLIO. — Sept de mes gens, d'un élan obéissant, vont le chercher. En attendant, je fronce le sourcil, et par aventure je remonte ma montre, ou je joue avec quelque riche joyau. Tobie s'approche, me fait une révérence...

SIR TOBIE, *à part.* — Ce drôle vivra-t-il ?

FABIEN, *à part.* — Quand on essaierait de la torture pour nous arracher le silence, paix encore une fois!

MALVOLIO. — Je lui tends la main comme ceci, tempérant mon sourire familier par un sévère regard d'autorité...

SIR TOBIE, *à part.* — Et alors Tobie ne te flanque pas un horion sur les lèvres ?

MALVOLIO. — Disant : *Cousin Tobie, ma fortune, en m'octroyant votre nièce, m'a conféré cette prérogative de parole...*

SIR TOBIE, *à part.* — Écoutons, écoutons.

MALVOLIO. — *Il faut vous corriger de votre ivrognerie.*

SIR TOBIE, *à part.* — La peste du galeux!

FABIEN, *à part.* — Ah! patience! ou nous rompons les fibres de notre complot.

MALVOLIO. — *En outre, vous gaspillez le trésor de votre temps avec un imbécile de chevalier.*

SIR ANDRÉ, *à part.* — C'est moi, je vous le garantis.

MALVOLIO. — *Un sir André...*

SIR ANDRÉ, *à part.* — Je savais bien que c'était moi; car bien des gens m'appellent imbécile.

MALVOLIO. — Qu'avons-nous là ? *(Il ramasse la lettre.)*

FABIEN, *à part.* — Voilà la buse près du piège.

SIR TOBIE, *à part.* — Ah! paix! Et que le génie de la farce lui insinue l'idée de lire tout haut!

MALVOLIO. — Sur ma vie, c'est l'écriture de madame : je reconnais ses *r*, ses *u* et ses *o;* et c'est ainsi qu'elle fait ses grands *P*. En dépit de toute question, c'est son écriture.

SIR ANDRÉ, *à part.* — Ses airs, ses us et ses os! Comment ça ?

MALVOLIO, *lisant l'adresse.* — *A l'inconnu bien-aimé, cette lettre et mes meilleurs souhaits!* Juste ses phrases!.. Avec votre permission, cire!... Doucement... Le cachet, sa Lucrèce, avec lequel elle a coutume de sceller!... C'est madame! A qui cela peut-il être adressé ? *(Il décachette.)*

FABIEN, *à part.* — Le voilà pris par les entrailles.

MALVOLIO, *lisant.*

Dieu sait qui j'aime.
Mais qui ?
Lèvres, ne remuez pas,
Nul homme ne le doit savoir.

Nul homme ne le doit savoir.... Voyons la suite! Le rythme change... *Nul homme ne le doit savoir.* Si c'était toi, Malvolio!

SIR TOBIE, *à part.* — Va te faire pendre, faquin.

MALVOLIO, *lisant.*

Je puis commander où j'adore;
Mais le silence, comme le couteau de Lucrèce,
Me perce le cœur sans répandre mon sang.
M. O. A. I. règne sur ma vie.

FABIEN, *à part.* — Une énigme grandiose!

SIR TOBIE, *à part.* — Admirable fille! Je vous le dis.

MALVOLIO. — *M. O. A. I. règne sur ma vie...* Mais d'abord, voyons, voyons, voyons.

FABIEN, *à part.* — Quel plat de poison elle lui a servi là!

SIR TOBIE, *à part.* — Et avec quel élan l'émouchet fond sur la chose!

MALVOLIO. — *Je puis commander où j'adore.* Eh! elle peut me commander, je la sers, elle est ma maîtresse! Mais c'est évident pour la plus ordinaire intelligence. Il n'y a pas là à hésiter. Mais la fin!... Que signifie cette combinaison alphabétique! Si je pouvais en faire quelque chose qui s'appliquât à moi... Doucement! *M. O. A. I.*

SIR TOBIE, *à part.* — Ho! hi! arrange ça... Le voilà loin de la piste.

FABIEN, *à part.* — Le chien n'en jappera pas moins en la cherchant, quoiqu'elle sente fort comme un renard.

MALVOLIO. — *M.* Malvolio! *M*, mais c'est le commencement de mon nom!

FABIEN, *à part.* — N'avais-je pas dit qu'il s'en tirerait ? Le limier est excellent aux défauts.

MALVOLIO. — Oui, mais il n'y a pas d'accord dans la suite; la chose ne se confirme pas. C'est *A* qui devrait suivre, et il y a un *O*.

FABIEN, *à part.* — J'espère bien que ça ne finira pas par un : Ho!

SIR TOBIE, *à part.* — Oui, ou je le bâtonnerai pour lui faire crier : Oh!

MALVOLIO. — Et en arrière arrive un *I*.

FABIEN, *à part.* — Si c'était un *E* et que tu l'eusses

par-derrière, tu flairerais plus de déconvenues à tes trousses que de bonnes fortunes devant toi.

MALVOLIO. — *M. O. A. I.* Ça ne s'accorde plus aussi bien qu'auparavant; et pourtant, on n'aurait qu'à forcer un peu pour que ça eût trait à moi; car chacune de ces lettres est dans mon nom. Doucement! voici de la prose à la suite. *(Lisant.)*

« Si ceci te tombe dans la main, réfléchis. Par mon étoile, je suis au-dessus de toi, mais ne t'effraie pas des grandeurs. Il en est qui naissent grands, d'autres qui conquièrent les grandeurs, et d'autres à qui elles s'imposent. Les destins te tendent la main; que ton audace et ton génie l'étreignent! Et, pour te préparer à ce que tu peux être, dépouille ton humble peau, et apparais un nouvel homme. Sois rébarbatif avec un parent, bourru avec les domestiques. Que ta langue bourdonne des raisons d'État! Prends les allures de la singularité. C'est l'avis que te donne celle qui soupire pour toi. Rappelle-toi qui a vanté tes bas jaunes et souhaité te voir toujours avec des jarretières croisées. Rappelle-toi, je le répète. Va. Tu es désormais un personnage, si tu le veux; sinon, reste à jamais simple intendant, le compagnon des domestiques, indigne de toucher le bout du doigt de la Fortune. Adieu! Celle qui voudrait te servir au lieu d'être servie par toi,

LA FORTUNÉE MALHEUREUSE. »

Le plein jour en rase campagne n'est pas plus éclatant; cela est évident. Je serai altier, je lirai les auteurs politiques, je romprai en visière à sir Tobie; je me décrasserai de toute accointance roturière; je serai tiré à quatre épingles, l'homme accompli. Je ne m'abuse pas, je ne me laisse pas berner par l'imagination; car toutes les raisons me portent à croire que madame m'aime. Elle a vanté mes bas jaunes tout récemment, elle m'a loué d'avoir des jarretières croisées; et en ceci elle se révèle à mon amour, et, par une sorte d'injonction, m'invite à porter cet accoutrement de son goût. Je remercie mon étoile, je suis heureux!

Je vais être étrange, hautain, porter des bas jaunes et me jarreter en croix, tout cela en un clin d'œil! Que Jupiter et mon étoile soient loués! Voici encore un post-scriptum. *(Il lit.)* « Il est impossible que tu ne reconnaisses pas qui je suis. Si tu réponds à mon amour, fais-le paraître à ton sourire; ton sourire te va si bien! Ainsi, en ma présence, souris toujours, mon doux bien-aimé, je t'en prie. »

Jupiter, je te remercie! Je sourirai, je ferai tout ce que tu voudras. *(Il sort.)*

FABIEN. — Je ne donnerais pas ma part de cette farce pour une pension de mille livres sur la cassette du Sophi.

SIR TOBIE. — Moi, j'épouserais cette fille rien que pour ce tour-là.

SIR ANDRÉ. — Et moi aussi.

SIR TOBIE. — Et je ne lui demanderais pas d'autre dot qu'une autre bouffonnerie pareille.

SIR ANDRÉ. — Moi non plus.

Entre Maria.

FABIEN. — Voici venir ma noble faiseuse de dupes.

SIR TOBIE, *à Maria.* — Veux-tu mettre ton pied sur ma nuque ?

SIR ANDRÉ. — Ou sur la mienne ?

SIR TOBIE. — Faut-il que je joue ma liberté au trictrac et que je devienne ton esclave ?

SIR ANDRÉ. — Et moi aussi ?

SIR TOBIE. — Eh! tu l'as plongé dans un tel rêve que, quand la vision en sera dissipée, il deviendra fou.

MARIA. — Mais dites-moi la vérité : ça fait-il son effet sur lui ?

SIR TOBIE. — Comme l'eau-de-vie sur une sage-femme.

MARIA. — Eh bien, si vous voulez voir les fruits de la farce, remarquez bien sa première apparition devant madame : il se présentera devant elle en bas jaunes et c'est une couleur qu'elle abhorre, et avec des jarretières croisées, une mode qu'elle déteste! Et il lui fera des sourires qui, dans la mélancolie où elle se trouve, conviendront si peu à sa disposition d'esprit qu'elle ne pourra y répondre que par une insigne rebuffade. Si vous voulez voir ça, suivez-moi.

SIR TOBIE. — Jusqu'aux portes du Tartare, admirable démon d'esprit.

SIR ANDRÉ. — J'en suis aussi. *(Ils sortent.)*

ACTE III

SCÈNE PREMIÈRE

Le jardin d'Olivia.

Entrent VIOLA *et* FESTE *tenant un tambourin.*

VIOLA. — Dieu te garde, l'ami, ainsi que ta musique! Vis-tu en touchant du tambourin ?

FESTE. — Non, monsieur. Je vis comme quelqu'un qui touche à l'église.

VIOLA. — Es-tu donc homme d'église ?

FESTE. — Nullement, monsieur. Je touche à l'église, car je demeure chez moi, et ma maison est tout près de l'église.

VIOLA. — Ainsi tu peux dire que le roi touche à un mendiant, si un mendiant demeure près de lui; ou que l'église touche à ton tambourin, si ton tambourin est contre l'église.

FESTE. — Vous l'avez dit, monsieur... Ce que c'est que ce siècle! Une phrase n'est qu'un gant de chevreau pour un bel esprit : comme on l'a vite retournée sens dessus dessous!

VIOLA. — Oui, c'est certain : ceux qui jouent trop subtilement sur les mots peuvent facilement les corrompre.

FESTE. — Alors je voudrais que ma sœur n'eût pas eu de nom, monsieur.

VIOLA. — Pourquoi, l'ami ?

FESTE. — Parce que son nom est un mot, monsieur, et qu'en jouant avec ce mot, on pourrait bien corrompre ma sœur. Mais effectivement les paroles sont de vraies coquines, depuis que les obligations les ont déshonorées.

VIOLA. — Ta raison, l'ami ?

FESTE. — Ma foi, monsieur, je ne puis pas vous donner de raison sans paroles; et les paroles sont devenues tellement fausses que je répugne à les employer pour raisonner.

VIOLA. — Je garantis que tu es un joyeux compagnon qui ne se soucie de rien.

FESTE. — Non pas, monsieur. Il est des choses dont je me soucie; mais en mon âme et conscience, monsieur, je ne me soucie pas de vous; si c'est là ne se soucier de rien, monsieur, je voudrais que cela pût vous rendre invisible.

VIOLA. — N'es-tu pas le fou de madame Olivia ?

FESTE. — Non, vraiment, monsieur. Madame Olivia ne sacrifie pas à la folie; elle n'entretiendra de fou que quand elle sera mariée; et les fous sont aux maris ce que les sardines sont aux harengs : les maris sont les plus gros. En vérité, je ne suis pas son fou; je ne suis que son corrupteur de mots.

VIOLA. — Je t'ai vu tout récemment chez le duc Orsino.

FESTE. — La folie, monsieur, fait le tour du globe, comme le soleil : elle brille partout. Je serais fâché pourtant, monsieur, que votre maître fût en folle compagnie aussi souvent que ma maîtresse; je crois avoir vu chez lui votre sagesse.

VIOLA. — Ah! si tu m'entreprends, je romps avec toi. Tiens, voilà pour tes dépenses. *(Elle lui donne une pièce d'argent.)*

FESTE. — Que Jupiter, dans sa prochaine expédition de poils, t'envoie une barbe!

VIOLA. — Sur ma parole, je te l'avouerai, je soupire pour une barbe, quoique je ne désire pas qu'elle me pousse au menton. Ta maîtresse est-elle chez elle ?

FESTE, *regardant la pièce d'argent*. — Est-ce qu'une couple de ces espèces ne multiplierait pas, monsieur ?

VIOLA. — Oui, pour peu qu'on les serrât bien ensemble et qu'on les fît fructifier.

FESTE. — Je serais homme à jouer le rôle du seigneur Pandarus de Phrygie, monsieur, pour amener une Cressida à ce Troylus.

VIOLA. — Je vous comprends, monsieur : c'est habilement mendier!

FESTE. — Ce n'est pas, j'espère, une bien grande affaire, monsieur, que de mendier une mendiante : Cressida n'était qu'une mendiante! Ma maîtresse est chez elle, monsieur. Je vais lui expliquer d'où vous venez. Quant à ce que vous êtes et ce que vous voulez, cela n'est pas dans ma sphère; je pourrais dire, dans mon élément; mais le mot est usé. *(Il sort.)*

VIOLA, *seule.* — Ce drôle est assez sage pour jouer le fou; et, pour le bien jouer, il a besoin d'une sorte d'esprit : il doit observer l'humeur de ceux qu'il plaisante, la qualité des personnes et le moment, en se jetant, comme le faucon hagard, sur la moindre plume qui passe devant ses yeux. C'est un métier certes aussi ardu que l'état du sage; car la folie, dont il ne fait montre que sagement, est ingénieuse; tandis que les sages, une fois tombés dans la folie, perdent toute raison.

Entrent sir Tobie Belch et sir André Aguecheek.

SIR TOBIE, *à Viola.* — Salut, gentilhomme!

VIOLA. — Salut, monsieur!

SIR ANDRÉ, *à Viola. — Dieu vous garde, monsieur!*

VIOLA. — *Et vous aussi. Votre serviteur!*

SIR ANDRÉ. — J'espère que vous l'êtes, monsieur, comme je suis le vôtre.

SIR TOBIE. — Voulez-vous vous hasarder dans la maison? Ma nièce désire que vous entriez, si vous avez affaire à elle.

VIOLA. — Votre nièce est ma destination, monsieur; je veux dire qu'elle est le but de mon voyage.

SIR TOBIE. — Tâtez vos jambes, monsieur, mettez-les en mouvement.

VIOLA. — Mes jambes m'entendent mieux, monsieur, que je n'entends votre recommandation de me tâter les jambes.

SIR TOBIE. — Je veux dire que vous marchiez, monsieur, et que vous entriez.

VIOLA. — Je vais vous répondre par mon allure et par mon entrée. Mais on nous prévient.

Entrent Olivia et Maria.

(A Olivia.) Dame accomplie et incomparable, que le ciel fasse pleuvoir sur vous ses arômes!

SIR ANDRÉ. — Ce jouvenceau est un courtisan émérite. *Pleuvoir des arômes!* Fort bien!

VIOLA. — Mon message n'a de voix, madame, que pour votre oreille la plus propice et la plus condescendante.

SIR ANDRÉ. — *Arômes, propice, condescendante!* Je prendrai note de ces trois mots.

OLIVIA. — Qu'on ferme la porte du jardin, et qu'on me laisse donner audience! *(Sortent sir Tobie, sir André et Maria.)* Donnez-moi votre main, monsieur.

VIOLA. — Mes hommages, madame, et mon humble dévouement!

OLIVIA. — Quel est votre nom?

VIOLA. — Césario est le nom de votre serviteur, belle princesse.

OLIVIA. — Mon serviteur, monsieur! Il n'y a jamais eu de franche joie dans le monde, depuis qu'une basse adulation s'est appelée compliment. Vous êtes le serviteur du duc Orsino, jeune homme.

VIOLA. — Et il est le vôtre, et le sien doit être le vôtre. Le serviteur de votre serviteur est votre serviteur, madame.

OLIVIA. — Quant à lui, je ne songe pas à lui; quant à ses pensées, je voudrais qu'elles fussent nulles plutôt que pleines de moi.

VIOLA. — Madame, je viens pour stimuler vos généreuses pensées en sa faveur.

OLIVIA. — Oh! pardon, je vous prie! Je vous ai dit de ne plus me parler de lui; mais, si vous vouliez soutenir une autre cause, j'aimerais mieux entendre ce plaidoyer-là de votre bouche que la musique des sphères.

VIOLA. — Chère dame...

OLIVIA. — Permettez, je vous prie; j'ai, après la dernière apparition enchanteresse que vous fîtes ici, envoyé une bague à votre poursuite; j'ai ainsi abusé un de mes serviteurs, moi-même et, j'en ai peur, vous aussi. Je dois m'être exposée à vos sévères commentaires, en vous forçant, par un artifice honteux, à prendre ce que vous saviez ne pas être à vous. Qu'avez-vous pu penser ? N'avez-vous pas attaché mon honneur au poteau, et ameuté contre lui toutes les idées démuselées que peut concevoir un cœur inexorable ? Pour un esprit de votre pénétration, j'en ai assez laissé voir : c'est un crêpe et non une poitrine de chair qui couvre mon pauvre cœur... Sur ce, je vous écoute.

VIOLA. — Je vous plains.

OLIVIA. — C'est déjà un pas vers l'amour.

VIOLA. — Nullement; car il est de vulgaire expérience que bien souvent nous plaignons nos ennemis.

OLIVIA. — Eh bien donc, je crois qu'il est temps de reprendre mon sourire. O humanité! comme l'être le plus chétif est prompt à l'orgueil! S'il faut servir de proie, combien il vaut mieux être la victime du lion que du loup! *(L'horloge sonne.)* L'horloge me reproche le temps que je perds. N'ayez pas peur, bon jouvenceau, je ne veux pas de vous; et pourtant, quand esprit et jeunesse seront mûrs, votre femme aura chance de récolter un mari sortable. Voilà votre chemin, tout droit au couchant.

VIOLA. — Je vais donc vers le couchant. Que la grâce et la bonne humeur fassent cortège à Votre Excellence! Vous ne me chargez de rien pour mon maître, madame ?

OLIVIA. — Arrête. Je t'en prie, dis-moi ce que tu penses de moi.

VIOLA. — Que vous pensez ne pas être ce que vous êtes.

OLIVIA. — Si je pense ça, je le pense aussi de vous.

VIOLA. — Alors vous pensez juste, je ne suis pas ce que je suis.

OLIVIA. — Que n'êtes-vous ce que je voudrais vous voir être!

VIOLA. — Gagnerais-je au change, madame ? En ce cas, j'y consentirais volontiers; car maintenant je suis votre risée.

OLIVIA. — Oh! qu'il paraît beau, le dédain, sur sa lèvre méprisante et irritée! Le remords du meurtrier ne se trahit pas plus vite que l'amour qui veut se cacher : la nuit de l'amour est un plein midi! Césario, par les roses du printemps, par la virginité, par l'honneur, par la vérité, par tout ce qui existe, je t'aime tant qu'en dépit de ton orgueil, ni l'esprit ni la raison ne peuvent dissimuler ma passion. Ne va pas tirer prétexte de mes avances pour me repousser; mais raisonne bien plutôt en vertu de cette raison supérieure : l'amour imploré est doux; l'amour qui s'offre, plus doux encore.

VIOLA. — Je le jure par l'innocence et par ma jeunesse, j'ai un cœur, une âme, une foi; mais aucune femme ne les possède, et jamais nulle autre que moi ne les possédera. Et sur ce, adieu, bonne madame! Je ne viendrai plus pleurer à vos pieds les larmes de mon maître.

OLIVIA. — N'importe, reviens me voir; car peut-être pourras-tu rendre son amour agréable à mon cœur qui maintenant l'abhorre! *(Elles sortent.)*

SCÈNE II

Chez Olivia.

Entrent SIR TOBIE, SIR ANDRÉ AGUECHEEK *et* FABIEN.

SIR ANDRÉ. — Non, ma foi, je ne resterai pas un moment de plus.

SIR TOBIE. — Ta raison, cher venimeux? Dis ta raison.

FABIEN. — Il faut absolument que vous donniez votre raison, sir André.

SIR ANDRÉ. — Morbleu, j'ai vu votre nièce accorder au serviteur du duc plus de faveurs qu'elle ne m'en a jamais octroyé; je l'ai vu dans le jardin.

SIR TOBIE. — Et te voyait-elle pendant tout ce temps-là, mon vieux garçon? Dis-moi ça.

SIR ANDRÉ. — Aussi nettement que je vous vois en ce moment.

FABIEN. — C'est une grande preuve d'amour qu'elle vous a donnée là.

SIR ANDRÉ. — Jour de Dieu! allez-vous faire de moi un âne ?

FABIEN. — Monsieur, j'établirai la légitimité de mon affirmation par le verdict du jugement et de la raison.

SIR TOBIE. — Qui composaient le jury suprême, avant même que Noé fût marin.

FABIEN. — Elle n'a témoigné de faveur pour ce jeune homme en votre présence que pour vous exaspérer, pour réveiller votre valeur dormeuse, pour vous mettre du feu au cœur et du soufre dans le foie. Vous auriez dû l'accoster alors; et, par quelques excellentes railleries, encore toutes neuves de la forge, vous auriez frappé de mutisme ce jouvenceau. C'est ce qu'elle attendait de vous, et son attente a été trompée : vous avez laissé le temps effacer la double dorure de cette occasion, et maintenant vous voguez au nord de son estime, et vous y resterez suspendu comme un glaçon à la barbe d'un Hollandais, à moins que vous ne rachetiez votre faute par quelque louable action de valeur ou de haute politique.

SIR ANDRÉ. — Si je fais quelque chose, ce sera un acte de valeur. Car je hais la politique : j'aimerais autant être Browniste qu'homme politique.

SIR TOBIE. — Eh bien donc bâtis ta fortune sur la base de la valeur. Provoque-moi en duel le page du duc; blesse-le en onze endroits : ma nièce en prendra note; et, sois-en sûr, il n'y a pas d'agent d'amour au monde qui fasse valoir un homme aux yeux d'une femme comme une réputation de courage.

FABIEN. — Il n'y a que ce moyen, sir André.

SIR ANDRÉ. — L'un de vous deux veut-il lui porter mon cartel ?

SIR TOBIE. — Va, écris-le d'une main martiale; sois cassant et bref. Peu importe que ce soit spirituel, pourvu que ce soit éloquent et plein d'originalité; lave-lui la tête avec toute la licence de l'encre; si tu le tutoies deux ou trois fois, ça ne fera pas mal; et donne-lui autant de démentis qu'en pourra tenir ta feuille de papier, la feuille fût-elle aussi vaste que le lit de Ware en Angleterre. Va, à l'œuvre! Qu'il y ait du fiel suffisamment dans ton encre! Quand tu écrirais avec une plume d'oie, n'importe. A l'œuvre!

SIR ANDRÉ. — Où vous retrouverai-je ?

SIR TOBIE. — Nous te retrouverons à ton *Cubiculo*. Va. *(Sir André sort.)*

FABIEN. — Voilà un mannequin qui vous est cher, sir Tobie.

SIR TOBIE. — C'est moi qui lui ai été cher, mon garçon : deux mille livres, ou environ!

FABIEN. — Nous aurons de lui une lettre rare; mais vous ne la remettrez pas.

SIR TOBIE. — Si fait, sur ma foi; et par tous les moyens je pousserai le jeune homme à répondre. Je crois que ni bœufs ni câbles ne parviendraient à les joindre. Pour André, on n'a qu'à l'ouvrir : si vous lui trouvez au foie autant de sang qu'il en faut pour empêtrer la patte d'une mouche, je consens à manger le reste du cadavre.

FABIEN. — Et son jeune adversaire ne porte pas sur son visage de grands symptômes de férocité.

Entre Maria.

SIR TOBIE. — Tiens! voici venir le plus petit roitelet de la couvée.

MARIA. — Si vous aimez la gaieté, et si vous voulez rire à avoir des points de côté, suivez-moi : ce gobe-mouches de Malvolio est devenu païen, un vrai renégat; car il n'est pas de chrétien, voulant être sauvé par une croyance orthodoxe, qui puisse jamais croire à d'aussi grossières extravagances. Il est en bas jaunes!

SIR TOBIE. — Et en jarretières croisées ?

MARIA. — Abominablement : comme un pédant qui tient encore à l'église!... Je l'ai traqué, comme si j'étais son meurtrier : il obéit de point en point à la lettre que j'ai laissée tomber pour l'attraper. Son sourire lui creuse sur la face plus de lignes qu'il n'y en a dans la nouvelle mappemonde augmentée des Indes; vous n'avez rien vu de pareil. Je puis à peine m'empêcher de lui flanquer des choses à la tête. Je suis sûre que madame le frappera; si elle le fait, il sourira et le prendra pour une faveur grande.

SIR TOBIE. — Allons, mène-nous, mène-nous où il est. *(Ils sortent.)*

SCÈNE III

Une rue.

Entrent ANTONIO *et* SÉBASTIEN.

SÉBASTIEN. — Je n'aurais pas voulu vous causer volontairement un embarras; mais, puisque vous vous faites de vos peines un plaisir, je ne vous gronderai plus.

ANTONIO. — Il m'a été impossible de rester derrière vous : mon désir, plus aigu que l'acier affilé, m'a éperonné en avant. Ce n'était pas seulement l'envie de vous voir, quoiqu'elle fût assez forte pour m'entraîner à un plus long voyage; c'était surtout l'inquiétude de ce qui pouvait vous arriver en route, dans ce pays qui vous est inconnu et qui pour un étranger sans guide et sans ami est souvent âpre et inhospitalier. Un empressement affectueux, surexcité par ces motifs de crainte, m'a lancé à votre poursuite.

SÉBASTIEN. — Mon bon Antonio, je ne puis vous répondre que par des remerciements, et des remerciements, et toujours des remerciements. Trop souvent de grands services se paient avec cette monnaie qui n'a pas cours; mais, si mes ressources étaient aussi solides que l'est ma conscience, vous seriez mieux récompensé. Que ferons-nous ? Irons-nous voir les reliques de cette ville ?

ANTONIO. — Demain, monsieur; mieux vaut aviser d'abord à votre logement.

SÉBASTIEN. — Je ne suis pas fatigué, et la nuit est encore loin; je vous en prie, satisfaisons nos yeux par la vue des monuments et des choses remarquables qui illustrent cette ville.

ANTONIO. — Veuillez m'excuser. Je ne puis, sans danger, me promener dans ces rues. Une fois, dans un combat naval contre les galères du duc, j'ai rendu quelques services, et tellement signalés que, si j'étais pris ici, on m'en saurait peu de gré.

SÉBASTIEN. — Vous avez probablement tué un grand nombre de ses gens ?

ANTONIO. — L'offense n'est pas aussi sanglante, bien que les circonstances et la querelle fussent de nature à provoquer entre nous un sanglant débat. Depuis lors tout eût pu être réparé en restituant ce que nous avions pris; c'est ce qu'ont fait, dans l'intérêt de leur trafic, la plupart des citoyens de notre ville; seul je m'y suis refusé; et c'est pourquoi, si j'étais attrapé ici, je le paierais cher.

SÉBASTIEN. — Ne vous montrez donc pas trop en public.

ANTONIO. — Ce ne serait pas bon pour moi. Tenez, monsieur, voici ma bourse. C'est dans les faubourgs du sud, à l'Éléphant, que nous serons le mieux logés; je commanderai notre repas, pendant que vous tuerez le temps et que vous rassasierez votre curiosité en visitant la ville; vous me retrouverez là-bas.

SÉBASTIEN. — A moi votre bourse! Pourquoi ?

ANTONIO. — Peut-être vos regards tomberont-ils sur quelque babiole que vous aurez envie d'acheter; et vous n'avez pas de fonds, je crois, pour de futiles emplettes, monsieur.

SÉBASTIEN. — Je vais être votre porte-bourse, et je vous quitte pour une heure.

ANTONIO. — A l'Éléphant!

SÉBASTIEN. — Je me souviens. *(Ils se séparent.)*

SCÈNE IV

Le jardin d'Olivia.

Entrent OLIVIA *et* MARIA.

OLIVIA, *rêveuse*. — J'ai envoyé après lui : il dit qu'il viendra. Comment le fêterai-je ? Que lui donnerai-je ? Car la jeunesse s'achète plus souvent qu'elle ne se donne ou ne se prête. Je parle trop haut. Où est Malvolio ?... Il est grave et amer, et c'est le serviteur qui convient à ma position... Où est Malvolio ?

MARIA. — Il arrive, madame, mais dans un bien étrange état. Il est sûrement possédé, madame.

OLIVIA. — Çà, qu'y a-t-il ? Est-ce qu'il divague ?

MARIA. — Non, madame, il ne fait que sourire. Votre Excellence ferait bien d'avoir quelque garde près d'elle, s'il vient; car assurément l'homme a le cerveau fêlé.

OLIVIA. — Va le chercher... Je suis aussi insensée que lui, s'il y a parité entre folie triste et folie gaie.

Entre Malvolio.

Eh bien, Malvolio ?

MALVOLIO, *avec un sourire fantastique*. — Chère dame! Ho! ho!

OLIVIA. — Tu souris ? Je t'ai envoyé chercher pour une affaire grave.

MALVOLIO. — Grave, madame ? Je puis être fort grave... Ça cause quelque obstruction dans le sang, ces jarretières croisées. Mais qu'importe! Si elles plaisent au regard d'une personne, je puis dire juste comme le sonnet :

Plaire à une, c'est plaire à toutes.

OLIVIA. — Ah çà, comment vas-tu, l'ami ? Qu'as-tu donc ?

MALVOLIO, *souriant*. — Il n'y a pas de noir dans mon âme, quoiqu'il y ait du jaune à mes jambes...

C'est arrivé à son adresse, et les commandements seront exécutés. Je crois que nous avons reconnu la belle main romaine.

OLIVIA. — Veux-tu aller au lit, Malvolio ?

MALVOLIO, *souriant.* — Au lit! Oui, cher amour; et je veux venir à toi!

OLIVIA. — Que Dieu t'assiste! Pourquoi souris-tu ainsi, et envoies-tu de la main tant de baisers ?

MARIA. — Comment allez-vous, Malvolio ?

MALVOLIO, *dédaigneusement.* — Vous répondre! Oui, comme les rossignols répondent aux corneilles.

MARIA. — Pourquoi paraissez-vous devant madame avec cette ridicule impertinence ?

MALVOLIO. — *Ne t'effraie pas des grandeurs.* C'était bien écrit.

OLIVIA. — Que veux-tu dire par là, Malvolio ?

MALVOLIO. — *Il en est qui naissent grands...*

OLIVIA. — Hein ?

MALVOLIO. — *Et d'autres qui conquièrent les grandeurs...*

OLIVIA. — Que dis-tu ?

MALVOLIO. — *D'autres à qui elles s'imposent.*

OLIVIA. — Que le ciel te rétablisse!

MALVOLIO. — *Rappelle-toi qui a vanté tes bas jaunes...*

OLIVIA. — Tes bas jaunes!

MALVOLIO. — *Et souhaité te voir avec des jarretières croisées.*

OLIVIA. — Des jarretières croisées!

MALVOLIO. — *Va, tu es désormais un personnage, si tu le veux.*

OLIVIA. — Je suis un personnage!

MALVOLIO. — *Sinon, reste à jamais domestique.*

OLIVIA. — Eh mais, c'est une vraie folie de la Saint-Jean!

Entre un valet.

LE VALET. — Madame, le jeune gentilhomme de chez le duc Orsino est revenu; j'ai eu grand-peine à le ramener; il attend le bon plaisir de Votre Excellence.

OLIVIA. — Je vais à lui. *(Le valet sort.)* Ma bonne Maria, qu'on ait les yeux sur ce compagnon! Où est mon oncle Tobie? Que quelques-uns de mes gens aient de lui un soin spécial! Je ne voudrais pas, pour la moitié de mon douaire, qu'il lui arrivât malheur. *(Sortent Olivia et Maria.)*

MALVOLIO. — Oh! oh! qu'on m'approche à présent! Pas un moindre personnage que sir Tobie pour prendre soin de moi! Ceci concorde parfaitement avec la lettre; elle l'envoie exprès pour que je le traite avec insolence; car elle m'y invite dans la lettre. *Dépouille ton humble peau*, dit-elle, *sois rébarbatif avec un parent, bourru avec les domestiques. Que ta langue bourdonne des raisons d'État! Prends les allures de la singularité.* Et conséquemment elle m'indique la tenue à prendre : le visage grave, le port imposant, la parole lente, à l'instar d'un personnage de marque, et le reste à l'avenant. Je l'ai engluée! Mais c'est l'œuvre de Jupiter, et que Jupiter reçoive mes actions de grâces! Et puis, quand elle s'est retirée, tout à l'heure : *Qu'on ait les yeux sur ce compagnon! — Compagnon!* non pas Malvolio, ni le titre de ma fonction, mais *compagnon!* Eh mais! tout s'accorde à merveille : pas un grain de scrupule, pas un scrupule de scrupule, pas un obstacle, pas une circonstance contraire ou équivoque! Que peut-on dire? Rien de possible ne peut plus s'interposer entre moi et la pleine perspective de mes espérances. Allons, c'est Jupiter qui a fait tout cela, et non moi, et c'est à lui qu'il faut rendre grâces.

Rentre Maria avec sir Tobie Belch et Fabien.

SIR TOBIE. — Par où est-il, au nom de tous les saints? Quand tous les diables de l'enfer seraient ratatinés en lui, et quand il serait possédé de Légion même, je lui parlerai.

FABIEN. — Le voici, le voici! Comment ça va-t-il, monsieur? Comment ça va-t-il, l'ami?

MALVOLIO. — Retirez-vous; je vous congédie; laissez-moi jouir de ma solitude; retirez-vous.

MARIA. — Là! Comme le démon parle en lui d'une voix caverneuse! Vous l'avais-je pas dit? Sir Tobie, madame vous prie d'avoir soin de lui.

MALVOLIO. — Ah! ah! a-t-elle dit cela?

SIR TOBIE. — Allons, allons, paix, paix! Nous devons agir doucement avec lui; laissez-moi faire... Comment êtes-vous, Malvolio? Comment ça va-t-il? Allons, l'ami! conjurez le diable. Considérez qu'il est l'ennemi de l'humanité!

MALVOLIO. — Savez-vous ce que vous dites?

MARIA. — Voyez-vous, quand vous parlez mal du diable, comme il le prend à cœur? Dieu veuille qu'il ne soit pas ensorcelé!

FABIEN. — Il faut porter son onde à la sage-femme.

MARIA. — Certes, et ça sera fait demain matin, si je vis. Madame ne voudrait pas le perdre pour plus que je ne puis dire.

MALVOLIO. — Qu'est-ce à dire, donzelle?

MARIA. — Ah! seigneur!

SIR TOBIE. — Je t'en prie, tais-toi; ce n'est pas là le moyen. Ne voyez-vous pas que vous l'irritez? Laissez-moi seul avec lui.

FABIEN. — Pas d'autre voie que la douceur! Doucement, doucement! Le diable est brusque et ne veut pas être traité brusquement.

SIR TOBIE. — Eh bien, comment va, mon beau coq? Comment es-tu, mon poulet?

MALVOLIO. — Monsieur!

SIR TOBIE. — Oui, Bibi, viens avec moi. Çà, mon cher, il ne sied pas à ta gravité de jouer à la fossette avec Satan. A la potence le noir charbonnier!

MARIA. — Faites-lui dire ses prières; bon sir Tobie, faites-le prier.

MALVOLIO. — Mes prières, pécore!

MARIA. — Non, je vous le déclare, il ne veut plus entendre parler de chose pie.

MALVOLIO. — Allez tous vous faire pendre! Vous êtes des créatures de rien; je ne suis pas de votre élément; vous en saurez davantage plus tard. *(Il sort.)*

SIR TOBIE. — Est-il possible?

FABIEN. — Si ceci était joué sur un théâtre aujourd'hui, je le condamnerais comme une impossible fiction.

SIR TOBIE. — Notre malice l'a empoisonné dans l'âme, mon cher.

MARIA. — Mais maintenant suivons-le, de peur que la malice ne s'évente et ne se gâte.

FABIEN. — Mais nous le rendrons fou tout de bon.

MARIA. — La maison n'en sera que plus tranquille.

SIR TOBIE. — Venez, nous allons le mettre dans une chambre noire, et l'attacher. Ma nièce est déjà persuadée qu'il est fou. Nous pourrons ainsi prolonger la plaisanterie, pour notre récréation et pour sa pénitence, jusqu'à ce que notre amusement même, hors d'haleine, nous engage à avoir pitié de lui; alors nous produirons toute la malice à la barre, et nous te proclamerons le suprême médecin des fous. Mais voyez, mais voyez.

Entre sir André Aguecheek.

FABIEN. — Surcroît de divertissement pour un premier mai!

SIR ANDRÉ. — Voici le cartel, lisez-le; je vous garantis qu'il y a dedans du vinaigre et du poivre.

FABIEN. — Est-ce donc si piquant ?

SIR ANDRÉ. — Oui, certes, j'en réponds. Lisez seulement.

SIR TOBIE. — Donnez. *(Il lit.)* « Jeune homme, qui que tu sois, tu n'es qu'un ladre et qu'un drôle. »

FABIEN. — Bon! vaillant!

SIR TOBIE, *lisant*. — « Ne sois pas surpris, et ne te demande pas avec étonnement pourquoi je t'appelle ainsi; car je ne te montrerai pas de raison. »

FABIEN. — Bonne observation qui vous met à l'abri des coups de la loi!

SIR TOBIE, *lisant*. — « Tu viens chez madame Olivia, et sous mes yeux elle te traite avec faveur; mais tu en as menti par la gorge; ce n'est pas pour cela que je te provoque. »

FABIEN. — Très bref, et parfaitement di... vagué!

SIR TOBIE, *lisant*. — « Je te rencontrerai à ton retour; et alors, si ta chance est de me tuer... »

FABIEN. — Bon!

SIR TOBIE, *lisant.* — « Tu me tueras comme un chenapan et un coquin. »

FABIEN. — Vous continuez à vous garer du code.

SIR TOBIE, *lisant.* — « Au revoir! Et que Dieu admette à sa merci l'une de nos âmes! Il se peut que ce soit la mienne; mais j'ai meilleur espoir, et ainsi prends garde à toi. Ton ami, selon que tu en useras avec lui, et ton ennemi juré.

ANDRÉ AGUECHEEK. »

Si cette lettre ne parvient pas à le remuer, c'est que ses jambes ne le peuvent pas. Je la lui remettrai.

MARIA. — Vous avez pour ça une bien bonne occasion; car il est maintenant en conversation avec madame, et il va partir tout à l'heure.

SIR TOBIE. — Va, sir André, embusque-toi sur son passage, comme un recors, au coin du jardin; aussitôt que tu l'apercevras, dégaine; et, tout en dégainant, jure horriblement; car il arrive souvent qu'un effroyable juron hurlé, d'une voix de stentor, donne une plus haute idée d'un courage que ne le ferait la meilleure preuve. En avant!

SIR ANDRÉ. — Ah! pour les jurons, rapportez-vous-en à moi. *(Il sort.)*

SIR TOBIE. — Eh bien, non, je ne remettrai pas cette lettre; car l'attitude de ce jeune gentilhomme montre qu'il a de la capacité et de l'éducation; son emploi d'intermédiaire entre son seigneur et ma nièce ne prouve pas moins : conséquemment cette lettre, si parfaitement inepte, ne lui causerait pas la moindre terreur; il reconnaîtrait qu'elle vient d'un oison. Mais, mon cher, je transmettrai le cartel de vive voix; je ferai à Aguecheek une notable réputation de valeur, et j'inculquerai à ce gentilhomme (que la jeunesse, j'en suis sûr, doit rendre facilement crédule) la plus formidable idée de sa rage, de son adresse, de sa furie et de son impétuosité. Grâce à moi, ils auront l'un de l'autre une telle peur qu'ils se tueront mutuellement du regard, comme des basilics.

Entrent Olivia et Viola.

FABIEN. — Le voici qui vient avec votre nièce; laissons-leur le champ libre, jusqu'à ce qu'il se retire, et aussitôt entreprenez-le.

SIR TOBIE. — Je vais pendant ce temps méditer quelque horrible rédaction pour le cartel. *(Sortent sir Tobie, Fabien et Maria.)*

OLIVIA. — J'en ai trop dit à un cœur de pierre, et j'ai trop imprudemment exposé mon honneur. Il y a en moi quelque chose qui me reproche ma faute; mais c'est une faute si puissamment opiniâtre qu'elle brave les reproches.

VIOLA. — Tous les caractères de votre passion, l'affection de mon maître les a.

OLIVIA. — Tenez, portez ce joyau en souvenir de moi; c'est mon portrait; ne le refusez pas, il n'a pas de voix pour vous importuner. Et, je vous en conjure, revenez demain. Sollicitez de moi ce que vous voudrez, je ne vous refuserai rien de ce que l'honneur peut sans danger accorder à une sollicitation.

VIOLA. — Je ne sollicite que ceci, votre amour sincère pour mon maître.

OLIVIA. — Comment puis-je lui donner, en honneur, ce que je vous ai donné ?

VIOLA. — Je vous absoudrai.

OLIVIA. — Eh bien, reviens demain. Adieu! Un démon comme toi serait capable d'emporter mon âme en enfer. *(Elle sort.)*

Rentrent sir Tobie Belch et Fabien.

SIR TOBIE, *à Viola.* — Gentilhomme, Dieu te garde!

VIOLA. — Et vous aussi, monsieur!

SIR TOBIE. — Mets-toi sur la défensive : de quelle nature sont tes torts envers lui, je ne sais; mais ton adversaire, plein de ressentiment, sanguinaire comme le chasseur, t'attend au bout du jardin. Dégaine ton estoc, prépare-toi lestement, car ton assaillant est vif, adroit et acharné.

VIOLA. — Vous faites erreur, monsieur; je suis sûr que personne n'a de querelle avec moi; ma mémoire parfaitement nette ne me rappelle aucune offense commise envers qui que ce soit.

SIR TOBIE. — Vous reconnaîtrez le contraire, je vous assure. Conséquemment, si vous attachez quelque prix à votre vie, tenez-vous sur vos gardes; car votre rival a en lui toutes les ressources que la jeunesse, la force, l'adresse et la colère peuvent fournir à un homme.

VIOLA. — Mais, monsieur, qui est-il, je vous prie ?

SIR TOBIE. — C'est un chevalier, armé d'une rapière intacte, une réputation de salon; mais, dans une querelle privée, c'est un diable; il a déjà séparé trois âmes de leurs corps; et son exaspération en ce moment est si implacable que les affres de la mort et du sépulcre peuvent seules lui faire satisfaction. Advienne que pourra, voilà sa devise : vaincre ou mourir.

VIOLA. — Je vais rentrer dans la maison, et demander à madame quelque escorte. Je ne suis pas batailleur. J'ai ouï parler d'une espèce d'hommes qui cherchent querelle aux autres uniquement pour tâter leur valeur : c'est probablement un homme qui a ce travers.

SIR TOBIE. — Non, monsieur; son indignation dérive d'une injure très formelle; ainsi marchez, et faites-lui satisfaction. Vous ne retournerez pas à la maison, sans du moins tenter avec moi l'épreuve que vous pourriez tout aussi sûrement affronter avec lui. Ainsi, marchez, ou mettez à nu votre épée; car il faut de toute manière que vous vous battiez, ou que vous renonciez à porter une lame au côté.

VIOLA. — Ceci est aussi incivil qu'étrange. Je vous en prie, rendez-moi le courtois service de demander au chevalier quelle est mon offense envers lui; ce ne peut être de ma part qu'un acte d'inadvertance, nullement de ma volonté.

SIR TOBIE. — Je le veux bien. Signor Fabien, restez près de ce gentilhomme jusqu'à mon retour. *(Sort sir Tobie.)*

VIOLA. — Dites-moi, monsieur, avez-vous connaissance de cette affaire ?

FABIEN. — Je sais que le chevalier est furieux à mort contre vous; mais rien de plus.

VIOLA. — Quelle espèce d'homme est-ce, je vous prie ?

Fabien. — A le juger par sa mine, vous ne devineriez pas en lui le prodigieux personnage que vous reconnaîtrez sans doute à l'épreuve de sa valeur. C'est vraiment, monsieur, le plus adroit, le plus sanguinaire, le plus fatal adversaire que vous puissiez trouver dans toute l'Illyrie. Voulez-vous venir à sa rencontre ? Je ferai votre paix avec lui, si je peux.

Viola. — Je vous en serai fort obligé; je suis de ceux qui emboîteraient le pas avec messire le prêtre plus volontiers qu'avec messire le chevalier. Je ne tiens nullement à donner une si haute idée de ma fougue. *(Ils sortent.)*

Entrent sir Tobie et sir André Aguecheek.

Sir Tobie. — Eh! mon cher, c'est un vrai diable! Je n'ai jamais vu virago de cette espèce. J'ai fait une passe avec lui, rapière au fourreau; et il m'a porté une botte d'une si mortelle vitesse qu'il est impossible de l'éviter; et, à la riposte, il vous réplique aussi infailliblement que vos pieds touchent le terrain sur lequel ils marchent. On dit qu'il a été le maître d'armes du Sophi.

Sir André. — Diantre! Je ne veux pas avoir affaire à lui.

Sir Tobie. — Oui; mais maintenant il ne veut plus s'apaiser. Fabien a grand-peine à le retenir là-bas.

Sir André. — Malepeste! Si j'avais pu croire qu'il fût si vaillant et si habile à l'escrime, je l'aurais vu aller au diable avant de le provoquer. Qu'il laisse tomber l'affaire, et je lui donnerai mon cheval, le gris Capulet.

Sir Tobie. — Je ferai la proposition. Restez là, faites bonne contenance; ceci finira sans qu'il y ait perdition d'âme. *(A part.)* Morbleu, je saurai mener ton cheval aussi aisément que toi.

Entrent Fabien et Viola.

(Bas, à Fabien.) J'ai son cheval pour arranger la querelle; je lui ai persuadé que le jouvenceau est un diable.

FABIEN, *bas, à Tobie.* — Celui-ci a de lui une idée aussi effroyable; il est haletant et pâle, comme s'il avait un ours à ses talons.

SIR TOBIE, *bas, à Viola.* — Il n'y a pas de remède, monsieur. Il veut se battre avec vous pour l'honneur de son serment; en effet, il a réfléchi plus mûrement à la querelle, et il trouve à présent que ce n'est plus la peine d'en parler; dégainez donc, pour l'acquit de sa parole; il proteste qu'il ne vous fera pas de mal.

VIOLA, *à part.* — Que Dieu me protège! Pour un rien je leur dirais de combien il s'en faut que je sois un homme.

FABIEN, *à Viola.* — Rompez, si vous le voyez furieux.

SIR TOBIE, *bas, à sir André.* — Allons, sir André, il n'y a pas de remède. Ce gentilhomme veut, pour son honneur, faire une botte avec vous; il ne peut s'en dispenser, en vertu des lois du duel; mais il m'a promis, sur sa foi de gentilhomme et de soldat, de ne pas vous faire de mal. Allons! en garde!

SIR ANDRÉ. — Dieu veuille qu'il tienne sa promesse! *(Il dégaine.)*

Entre Antonio.

VIOLA. — Je vous assure que c'est contre ma volonté. *(Elle dégaine.)*

ANTONIO, *à sir André.* — Rengainez votre épée. Si ce jeune gentilhomme vous a offensé, je prends la faute sur moi. Si c'est vous qui l'offensez, c'est moi qui vous défie. *(Il dégaine.)*

SIR TOBIE. — Vous, monsieur! Et qui êtes-vous ?

ANTONIO. — Quelqu'un, monsieur, qui par amour pour lui ferait plus d'actions d'audace qu'il ne s'est vanté d'en faire, vous présent. *(Il montre Viola.)*

SIR TOBIE. — Oui-da, si vous vous chargez des querelles d'autrui, je suis votre homme. *(Il dégaine.)*

Entrent deux officiers de justice.

FABIEN. — Ah! bon sir Tobie, arrêtez; voici les officiers de justice.

SIR TOBIE, *à Antonio.* — Je serai à vous tout à l'heure.

VIOLA, *à sir André.* — Je vous en prie, monsieur, rengainez votre épée, s'il vous plaît.

SIR ANDRÉ. — Morbleu, je le veux bien, monsieur. Et quant à ce que je vous ai promis, je tiendrai parole; il vous portera aisément, et il a la bouche fine.

PREMIER OFFICIER, *montrant Antonio.* — Voici l'homme! Fais ton devoir.

DEUXIÈME OFFICIER. — Antonio, je t'arrête à la requête du duc Orsino.

ANTONIO. — Vous vous méprenez, monsieur.

PREMIER OFFICIER. — Non, monsieur, nullement; je reconnais bien votre visage, bien qu'en ce moment vous n'ayez pas de bonnet de marin sur la tête. Emmenez-le; il sait que je le connais bien.

ANTONIO. — Je dois obéir. *(A Viola.)* Ceci m'arrive en vous cherchant, mais il n'y a pas de remède; j'aurai des comptes à rendre. Qu'allez-vous faire ? Maintenant la nécessité me force à vous redemander ma bourse. Je suis bien plus affligé de mon impuissance à vous être utile désormais que de ce qui m'advient à moi-même. Vous restez interdit, mais ayez courage.

DEUXIÈME OFFICIER. — Allons, monsieur, en marche!

ANTONIO. — Je dois réclamer de vous une partie de cet argent.

VIOLA. — Quel argent, monsieur ? En considération de la gracieuse sympathie que vous venez de me témoigner, et aussi par égard pour vos ennuis présents, je veux bien sur mes maigres et humbles ressources vous prêter quelque chose; mon avoir n'est pas considérable; je veux bien le partager avec vous : tenez, voici la moitié de ma réserve.

ANTONIO. — Allez-vous me renier à présent ? Est-il possible que mon dévouement pour vous soit ainsi méconnu ? Ne tentez pas ma misère, de peur qu'elle ne me fasse perdre la tête, et que je ne vous reproche les services que je vous ai rendus.

VIOLA. — Quels services ? Je ne sais; je ne connais même ni votre voix ni vos traits. Je hais l'ingratitude dans un homme plus que le mensonge, la vanité, le bavardage, l'ivrognerie, ou tout autre vice dont le ferment corrupteur est dans notre sang débile.

ANTONIO. — O ciel!

DEUXIÈME OFFICIER. — Allons, monsieur, je vous en prie, partons.

ANTONIO. — Laissez-moi dire un mot. Ce jeune homme que vous voyez là, je l'ai arraché, déjà à demi englouti, aux mâchoires de la mort; je l'ai secouru, et avec quelle affectueuse ferveur! A son image, qui me semblait respirer les plus vénérables vertus, j'ai rendu un culte.

PREMIER OFFICIER. — Qu'est-ce que ça nous fait ? Le temps passe; en route!

ANTONIO. — Oh ! mais, quelle vile idole devient ce dieu! Sébastien, tu as déshonoré une noble physionomie. Dans la nature il n'y a de laideur que celle de l'âme. Nul ne peut être appelé difforme que l'improbe. La vertu est la beauté. Quant au vice beau, ce n'est qu'un coffre vide, surchargé d'ornements par le démon!

PREMIER OFFICIER. — L'homme devient fou; emmenez-le... Allons, allons, monsieur.

ANTONIO. — Conduisez-moi. *(Les officiers sortent avec Antonio.)*

VIOLA, *à part.* — Ses paroles jaillissent avec une telle émotion qu'on dirait qu'il est convaincu; moi, je ne le suis pas encore. Ne me trompe pas, imagination, oh! ne me trompe pas; et puissé-je, frère chéri, avoir été prise pour vous!

SIR TOBIE. — Viens çà, chevalier; venez çà, Fabien; nous allons chuchoter entre nous deux ou trois sages sentences.

VIOLA, *à part.* — Il a nommé Sébastien!... Je vois toujours mon frère vivant dans mon miroir; traits pour traits, tel était le visage de mon frère; il allait toujours dans ce costume : mêmes couleurs, mêmes ornements; car je l'imite en tout... Oh! si cela est, les tempêtes sont miséricordieuses, et la vague amère est douce et bonne! *(Elle sort.)*

SIR TOBIE. — Un garçon déshonnête et vil, et plus couard qu'un lièvre! Sa déshonnêteté se manifeste en abandonnant son ami, là, dans le besoin, et en le reniant; et quant à sa couardise, interrogez Fabien.

FABIEN. — Un couard, dévotement couard, religieux dans la couardise.

SIR ANDRÉ. — Palsambleu! je vais lui courir sus et le battre.

SIR TOBIE. — Oui, houspille-le solidement, mais ne tire pas l'épée...

SIR ANDRÉ. — Si je ne le fais pas... *(Il sort.)*

FABIEN. — Allons voir l'événement.

SIR TOBIE. — Je parierais n'importe quelle somme qu'il n'arrivera rien encore. *(Ils sortent.)*

ACTE IV

SCÈNE PREMIÈRE

Une place devant la maison d'Olivia.

Entrent SÉBASTIEN *et* FESTE.

FESTE. — Voulez-vous me faire accroire qu'on ne m'a pas envoyé vous chercher ?

SÉBASTIEN. — Allons, allons, tu es un fou. Débarrasse-moi de toi.

FESTE. — Bien soutenu, ma foi ! Non, je ne vous connais pas, et je ne vous suis pas envoyé par madame pour vous dire de venir lui parler ! Votre nom n'est pas monsieur Césario, et ceci non plus n'est pas mon nez ! Rien de ce qui est, n'est.

SÉBASTIEN. — Je t'en prie, va éventer ailleurs ta folie. Tu ne me connais pas.

FESTE. — Éventer ma folie ! Il a entendu dire ce mot-là à quelque grand personnage, et maintenant il l'applique à un fou. Éventer ma folie ! J'ai bien peur que ce grand badaud, le monde, ne soit qu'un gobe-mouches... Voyons, je t'en prie, dessangle ton étrangeté, et dis-moi ce que je dois éventer à madame : lui éventerai-je que tu viens ?

SÉBASTIEN. — Je t'en prie, Béotien stupide, laisse-moi : voici de l'argent pour toi... Si vous restez plus longtemps, je paierai en monnaie moins agréable.

FESTE. — Ma foi, tu as une main libérale. Ces sages, qui donnent de l'argent aux fous, s'assurent une bonne réputation, pour un bail de quatorze ans.

Entrent sir André Aguecheek, sir Tobie et Fabien.

SIR ANDRÉ, *à Sébastien.* — Enfin, monsieur, je vous ai retrouvé! Voilà pour vous. *(Il frappe Sébastien.)*

SÉBASTIEN. — Eh bien, voilà pour toi, et encore, et encore! *(Il bat sir André.)* Est-ce que tous les gens sont fous ici ?

SIR TOBIE. — Arrêtez, monsieur, ou je jette votre dague par-dessus la maison.

FESTE. — Je vais dire ça à madame. Je ne voudrais pas être dans l'une de vos cottes pour quatre sous. *(Feste sort.)*

SIR TOBIE, *retenant Sébastien.* — Allons, monsieur, arrêtez.

SIR ANDRÉ. — Non, lâchez-le; je m'y prendrai avec lui d'une autre façon; je lui intenterai une action pour voies de fait, s'il existe des lois en Illyrie. Quoique je l'aie frappé le premier, peu importe.

SÉBASTIEN, *à sir Tobie.* — Ote ta main.

SIR TOBIE. — Allons, monsieur, je ne vous lâcherai pas. Allons, mon jeune soldat, rengainez cette lame; vous êtes bien trempé; allons.

SÉBASTIEN. — Je me débarrasserai de toi. *(Il se dégage et met l'épée à la main.)* — Que prétends-tu maintenant ? Si tu oses me provoquer encore, tire ton épée.

SIR TOBIE. — Quoi! quoi! Allons, il faut que je vous prenne une once ou deux de ce sang insolent. *(Il dégaine.)*

Entre Olivia.

OLIVIA. — Arrête, Tobie; sur ta vie, je te l'ordonne, arrête.

SIR TOBIE. — Madame!

OLIVIA. — Vous serez donc toujours le même, méchant incorrigible, fait pour les montagnes et les antres barbares où l'urbanité ne fut jamais prêchée! Hors de ma vue! Ne soyez pas offensé, cher Césario... Rustre, va-t'en... *(Sortent sir Tobie, sir André et Fabien. — A Sébastien.)* Je t'en prie, doux ami, que ta noble raison, et non ta passion, te guide en présence de cet incivil et inique attentat contre ton repos. Rentre avec moi; et quand tu sauras combien de folles équipées a commises cet infâme, tu souriras de celle-ci. Viens, il le faut; ne me refuse pas. Maudit soit-il d'avoir fait frémir en toi mon pauvre cœur!

SÉBASTIEN. — Quel sens a tout ceci? De quel côté va le courant? Ou je suis fou, ou ceci est un rêve. Soit! que l'illusion continue de plonger mes sens dans son Léthé! Si c'est pour rêver ainsi, puissé-je dormir toujours!

OLIVIA. — Allons, viens, je te prie. Laisse-toi guider par moi.

SÉBASTIEN. — Madame, je veux bien.

OLIVIA. — Oh! dis-le! Et ainsi soit-il! *(Ils sortent.)*

SCÈNE II

Dans la maison d'Olivia.

Entrent MARIA *et* FESTE.

MARIA. — Ah çà, je t'en prie, mets cette soutane et cette barbe; fais-lui accroire que tu es sir Topas, le curé; hâte-toi; je vais chercher sir Tobie pendant ce temps-là. *(Sort Maria.)*

FESTE, *endossant la soutane.* — Soit! je vais mettre ça, et me dissimuler là-dedans. Plût à Dieu que je fusse le premier qui eût dissimulé sous une pareille robe! Je ne suis pas assez gras pour bien remplir la fonction, ni assez maigre pour être réputé bon savant; mais autant vaut être honnête homme et bon ménager qu'homme habile et grand clerc. Voici les confédérés qui entrent.

Entrent sir Tobie Belch et Maria.

SIR TOBIE. — Que Jupin te bénisse, monsieur le curé!

FESTE. — *Bonos dies*, sir Tobie! Car, comme le disait fort spirituellement à une nièce du roi Gordobuc le vieil ermite de Prague, qui n'avait jamais vu ni plume ni encre : *Ce qui est est.* Ainsi, moi, étant monsieur le curé, je suis monsieur le curé. Car qu'est-ce que cela, sinon cela ? Qu'est-ce qu'être, sinon être ?

SIR TOBIE, *montrant une pièce où est enfermé Malvolio.* — A lui, sir Topas!

FESTE, *haussant la voix.* — Holà, dis-je! Paix dans cette prison!

SIR TOBIE. — Le drôle contrefait à merveille; habile drôle!

MALVOLIO, *dans une chambre voisine.* — Qui appelle là ?

FESTE. — Sir Topas, le curé, qui vient visiter Malvolio le lunatique.

MALVOLIO. — Sir Topas, sir Topas, bon sir Topas, allez trouver madame!

FESTE. — Dehors, démon hyperbolique! Comme tu tourmentes cet homme! Tu ne parles donc que de dames ?

SIR TOBIE. — Bien dit, monsieur le curé!

MALVOLIO. — Sir Topas, jamais homme ne fut à ce point outragé. Bon sir Topas, ne croyez pas que je sois fou. Ils m'ont enfermé ici dans d'affreuses ténèbres.

FESTE. — Fi! déshonnête Satan! Je t'appelle dans les termes les plus modestes; car je suis de ces bonnes gens qui traitent le diable même avec courtoisie. Tu dis que cette salle est ténébreuse ?

MALVOLIO. — Comme l'enfer, sir Topas!

FESTE. — Bah! elle a des fenêtres cintrées transparentes comme des barricades; et les croisées du côté du sud-nord sont lustrées comme l'ébène; et pourtant tu te plains de l'obscurité!

MALVOLIO. — Je ne suis pas fou, sir Topas; je vous dis que cette salle est ténèbreuse.

FESTE. — Fol homme, tu erres. Je dis, moi, qu'il n'y a d'autres ténèbres que l'ignorance, dans laquelle tu es plus empêtré que les Égyptiens dans leur brouillard.

MALVOLIO. — Je dis que cette salle est aussi ténébreuse que l'ignorance, l'ignorance fût-elle aussi ténébreuse que l'enfer; et je dis qu'il n'y a jamais eu d'homme aussi indignement traité. Je ne suis pas plus fou que vous ne l'êtes; faites-en l'épreuve dans un interrogatoire régulier.

FESTE. — Quelle est l'opinion de Pythagore concernant le volatile sauvage ?

MALVOLIO. — Que l'âme de notre grand-mère pourrait bien être logée dans un oiseau.

FESTE. — Que penses-tu de son opinion ?

MALVOLIO. — J'ai une noble idée de l'âme, et je n'approuve nullement son opinion.

FESTE. — Adieu! Reste toujours dans les ténèbres. Je ne te reconnaîtrai du bon sens que quand tu soutiendras l'opinion de Pythagore, et quand tu craindras de tuer une bécasse de peur de déposséder l'âme de ta grand-mère. Adieu!

MALVOLIO. — Sir Topas! Sir Topas!

SIR TOBIE. — Mon exquis sir Topas!

FESTE. — Dame, je nage dans toutes les eaux!

MARIA. — Tu aurais pu faire tout ça sans barbe ni soutane : il ne te voit pas.

SIR TOBIE. — Parle-lui de ta voix naturelle, et tu viendras me dire comment tu le trouves. Je voudrais que nous fussions congrûment dépêtrés de cette farce. S'il peut être mis en liberté sans inconvénient, je désire qu'il le soit; car je suis maintenant tellement mal avec ma nièce que je ne puis sans imprudence pousser cette plaisanterie à l'extrême. Viens tout à l'heure dans ma chambre. *(Sir Tobie et Maria sortent.)*

FESTE, *chantant.*

Hé! Robin, joyeux Robin,
Dis-moi comment va ta dame.

MALVOLIO, *appelant.* — Fou!

FESTE.

Madame est insensible, pardi!

MALVOLIO. — Fou!

FESTE.

Hélas! pourquoi est-elle ainsi ?

MALVOLIO. — Fou! m'entends-tu ?

FESTE.

Elle en aime un autre...

Qui appelle ? Hein ?

MALVOLIO. — Bon fou, si jamais tu voulus m'obliger, procure-moi une chandelle, une plume, de l'encre et du papier; foi de gentilhomme, je vivrai pour te prouver ma reconnaissance.

FESTE. — Maître Malvolio!

MALVOLIO. — Oui, bon fou.

FESTE. — Hélas! monsieur, comment se fait-il que vous ayez perdu vos cinq esprits ?

MALVOLIO. — Fou, il n'y a jamais eu d'homme si notoirement outragé : je suis dans mon bon sens, fou, aussi bien que toi.

FESTE. — Aussi bien, seulement ? Alors vous êtes en démence tout de bon, si vous n'êtes pas plus dans votre bon sens qu'un fou.

MALVOLIO. — Ils se sont emparés de moi, m'enferment dans les ténèbres, m'envoient des ministres, des ânes, et font tout ce qu'ils peuvent pour me faire perdre l'esprit.

FESTE. — Faites attention à ce que vous dites : le ministre est là. *(Changeant de voix.)* Malvolio, Malvolio, que les cieux restaurent tes esprits! Tâche de dormir, et laisse là ton vain charabia.

MALVOLIO. — Sir Topas!

FESTE, *variant ses intonations.* — N'échangez plus de paroles avec lui, mon bon ami... Qui, moi, monsieur ? Je ne lui parle pas, monsieur. Qu'Dieu v's soit en aide, bon sir Topas!... Ma foi, amen!... D'accord, monsieur, d'accord!

MALVOLIO, *appelant.* — Fou, fou, fou! entends-tu ?

FESTE. — De grâce, monsieur, patience! Que voulez-vous, monsieur ? On me gronde quand je vous parle.

MALVOLIO. — Bon fou, procure-moi de la lumière et du papier; je t'affirme que j'ai mon sens autant qu'homme en Illyrie.

FESTE. — Hélas!... que ne l'avez-vous, monsieur!

MALVOLIO. — Je te jure que je l'ai. Bon fou, de l'encre, du papier et de la lumière! Et puis transmets à madame ce que j'aurai écrit; et jamais tu n'auras plus gagné à porter une lettre.

FESTE. — Je vais faire ça pour vous. Mais dites-moi

franchement : est-il vrai que vous n'êtes pas fou, ou faites-vous le malin ?

MALVOLIO. — Crois-moi, je ne suis pas fou; je te dis la vérité.

FESTE. — Allons, je ne croirai plus un homme fou, que je n'aie vu sa cervelle. Je vais vous chercher de la lumière, du papier et de l'encre.

MALVOLIO. — Fou, je te récompenserai de la plus insigne manière; je t'en prie, pars.

FESTE, *chantant.*

Je pars, monsieur.
Et tout à l'heure, monsieur,
Je reviens à vous,
Pour pourvoir à vos besoins,
En un clin d'œil,
Comme l'antique bouffon,
Qui, avec un sabre de bois,
Dans sa rage et dans sa furie,
Comme un fol enfant,
Criait au diable : Ah! Ah!
Rogne tes ongles, papa,
Adieu, bon cacochyme!

(Il sort.)

SCÈNE III

Le jardin d'Olivia.

Entre SÉBASTIEN.

SÉBASTIEN. — Voici bien le grand air; voilà bien le glorieux soleil. Cette perle qu'elle m'a donnée, je la sens, je la vois; et quelle que soit l'extase qui m'enivre ainsi, ce n'est pas de la folie... Où est donc Antonio ? Je n'ai pas pu le trouver à l'Éléphant; pourtant il y a été, et j'ai reçu là avis qu'il était allé parcourir la ville pour me chercher. Ses utiles conseils en ce moment auraient été de l'or pour moi; car mon intelligence, aidée de mes sens, a beau se rendre compte qu'il y a ici quelque erreur, et non de la folie, pourtant cet accident, ce déluge de bonnes fortunes est tellement inouï, tellement inexplicable que je serais tenté de n'en pas croire mes yeux et de quereller ma raison qui se refuse à admettre que je sois fou ou que cette dame soit folle; mais, si elle l'était, elle ne pourrait pas gouverner sa maison, commander à ses gens, prendre en main les affaires et les renvoyer dûment expédiées avec ce calme, cette mesure, cette fermeté que je remarque dans toute sa conduite; il y a là-dessous quelque énigme... Mais voici la dame.

Entrent Olivia et un prêtre.

OLIVIA. — Ne blâmez pas cette précipitation. Si vos intentions sont bonnes, venez maintenant avec moi et avec ce saint homme à la chapelle voisine; là, en sa présence, et sous ce toit consacré, engagez-moi votre foi en pleine assurance, de sorte que mon âme trop jalouse et trop inquiète puisse vivre en paix. Il gardera le secret de notre union, jusqu'à ce que vous vous décidiez à la rendre publique; et alors nous en ferons une célébration digne de ma naissance. Qu'en dites-vous ?

SÉBASTIEN. — Je suivrai ce bonhomme, et j'irai avec vous; et, vous ayant juré fidélité, je serai à jamais fidèle.

OLIVIA. — Montrez-nous donc le chemin, bon père; et que le ciel resplendissant marque de tout son éclat l'acte que je vais accomplir! *(Ils sortent.)*

ACTE V

SCÈNE PREMIÈRE

Une place devant la maison d'Olivia.

Entrent FESTE *et* FABIEN.

FABIEN. — Maintenant, si tu m'aimes, laisse-moi voir cette lettre.

FESTE. — Bon monsieur Fabien, accordez-moi autre chose.

FABIEN. — Tout.

FESTE. — Ne me demandez pas à voir cette lettre.

FABIEN. — C'est comme si, après t'avoir donné mon chien, je te le redemandais en récompense.

Entrent le duc, Viola, Curio et les gens de la suite.

LE DUC. — Appartenez-vous à madame Olivia, mes amis ?

FESTE. — Oui, monsieur; nous sommes de ses objets de luxe.

LE DUC. — Je te reconnais bien. Comment te trouves-tu, mon garçon ?

FESTE. — Ma foi, monsieur, je me trouve mieux de mes ennemis, mais moins bien de mes amis.

LE DUC. — Juste le contraire! tu veux dire mieux de tes amis.

FESTE. — Non, monsieur, moins bien.

LE DUC. — Comment est-ce possible ?

FESTE. — Dame, monsieur, mes amis me vantent et font de moi un âne; mes ennemis au contraire me disent franchement que je suis un âne; si bien que par mes ennemis, monsieur, j'arrive à me mieux connaître moi-même, et que par mes amis je suis abusé. Si donc, en fait de raisonnement comme en fait de baisers, quatre négations valent deux affirmations, j'ai raison de dire que je me trouve moins bien de mes amis et mieux de mes ennemis.

LE DUC. — Ah! voilà qui est excellent.

FESTE. — Ma foi non, monsieur, bien qu'il vous plaise d'être de mes amis.

LE DUC. — Tu ne t'en trouveras pas plus mal : voici de l'or.

FESTE. — Si ce n'était vous engager à la duplicité, monsieur, je vous prierais de faire récidive.

LE DUC. — Ah! tu me donnes là un mauvais conseil.

FESTE. — Pour cette fois, monsieur, mettez Votre Grâce dans votre poche, et que la chair et le sang obéissent!

LE DUC. — Soit! je consens à commettre le péché de duplicité ; voici encore de l'or.

FESTE. — *Primo*, *secundo*, *tertio!* voilà le beau jeu! Un vieux proverbe dit qûe le troisième coup répare tout. Le *triplex*, monsieur, c'est une masure fort dansante; les carillons de Saint-Benoît vous le rappelleraient au besoin, monsieur. *Une*, *deux*, *trois!*

LE DUC. — Pour le coup, vous ne m'escamoterez plus d'argent; si vous voulez faire savoir à votre maîtresse que j'attends ici pour lui parler, et si vous la ramenez avec vous, peut-être ma munificence s'éveillera-t-elle encore.

FESTE. — Eh bien, monsieur, bercez votre munificence jusqu'à ce que je revienne. Je pars, monsieur; mais je ne voudrais pas que vous pussiez supposer que mon désir de posséder est péché de convoitise; pourtant, comme vous dites, que votre munificence fasse un petit somme! Je vais la réveiller tout à l'heure. *(Il sort.)*

Entrent Antonio et des officiers de justice.

VIOLA. — Seigneur, voilà l'homme qui est venu à ma rescousse.

LE DUC. — Je me rappelle bien sa figure; pourtant, la dernière fois que je l'ai vue, elle était charbonnée, comme la face noire de Vulcain, par la fumée de la guerre; il était le capitaine d'un chétif navire dont le faible tirant d'eau et les proportions faisaient pitié; et il a donné un si terrible abordage au plus noble bâtiment de notre flotte que l'envie même et la voix de la défaite criaient : Honneur et gloire à lui!... De quoi s'agit-il ?

PREMIER OFFICIER. — Orsino, voici cet Antonio qui enleva de Candie le Phénix et sa cargaison; voici celui qui attaqua le Tigre à cet abordage où votre jeune neveu Titus perdit la jambe; ici, dans les rues, où l'égarait une impudence désespérée, au milieu d'une querelle particulière, nous l'avons arrêté.

VIOLA. — Il m'a rendu service, seigneur, il a tiré l'épée pour ma défense; mais, à la fin, il m'a adressé d'étranges paroles, je ne sais plus quelles folies!

LE DUC. — Insigne pirate! Écumeur d'eau salée! Quelle folle hardiesse t'a donc livré à la merci de ceux qu'à des conditions si sanglantes et si rigoureuses tu as faits tes ennemis ?

ANTONIO. — Orsino, noble seigneur, permettez que je repousse les noms que vous me donnez : jamais Antonio ne fut ni un écumeur ni un pirate, quoiqu'il soit, pour des motifs suffisants, j'en conviens, l'ennemi d'Orsino. Un sortilège m'a attiré ici : ce garçon, ingrat entre tous, que voilà, à votre côté, je l'ai arraché à la bouche enragée et écumante de la rude mer. Il n'était plus qu'une épave désespérée; je lui donnai la vie, et, avec la vie, mon affection, sans réserve, sans restriction, mon dévouement absolu. Pour lui, par pure amitié, je me suis exposé aux dangers de cette ville ennemie; j'ai tiré l'épée pour le défendre quand il était attaqué; j'ai été arrêté, et c'est alors qu'inspiré par une lâche dissimulation, ne voulant pas partager mes périls, il m'a renié en face, et qu'il est devenu, en un clin d'œil, comme un étranger qui m'eût perdu de vue depuis vingt ans, il m'a refusé ma propre bourse, que j'avais mise à sa disposition une demi-heure à peine auparavant.

VIOLA. — Comment cela se pourrait-il ?

LE DUC. — Quand est-il arrivé dans cette ville ?

ANTONIO. — Aujourd'hui, mon seigneur; et depuis trois mois, sans intérim, sans interruption même d'une minute, nuit et jour nous avons vécu ensemble.

Entrent Olivia et sa suite.

LE DUC. — Voici venir la comtesse; maintenant, le ciel marche sur la terre!... Quant à toi, l'ami, l'ami, tes paroles sont folie pure : il y a trois mois que ce jeune homme est à mon service. Mais nous reparlerons de ça tout à l'heure. Qu'on le tienne à l'écart!

OLIVIA. — Que désire mon seigneur qu'il ne puisse obtenir ? Et quel service Olivia peut-elle lui rendre ? *(A Viola.)* Césario, vous ne tenez pas votre promesse.

VIOLA. — Madame!

LE DUC. — Gracieuse Olivia...

OLIVIA. — Que dites-vous, Césario ?... Monseigneur...

VIOLA. — Mon seigneur veut parler, mon devoir m'impose silence.

OLIVIA. — Si c'est encore la même chanson, monseigneur, elle est aussi fastidieuse et aussi désagréable à mon oreille qu'un hurlement après une musique.

LE DUC. — Toujours aussi cruelle ?

OLIVIA. — Toujours aussi constante, monseigneur.

LE DUC. — Dans quoi ? Dans la perversité! Femme implacable, à vos autels ingrats et néfastes mon âme n'a-t-elle pas murmuré les offres les plus ferventes que jamais ait imaginées la dévotion ? Que puis-je faire ?

OLIVIA. — Ce que voudra monseigneur, pourvu que ce soit digne de lui.

LE DUC. — Pourquoi, si j'en avais le cœur, ne ferais-je pas comme le bandit d'Égypte au moment de mourir, et ne tuerais-je pas ce que j'aime ? Jalousie sauvage, mais qui parfois a de la noblesse! Écoutez ceci : puisque vous jetez ma foi au rebut, et que je crois connaître l'instrument qui me retire ma place légitime dans votre faveur, vivez, vivez toujours, despote au cœur de marbre; mais ce mignon que vous aimez, je le sais, et que moi-même, j'en jure par le ciel, je chéris tendrement, je vais l'arracher à ce regard cruel où il trône pour l'humiliation de son maître. Viens, page, viens avec moi ; mes pensées sont mûres pour l'immolation ; je vais sacrifier l'agneau que j'aime pour dépiter cette colombe au cœur de corbeau ! *(Il va pour sortir.)*

VIOLA, *le suivant.* — Et moi, avec joie, avec bonheur, avec empressement, je subirais mille morts pour vous rendre le repos.

OLIVIA. — Où va Césario ?

VIOLA. — Avec celui que j'aime plus que mes yeux, plus que ma vie, plus, bien plus que je n'aimerai jamais aucune femme. Si je mens, vous, témoins d'en haut, punissez ma vie de cet outrage à mon amour !

OLIVIA. — Malédiction sur moi ! Comme je suis trahie !

VIOLA. — Qui vous trahit ? qui vous offense ?

OLIVIA. — T'es-tu donc oublié toi-même ? Y a-t-il si longtemps ?... Qu'on fasse venir le saint pasteur ! *(Un valet sort.)*

LE DUC, *à Viola.* — Viens !

OLIVIA. — Où cela, monseigneur ?... Césario, mon mari, arrête !

LE DUC. — Votre mari !

OLIVIA. — Oui, mon mari. Peut-il nier cela ?

LE DUC, *à Viola.* — Son mari, drôle ?

VIOLA. — Non, monseigneur. Moi ! non.

OLIVIA. — Hélas ! c'est la bassesse de ta peur qui te fait étouffer ta dignité. Ne crains rien, Césario, porte haut ta fortune. Sois ce que tu dois être, et alors tu seras aussi grand que celui que tu crains.

Rentrent le prêtre et le valet.

Oh ! tu es le bienvenu, mon père !... Mon père, je te somme, au nom de ton ministère sacré, de révéler ici ce que tu sais ; nous avions l'intention de garder ce secret, mais la force des choses le décèle avant qu'il soit mûr ; dis donc ce qui s'est passé tout à l'heure entre ce jeune homme et moi.

LE PRÊTRE. — Un contrat inviolable d'éternel

amour, confirmé par la mutuelle étreinte de vos mains, attesté par le saint contact de vos lèvres, fortifié par l'échange de vos anneaux; et toutes les cérémonies de cet engagement ont été scellées de mon témoignage dans l'exercice de mon ministère. Ma montre me dit que depuis lors je n'ai fait vers ma tombe que deux heures de chemin.

LE DUC, *à Viola.* — Ah! petit hypocrite! que seras-tu donc, quand le temps aura fait grisonner tes cheveux ? Prends-y garde : une perfidie à ce point précoce pourrait bien te précipiter dans tes propres embûches! Adieu! Prends-la; mais dirige tes pas là où, toi et moi, nous ne puissions plus nous rencontrer.

VIOLA. — Monseigneur, je proteste...

OLIVIA. — Oh! ne jure pas; garde un peu d'honneur, si excessive que soit ta crainte.

Entre sir André Aguecheek, la tête écorchée.

SIR ANDRÉ. — Pour l'amour de Dieu, un chirurgien! Envoyez-en un immédiatement à Sir Tobie.

OLIVIA. — Qu'y a-t-il ?

SIR ANDRÉ. — Il m'a fendu la tête, et il a également mis en sang le toupet de sir Tobie. Pour l'amour de Dieu, du secours! Je voudrais pour quarante livres être chez moi.

OLIVIA. — Qui a fait cela, sir André ?

SIR ANDRÉ. — Un gentilhomme du duc, un certain Césario. Nous l'avions pris pour un couard, et c'est le diable incarné.

LE DUC. — Mon gentilhomme Césario ?

SIR ANDRÉ. — Vive Dieu! le voilà. *(A Viola.)* Vous m'avez rompu la tête pour rien; ce que j'ai fait, j'ai été poussé à le faire par sir Tobie.

VIOLA. — Pourquoi me parlez-vous ainsi ? Je ne vous ai jamais fait de mal. Vous avez, sans cause, tiré l'épée contre moi; mais je vous ai parlé doucement, et je ne vous ai pas fait de mal.

SIR ANDRÉ. — Si un toupet en sang fait mal, vous m'avez fait du mal; je vois que pour vous un toupet en sang n'est rien.

Entre sir Tobie, ivre, conduit par Feste.

Voici sir Tobie qui arrive clopin-clopant ; vous allez en apprendre d'autres ; mais, s'il n'avait pas tant bu, il vous aurait chatouillé d'une autre manière.

LE DUC, *à sir Tobie.* — Eh bien, gentilhomme ! qu'avez-vous donc ?

SIR TOBIE. — Ce n'est rien : il m'a blessé, voilà tout. *(A Feste.)* Sot, as-tu vu Dick le chirurgien, sot ?

FESTE. — Oh ! il est ivre, sir Tobie, depuis une heure ; ses prunelles étaient déjà allumées à huit heures du matin.

SIR TOBIE. — Alors, c'est un coquin. Après un menuet et une pavane, ce que je hais le plus, c'est un coquin ivre.

OLIVIA. — Qu'on l'emmène ! Qui est-ce qui les a mis dans ce déplorable état ?

SIR ANDRÉ. — Je vais vous assister, sir Tobie ; nous allons être pansés ensemble.

SIR TOBIE. — M'assister ! Tête d'âne, bonnet de fou, faquin, faquin étique, buse !

OLIVIA. — Qu'on le mette au lit, et qu'on prenne soin de sa blessure ! *(Sortent Feste, sir Tobie et sir André.)*

Entre Sébastien.

SÉBASTIEN, *à Olivia.* — Je suis fâché, madame, d'avoir blessé votre parent ; mais, eût-il été le frère de mon sang, je n'aurais pas pu moins faire par prudence et pour ma sûreté. Vous me regardez d'un air étrange, et je vois par là que je vous ai offensée. Pardonnez-moi, charmante, au nom même des vœux que nous nous sommes adressés l'un à l'autre, il y a si peu de temps.

LE DUC, *regardant Sébastien et Viola.* — Même visage, même voix, même habillement, et deux personnes ! Réfraction naturelle qui est et n'est pas !

SÉBASTIEN. — Antonio, ô mon cher Antonio, comme les heures m'ont torturé et tenaillé, depuis que je t'ai perdu !

ANTONIO. — Êtes-vous Sébastien ?

SÉBASTIEN. — En doutez-vous, Antonio ?

ANTONIO. — Comment avez-vous pu vous partager ainsi ? Une pomme, coupée en deux, n'a pas de moitiés plus jumelles que ces deux créatures. Lequel est Sébastien ?

OLIVIA. — Rien de plus prodigieux!

SÉBASTIEN, *regardant Viola.* — Est-ce moi qui suis là ?... Je n'ai jamais eu de frère, et je n'ai pas dans mon essence le don divin d'ubiquité. J'avais une sœur que les vagues et les flots aveugles ont dévorée. *(A Viola.)* De grâce, quel parent ai-je en vous ? Quel compatriote ? Quel est votre nom, quelle est votre famille ?

VIOLA. — Je suis de Messaline. Sébastien était mon père. Un Sébastien aussi était mon frère; c'est ainsi vêtu qu'il est descendu dans sa tombe houleuse. Si les esprits peuvent assumer une forme et un costume, vous êtes apparu pour nous effrayer.

SÉBASTIEN. — Je suis un esprit, en effet, mais revêtu des proportions grossières que je tiens de la matrice. Si vous étiez une femme, tout s'accorde si bien du reste que je laisserais couler mes larmes sur vos joues, en m'écriant : Sois trois fois la bienvenue, naufragée Viola!

VIOLA. — Mon père avait un signe sur le front.

SÉBASTIEN. — Et le mien également.

VIOLA. — Et il mourut le jour même où Viola depuis sa naissance comptait treize années.

SÉBASTIEN. — Oh! ce souvenir est vivant dans mon âme! Il acheva, en effet, son action mortelle le jour où ma sœur atteignit treize ans.

VIOLA. — Si le seul obstacle à notre bonheur mutuel est cet habillement masculin usurpé par moi, ne m'embrassez pas, que toutes les circonstances de lieux, de temps, de fortune, n'aient concouru à prouver que je suis Viola. Afin de vous le démontrer, je vais vous mener dans cette ville voir un capitaine chez qui sont déposés mes vêtements de fille; c'est par son généreux secours que j'ai été sauvée pour servir ce noble duc. Depuis lors toutes les occupations de ma vie ont été partagées entre cette dame et ce seigneur.

SÉBASTIEN, *à Olivia.* — Il résulte de là, madame, que vous vous êtes méprise; mais la nature en cela a suivi sa pente. Vous vouliez vous unir à une vierge; et, sur ma vie, vous n'aurez pas été déçue dans ce désir, car vous avez épousé à la fois homme et vierge.

LE DUC. — Ne restez pas confondue : il est de sang vraiment noble. Si tout cela est vrai, comme la réflexion le fait croire, j'aurai ma part dans ce très heureux naufrage. *(A Viola.)* Page, tu m'as dit mille fois que tu n'aimerais jamais une femme à l'égal de moi.

VIOLA. — Et tout ce que j'ai dit, je veux le jurer mille fois; et tous ces serments, mon âme les gardera aussi fidèlement que ce globe radieux garde la flamme qui distingue le jour de la nuit.

LE DUC. — Donne-moi ta main, et que je te voie sous tes vêtements de femme!

VIOLA. — Le capitaine qui m'a amenée sur ce rivage a mes habits de fille; il est maintenant en prison pour je ne sais quelle affaire, à la requête de Malvolio, un gentilhomme de la suite de madame.

OLIVIA. — Malvolio le fera élargir... Qu'on aille chercher Malvolio! Mais, hélas! je me rappelle à présent : on dit qu'il est tout à fait dérangé, le pauvre homme.

Rentre Feste, tenant une lettre à la main, et accompagné de Fabien.

L'exaltation de mon propre délire avait absolument banni le sien de ma mémoire. *(A Feste.)* Comment est-il, maraud ?

FESTE. — En vérité, madame, il tient Belzébuth à distance, aussi bien que peut le faire un homme dans son cas. Il vous a écrit une lettre; j'aurais dû vous la remettre ce matin; mais, comme les épîtres d'un fou ne sont pas des évangiles, peu importe quand elles sont remises.

OLIVIA. — Ouvre-la, et lis-la.

FESTE. — Attendez-vous donc à être pleinement édifiée, du moment que le bouffon sert d'interprète au fou. *(Il lit avec des gestes et une voix d'extravagant.)* « Par le ciel, madame... »

OLIVIA. — Ah çà, es-tu fou ?

FESTE. — Non, madame; mais je lis des folies. Si Votre Excellence veut que je fasse comme il faut, elle doit permettre que j'y mette le ton.

OLIVIA. — Je t'en prie, lis raisonnablement.

FESTE. — C'est ce que je fais, madone. Pour lire raisonnablement, il faut que je lise ainsi. Ainsi, attention, ma princesse! et prêtez l'oreille.

OLIVIA, *à Fabien.* — Lisez-la, vous, maraud.

FABIEN, *lisant.* — « Par le ciel, madame, vous me faites injure, et le monde le saura; quoique vous m'ayez mis dans les ténèbres et que vous ayez donné à votre ivrogne d'oncle tout pouvoir sur moi, je n'en jouis pas moins de mon bon sens, tout aussi bien que Votre Excellence. J'ai la lettre de vous qui m'a prescrit la tenue que j'ai prise; et, grâce à cette lettre, je ne doute pas de me justifier grandement ou de vous confondre grandement. Pensez de moi ce que vous voudrez. Je mets la déférence un peu de côté, et je parle sous l'inspiration de mon injure.

Le furieusement maltraité,

MALVOLIO. »

OLIVIA. — A-t-il écrit cela ?

FESTE. — Oui, madame.

LE DUC. — Cela ne sent guère la démence.

OLIVIA. — Faites-le délivrer, Fabien, et amenez-le. *(Sort Fabien.)* Monseigneur, veuillez, toute réflexion faite, m'agréer pour sœur comme vous m'eussiez agréée pour femme. Le même jour couronnera, s'il vous plaît, cette double alliance, ici, dans ma maison et à mes frais.

LE DUC. — Madame, j'accepte votre offre avec le plus grand empressement. *(A Viola.)* Votre maître vous donne congé; mais, en retour des services que vous lui avez rendus, services si opposés à la nature de votre sexe, si fort au-dessous de votre délicate et tendre éducation, puisque vous m'avez appelé si longtemps votre maître, voici ma main! Vous serez désormais la maîtresse de votre maître.

OLIVIA. — Et ma sœur... Oui, vous l'êtes.

Fabien rentre avec Malvolio.

LE DUC. — Est-ce là le fou ?

OLIVIA. — Oui, monseigneur, lui-même. Comment va, Malvolio ?

MALVOLIO. — Madame, vous m'avez fait injure, une injure notoire.

OLIVIA. — Moi, Malvolio ? Non.

MALVOLIO. — Vous-même, madame. Jetez les yeux sur cette lettre, je vous prie. Vous ne pouvez pas nier que ce ne soit là votre écriture : ayez une autre écriture, un autre style, si vous pouvez! Ou encore dites que ce n'est pas votre cachet, votre tour. Vous ne pouvez contester rien de tout ça. Eh bien, convenez-en donc, et expliquez-moi, dans toute la mesure de l'honneur, pourquoi vous m'avez donné des marques de faveur aussi éclatantes, en me disant de venir à vous le sourire aux lèvres, les jarretières en croix, de mettre des bas jaunes et de regarder de haut sir Tobie et les gens subalternes. Puis, quand j'ai obéi dans un déférent espoir, pourquoi avez-vous permis que je fusse emprisonné, enfermé dans une chambre noire, visité par un prêtre, et que je devinsse le plastron le plus ridicule que jamais mystification ait joué ? Expliquez-moi pourquoi.

OLIVIA. — Hélas! Malvolio, cette écriture n'est pas la mienne, bien que, je le confesse, elle lui ressemble beaucoup; mais sans nul doute c'est la main de Maria. Et, je me rappelle maintenant, c'est elle qui tout d'abord m'a dit que tu étais fou; et alors tu es arrivé tout souriant, et avec toutes les allures qui t'étaient prescrites dans la lettre. Je t'en prie, calme-toi; c'est un tour des plus malicieux qu'on t'a joué là; mais, quand nous en connaîtrons les motifs et les auteurs, je veux que tu sois juge et partie dans ta propre cause.

FABIEN. — Bonne dame, veuillez m'écouter; et ne permettez pas qu'aucune querelle, aucune dispute ultérieure trouble cette heure propice dont je suis émerveillé. Dans cet espoir, j'avouerai très franchement que c'est moi-même et Tobie qui avons imaginé ce complot contre Malvolio en expiation de certains procédés fâcheux et discourtois que nous avions à lui reprocher. Maria a écrit la lettre, sur les instances pressantes de sir Tobie qui, pour l'en récompenser, l'a épousée. Quelque malicieuse qu'ait été la farce qui a suivi, on reconnaîtra qu'elle doit exciter le rire plutôt que la rancune, si l'on pèse impartialement les torts qu'il y a eu des deux côtés.

OLIVIA, *à Malvolio.* — Hélas! pauvre dupe! comme ils t'ont bafoué!

FESTE, *se tournant vers Malvolio.* — Dame, *il en est qui naissent grands, il en est d'autres qui acquièrent les grandeurs, et d'autres à qui elles s'imposent.* Je jouais, monsieur, dans cet intermède, un certain sir Topas, monsieur; mais c'est égal. *Par le ciel, fou, je ne suis pas en démence.* Mais aussi vous souvenez-vous ? *Madame, pourquoi vous amusez-vous d'un si chétif coquin ? Dès que vous ne souriez plus, il est bâillonné.* Et c'est ainsi que le tour de roue du temps amène les représailles.

MALVOLIO. — Je me vengerai de toute votre clique. *(Il sort.)*

OLIVIA. — Il a été bien notoirement mystifié.

LE DUC. — Courez après lui, et engagez-le à faire la paix. Il ne nous a encore rien dit du capitaine. Quand cette affaire sera éclaircie et que le radieux moment sera venu, une solennelle union sera faite de nos chères âmes... D'ici là, charmante sœur, nous ne nous en irons pas d'ici... Césario, venez; car, vous resterez Césario tant que vous serez un homme; mais, dès que vous apparaîtrez sous d'autres vêtements, vous serez la bien-aimée d'Orsino et la reine de ses caprices. *(Ils sortent.)*

FESTE, *chantant.*

Quand j'étais tout petit garçon,
Par le vent, la pluie, hé! ho!
Une folie n'était qu'enfantillage,
Car il pleut de la pluie tous les jours.

Mais quand je vins à l'état d'homme,
Par le vent et la pluie, hé! ho!
Contre filou et voleur chacun fermait sa porte,
Car il pleut de la pluie tous les jours.

Mais quand je vins, hélas! à prendre femme,
Par le vent et la pluie, hé! ho!
Jamais dissipation ne put me réussir,
Car il pleut de la pluie tous les jours.

Mais quand je venais à mon lit,
Par le vent et la pluie, hé! ho!
Avec des buveurs toujours je m'étais soûlé,
Car il pleut de la pluie tous les jours.

Jà dès longtemps le monde a commencé,
Par le vent et la pluie, hé! ho!
Mais peu importe! notre pièce est finie,
Et nous tâcherons de vous plaire tous les jours.

(Il sort.)

TABLE DES MATIÈRES

Préface 5
Orientation bibliographique 17

LE SONGE D'UNE NUIT D'ÉTÉ

Notice sur le Songe d'une nuit d'été 23
Le Songe d'une nuit d'été 29

LES JOYEUSES COMMÈRES DE WINDSOR

Notice sur les Joyeuses Commères de Windsor . . 105
Les Joyeuses Commères de Windsor 111

LE SOIR DES ROIS

Notice sur le Soir des Rois 209
Le Soir des Rois 215

TITRES RÉCEMMENT PARUS

AMADO (JORGE)
Mar morto (388)

ARIOSTE
Roland furieux Textes choisis et présentés par Italo CALVINO (380)

BALZAC
La Maison du chat-qui-pelote (414). Peines de cœur d'une chatte anglaise (445)

BRONTË (EMILY)
Hurlevent-des-Monts (Wuthering Heights) (411)

CARROLL (LEWIS)
Tout Alice (312)

CARRINGTON
Le Cornet acoustique (397)

****
Code civil (Le). Textes antérieurs et version actuelle. Éd. J. Veil (318)

CONSTANT
De l'Esprit de conquête et de l'Usurpation (456)

CRÉBILLON
Les Égarements du cœur et de l'esprit (393)

DAUDET
Contes du Lundi (308)

DESCARTES
Méditations métaphysiques (328)

DIDEROT
Le Neveu de Rameau (143)

DICKENS
David Copperfield 1 (310) - 2 (311)

DOSTOIEVSKI
Récits de la maison des morts (337). L'Idiot 1 (398) - 2 (399)

DUMAS fils
La Dame aux camélias. (Roman, théâtre, opéra. *La Traviata*) (381)

****
L'Encyclopédie 1 (426) - 2 (448)

****
La Farce de Maître Pierre Pathelin (texte original et traduction en français moderne) (462)

****
Farces du Moyen Âge (412)

FLAUBERT
L'Éducation sentimentale (432). Trois Contes (452). Madame Bovary (464)

FORT (PAUL)
Ballades du beau hasard (402)

GAUTIER
Voyage en Espagne (367). Récits fantastiques (383)

HAMSUN
Victoria (422)

HAWTHORNE
La Lettre écarlate (382)

HOBBES
Le Citoyen (De Cive) (385)

HÖLDERLIN
Hymnes-Élégies (352)

HUGO
Les Burgraves (437) L'Art d'être grand-père (438)

HUME
Enquête sur l'entendement humain (343)

JAMES
Les Deux Visages (442)

KADARÉ
Le Pont aux trois arches (425)

KAFKA
Le Procès (400) Le Château (428)

LABÉ (LOUISE)
Œuvres complètes Sonnets Élégies Débat de Folie et d'Amour (413)

LA BOÉTIE
Discours de la servitude volontaire (394)

LAGERKVIST
Âmes masquées La Noce (424)

****
Lettres portugaises Lettres d'une Péruvienne et autres romans d'amour par lettres (379)

****
Lettres édifiantes et curieuses de Chine (315)

LOCKE
Traité du gouvernement civil (408)

MACHIAVEL
Le Prince (317)

****
Le Mahabharata 1 (433). 2 (434)

MARGUERITE DE NAVARRE
L'Heptameron (355)

MANN
Mario et le magicien (403)

MAUPASSANT
Le Horla et autres contes d'angoisse (409)

MAURIAC
Un adolescent d'autrefois (387) L'Agneau (431)

MÉRIMÉE
Carmen. Les âmes du purgatoire (263). La Vénus d'Ille et autres nouvelles (368). Tamango. Mateo Falcone et autres nouvelles (392)

MIRBEAU
Le Journal d'une femme de chambre (307)

MISTRAL
Mireille (texte provençal et trad de Mistral) (304)

MORAND
Hécate et ses chiens (410)

MORAVIA
Nouvelles romaines (389) Agostino (396)
Le Conformiste (415) L'Ennui (451)

MORE (THOMAS)
L'Utopie (460)

NIETZSCHE
Le Crépuscule des idoles (421)

PASCAL
De l'Esprit géométrique, Écrits sur la grâce et autres textes (436)

PLATON
Lettres (466) Gorgias (465)

POE
Histoires grotesques et sérieuses (114)

PROUST
La Prisonnière (376). La Fugitive (446) Le Temps retrouvé (449)

RADIGUET
Le Bal du comte d'Orgel (406). Le Diable au corps (444)

REVERDY
Flaques de verre (405)

RUTEBEUF
Le Miracle de Théophile (texte original et traduction en français moderne) (467)

SCIASCIA
Les Poignardeurs. La Disparition de Majorana (427). Le Jour de la chouette (461)

SEGALEN
Le Fils du Ciel (377)

SHELLEY (MARY)
Frankenstein (320)

SIENKIEWICZ
Quo Vadis (362)

STENDHAL
Lucien Leuwen 1 (350) - 2 (351)

STERNE
Vie et Opinions de Tristram Shandy (371). Voyage sentimental (372)

TOCQUEVILLE
De la Démocratie en Amérique 1 (353) - 2 (354)

VAUVENARGUES
Introduction à la connaissance de l'esprit humain et autres œuvres (336)

VESAAS
Palais de glace (423)

VILLIERS DE L'ISLE-ADAM
Contes cruels (340). Claire Lenoir et autres récits insolites (401)

WHARTON
La Récompense d'une mère (454)

WOOLF (Virginia)
La Traversée des apparences (435)

GF GRAND-FORMAT

CHATEAUBRIAND
Mémoires d'Outre-Tombe Préface de Julien Gracq (4 vol.)

FORT
Ballades françaises

GRIMM
Les Contes (2 vol.)

GUTH
Histoire de la littérature française (2 vol)

HUGO
Poèmes choisis et présentés par Jean Gaudon

LAS CASES
Le Mémorial de Sainte-Hélène (2 vol.)

MAURIAC
Mémoires intérieurs et Nouveaux Mémoires intérieurs

Vous trouverez chez votre libraire le catalogue complet de notre collection

GF — TEXTE INTÉGRAL — GF

3482-I-1987. — Imp. Bussière, St-Amand (Cher).
N° d'édition 11132. — 2e trimestre 1966. — Printed in France